Heinz Ritter
SAGEN DER VÖLKER

Heinz Ritter

SAGEN DER VÖLKER

Mit zahlreichen Illustrationen
von Willi Probst

Anaconda

Genehmigte Lizenzausgabe für die Anaconda Verlag GmbH
Copyright © 1976 Verlag Freies Geistesleben & Urachhaus GmbH,
Stuttgart

Die Erstausgabe dieses Buches erschien 1959.
Der vorliegende Band ist ein unveränderter Nachdruck
der dritten, erweiterten Auflage von 1976.

Die Deutsche Nationalbibliothek verzeichnet diese Publikation
in der Deutschen Nationalbibliographie; detaillierte bibliographische
Daten sind im Internet unter http://dnb.d-nb.de abrufbar.

© dieser Ausgabe 2011 Anaconda Verlag GmbH, Köln
Alle Rechte vorbehalten.
Umschlagmotiv: Albert Goodwin (1845–1932), »The Viking Sea
Raiders«, Private Collection / © Christopher Wood Gallery,
London / bridgemanart.com
Umschlaggestaltung: dyadesign, Düsseldorf, www.dya.de
Satz und Layout: paquémedia, Ebergötzen
Printed in Czech Republic 2011
ISBN 978-3-86647-670-7
www.anacondaverlag.de
info@anaconda-verlag.de

INHALT

DIE WELTALTER

inst herrschte auf der Erde ein hohes Geschlecht. Strahlend schön, voll zielsicherer Kraft, in strengen Maßen und Gesetzen lebend, war es allen anderen Wesen auf der Erde weit überlegen. Die Götter, die Guten, die Hohen wurden sie genannt. Göttersöhne nannten sich ihre Sprößlinge; und Verehrung an geheiligten Stätten wurde ihnen von den übrigen Menschen dargebracht. Ungewöhnliche Fähigkeiten waren ihnen eigen; und sie verfügten zudem über die Geheimnisse des Feuers, des Donners und Blitzes, des Goldes und andrer Metalle, die heute zwar allbekannt sind, damals aber den gewöhnlichen Menschen unglaublich, unheimlich und übernatürlich erschienen. Wer jene Zaubermittel besaß, der hatte unwiderstehliche Macht; und eifersüchtig hüteten die Herrschenden ihre gefährlichen Vorrechte.

Die drei Mächtigsten hatten die Erde unter sich geteilt, so daß dem einen das Land gehörte und was es trug, dem andern das Meer, seine Küsten und seine Beute, dem dritten, was unter der Erde war, alle Schätze des Innern. Von den Griechen wurde der erste »Gottvater« (Djupater, Jupiter) genannt, der zweite der »Erderschütterer« (Poseidon), der dritte »Der Unsichtbare« (Hades) oder »Der Reiche« (Pluton).

Unter ihnen lebte die Menge der gewöhnlichen Menschen, dem Irdischen und der Sorge um das tägliche Leben hingegeben. Von den Göttersöhnen wurden sie zu Abgabe-Opfern und zu Arbeit verpflichtet. Unmöglich erschien

eine Vermischung und Verbindung der Göttersöhne mit
dem »Staub der Erde«. In ungestörter Ordnung und unter
gesicherten Gesetzen lebten die Erdengeschlechter; und
dieses Zeitalter, dem Gold ein Sinnbild und höchster
Schmuck war, wurde »das goldene Zeitalter« genannt.

Aber einzelne aus dem Kreis der waltenden Götter, welche die bestehende Ordnung und die Herrschaft der großen Drei nicht vollkommen fanden, nahmen sich der nie-
deren Menschen an, wählten einzelne von ihnen aus, lehr-
ten sie Ordnung und Zucht und den rechten Rhythmus
alles Tuns und Geschehens, gaben ihnen Gesetze, machten
sie bekannt mit der Kunst des Ackerbaus und der Pflege
des Gartens, sie, die sich sonst nur durch Sammeln der
Früchte ernährt hatten, während die Jagd und der Fisch-
fang nur den waltenden Herren erlaubt war. Ja, sie brachten
ihnen gegen den Willen der Mächtigen auch das geheimnisvolle und gefährliche Feuer, das von ihnen fernzuhalten
die Götter eifersüchtig bemüht gewesen waren.

Voller Zorn bemächtigten diese sich des ungehorsamen
Meuterers, der von den einen »der Vorausdenkende«, von
den andern »der Verführer«, von den dritten »der Licht-
bringer« genannt wurde. Er wurde von den Göttern nicht
getötet, aber seiner Macht beraubt, wurde an einen Felsen
gefesselt und mit dauernden Foltern gequält.

Die mit dem Feuer beglückten Menschen verblieben
aber trotz manchen Aufbegehrens doch im Gehorsam gegen die Göttersöhne und die von ihnen eingesetzten Ord-
nungen und Gottesdienste und leisteten die schuldigen Arbeiten und Opfer. Bald lernten sie auch mit Hilfe des Feuers Erze zu schmieden, und sie erfanden neu auch jene
gefährliche Waffe, das Schwert, das früher nur den jugend-
lichen Wächtern an den heiligen Stätten zu tragen und zu
führen erlaubt war. Dieses Zeitalter nannte man »das silberne«.

Doch die »Söhne Gottes« sahen auf die Töchter der
Menschen, wie sie schön waren, und nahmen zu Frauen,
welche sie wollten. Daraus entstanden Gewaltige in der
Welt, Giganten und Heroen. Damit beginnt »das eherne
Zeitalter«. Es waren Menschen von oft riesenhaftem Wuchs
und großen Kräften, von solcher Kühnheit und solchem
Übermut, daß sie keiner Weisung der »Götter« mehr sich
beugen wollten. Ruhm gewannen sie und Namen, aber sie
rüttelten an aller Ordnung, verwischten die Unterschiede
zwischen den Göttersöhnen, den Menschenkindern und
den ungeordneten Riesengeschlechtern. Sorge ergriff die
herrschenden Götter beim Zunehmen dieser Völker. Und
so wird berichtet von der Vernichtung dieser Zwischenge-
schlechter durch eine ungeheure Flut, die von den Gottes-
söhnen wenn nicht erregt, so doch vorhergesehen wurde:
Wie Bors Söhne den Urriesen Ymir töteten und in seinem
Blut die Riesengeschlechter ertränkten, daß nur Bergelmir
und sein Weib im Kasten sich retteten; — wie das Land von
gewaltiger Sintflut verschlungen wurde, aus der nur Noah
und seine Sippe samt ihren Tieren in einer Arche sich be-
wahrten; — so erzählten auch die Griechen von einer großen Flut, in der alle anderen Geschlechter untergingen und
nur Deukalion und Pyrrha in einer Arche sich schützten,
wozu ihr Vater Prometheus ihnen geraten hatte; — oder die
Babylonier erzählen von Utnapischtim, der die große Flut
im Kasten überstand. Ihre Namen sind Beinamen (Deukalion = Gott-lieb).

So ging das eherne, das erzene Geschlecht zugrunde.
Nach ihm kam ein viertes Zeitalter herauf, das man »das eiserne Zeitalter« nannte. Ihm gehörten die Griechen und
Römer an. Sie klagten, daß ihre Zeit nicht mehr sicheren
Frieden bewahre noch treuen und frommen Sinn wie das
goldene; nicht mehr edle und große Taten vollbringe wie
das silberne; nicht einmal mehr gewaltige und bewun-

dernswerte Taten wie das eherne; sondern es sei ein hartes
Geschlecht ohne Ehrfurcht und ohne Überschwang. Jedes
frühere Zeitalter schien ihnen bedeutender und besser als
das spätere, gerechter und geordneter.

Aber die hohen Geschlechter der Vergangenheit mit der
reinen Tugend und unverbrauchten Kraft waren dahinge-
schwunden und hatten sich mit den geringeren vermischt.
Indessen wuchsen aus den Menschen immer neue nach
und nahmen zu an Verstand und Erfahrung, an Wissen und
Kunst. Und wundern wir uns heute über ungewöhnliche
Taten früher Vergangenheit, so sind doch auch manche Taten späterer Tage der Bewunderung wert.

Jenen vier Zeitaltern der alten Welt ist als fünftes unser
eigenes gefolgt. An seinem Beginn stand der Anruf zu
Liebe und Gerechtigkeit. Möge die Kraft zu diesen stillen
Tugenden in unserem Zeitalter so groß werden wie die
Kraft zur Beherrschung der Erde!

Sagen
aus dem Altertum

PROMETHEUS

iner der mächtigen Göttersöhne war Iapetos, Sproß des Himmels und der Erde, Bruder des Zeusvaters Kronos und der Titanen. Sein Sohn war Prometheus, das heißt der Vorausdenkende, kluger Erfindungen voll. Er erkannte, daß in den niederen Menschenwesen, die ganz dem Staube der Erde verhaftet waren, ein Himmelssame schlummere. Daher bildete und formte er sie, und seine Freundin Athene, die Göttin des Gedankens, blies ihnen göttlichen Atem ein. Diese Wesen, die bisher kein Haus zu bauen verstanden, sondern unter der Erde in sonnenlosen Höhlen ihr Leben fristeten, denen Zeiten und Zahlen unbekannt waren, die nur dem täglichen Bedürfnis notdürftig nachgingen, sie erzog er. Er lehrte sie, Aufgang und Untergang der Gestirne zu beobachten, führte sie ein in die Kunst des Zählens, ja, in die Anfänge der Schrift; wies sie an, Tiere zu zähmen, Wagen zu gebrauchen, Schiffe zu bauen, und machte sie mit den geheimnisvollen Erzen bekannt.

Alles dies tat der Iapetos-Sohn ohne Wissen der mächtigen Herrscher der Welt, vor allem des Göttervaters Zeus, der vor kurzem seinen Vater Kronos entthront und das alte Göttergeschlecht, dem auch Prometheus angehörte, gestürzt hatte. Nun verlangte Zeus von den neuen Menschen Verehrung und Opfergaben. Da ward ein Tag gehalten zu Mekone in Griechenland zwischen Sterblichen und Unsterblichen, um die Rechte und Pflichten der Menschen zu bestimmen. Hier trat Prometheus für seine Menschen auf.

Es wird nämlich erzählt, daß er im Namen seiner Menschen einen großen Stier schlachtete; davon sollten die Himmlischen wählen, was sie für sich verlangten. Er zerstückelte nun das Tier und machte aus den Teilen zwei Haufen: auf den einen legte er das Fleisch, die inneren Organe, Herz, Leber, Nieren, Lungen und das Fett, hüllte es in die Haut und legte den Magen darauf; auf den anderen Haufen legte er die kahlen Knochen, künstlich aufgeschichtet, in das Gedärme und Unschlitt des Tieres eingehüllt. Dieser Haufen erschien der größere. Nun sollte Zeus wählen.

»Sohn des Iapetos«, sagte er, »erlauchter König, guter Freund, wie ungleich hast du die Teile gemacht.« Prometheus lächelte und sprach: »Erlauchter Zeus, größter der großen Götter, wähle den Teil, welchen dein Herz dir anrät.« Da ergriff Zeus mit beiden Händen das Fettgewebe des größeren Haufens. Als er aber darunter die bloßen Knochen erkannte, ergrimmte er und sprach: »Ich sehe wohl, Freund Iapetos-Sohn, du hast die Kunst des Truges noch nicht verlernt.«

So von Prometheus um das Opfer betrogen, versagte Zeus den Menschen den Segen des Feuers. Doch auch hier wußte der kluge Sohn des Iapetos Rat. Er nahm einen Stengel des Riesenfenchels, näherte ihn der vorbeifahrenden Sonne und setzte sein Mark in schwelenden Brand. Mit dieser verborgen glimmenden Glut kehrte er zur Erde zurück, entflammte hier das lodernde Feuer und lehrte die Menschen, es zu bewahren und zu nutzen.

Zeus, der Göttervater, zürnte gewaltig, als er im Wohnkreis der Menschen vielfache Feuer aufflammen sah, und er sann auf Vergeltung. Durch eine Jungfrau von herrlicher Schönheit, Pandora, die von allen Göttern Beschenkte, ließ er den Menschen in einer verschlossenen Büchse vielfache Krankheiten und Plagen zukommen. Er sandte aber Pan-

dora nicht an den klugen Prometheus, sondern an Epimetheus, den Hernachdenkenden, seinen Bruder, und dieser
nahm die Gabe an, obwohl Prometheus ihn eindringlich
gewarnt hatte, je ein Geschenk der Himmlischen entge-
genzunehmen. So kamen die Menschen in den Genuß
vieler Segnungen, aber auch in die Gewalt schwerer Übel,
und der Unterschied zu dem herrschenden Göttergeschlecht blieb groß genug. Den Iapetos-Sohn Prometheus aber ließ Zeus durch Hephaistos, den Schmied, und
dessen Gesellen in der skythischen Einöde über einem
schaurigen Abgrund an eine Felswand des Kaukasus
schmieden, und täglich kam der Adler des Zeus, ihm seine
Leber herauszuhacken. Als aber dreißig Jahre vergangen
waren, erschien auf einer seiner Fahrten Herakles und fand
den Titanen am Kaukasusfelsen hängen, während der Adler
an seiner Leber hackte. Da legte er Löwenhaut und Keule
ab, spannte den unfehlbaren Bogen, und als der Adler vom
Fraße aufflog, durchschoß er ihn mit jagendem Pfeil. Dann
sprengte er die Klammern des Gefangenen ab und löste ihn
von dem Felsen. Zwischen Zeus und Prometheus wurde
Friede geschlossen, doch mußte der Iapetos-Sohn einen eisernen Ring mit einem Stein des Kaukasus tragen, damit
des Zeus Schwur, ihn für immer an den Kaukasus zu ketten, nicht gebrochen würde. Nun gab auch Prometheus
sein Geheimnis preis: Aus der Verbindung mit der Meeres-
göttin Thetis drohe dem Zeus Verderben und Unheil, denn
sie werde einen Sohn gebären, der stärker sei als sein Vater.
So stand Zeus von der Verbindung ab; Thetis wurde dem
Peleus zur Frau gegeben, und aus dieser Ehe entsprang
Achilleus.

DIE FLUT

us der Verbindung der »Unsterblichen« mit
den neuen Menschen entstand ein gewalttä-
tiges, ehernes Geschlecht. Ihr Starrsinn war
wie Stahl, riesig ihr Körperbau, Erz ihr
Werkzeug und ihre Waffe. Ungeheuren Frevel verübten sie, scheuten kein Recht und
ehrten keine Sitte. Da beschlossen die Unsterblichen, sie zu
verderben. Schon wollte Zeus mit der Flammenschleuder,
die ihm zuvor die Kyklopen geschmiedet hatten, die Erde
verbrennen; doch er dachte des alten Schicksalsspruchs,
nach dem einst das Erdgebäude und der heilige Äther selbst
in Flammen aufgehen würden.

Da änderte er seinen Vorsatz. Er schloß den Nord in die
Windhöhlen ein und sandte den Südwind mit triefenden
Schwingen, der hüllte die Erde in Finsternis. Sein Bart troff
Regen, sein Haar floß Wasser, sein nasses Wolkenkleid
klatschte an die Berge, und Ströme flossen durch die
Schluchten zu Tal. Zugleich sprangen die Quellen der Erde
auf, aus vergessenen Höhlen quollen Strudel hervor und
ergossen sich über das niedere Land. Die Saaten ertranken,
die Erde ging unter, durch die Wipfel der Bäume schwammen die Fische; in die Häuser, in die Heiligtümer stieg
furchtbar die Flut. Entsetzen ergriff die verwirrten Menschen, sie flüchteten, schwammen, umkämpften die Kähne,
erschlugen einander und wurden am Ende zusammen verschlungen. Ganze Völker tilgte die Flut hinweg, und wer
ihr entging, den verzehrte der Hunger. Nur der Parnaß

hob sich über die Wasserwüste hinaus. Prometheus, der im voraus Bedenkende, hatte Deukalion, seinen Sohn und Schützling, den Herrscher im thessalischen Phthia, rechtzeitig gewarnt und ihm Weisung gegeben, sich eine hölzerne Arche zu bauen, mit der nötigen Nahrung sie zu beladen und mit Pyrrha, seinem Weib, Epimetheus' Tochter, zur rechten Zeit hineinzusteigen. Deukalion tat, was Prometheus ihm riet: Als der unendliche Regen herabfiel, gingen sie in den Kasten und trieben auf den Fluten dahin.

Zeusvater sah auf die Erde nieder, die rings ein riesiges Schlammeer war, und erkannte, daß von den Menschen auf Erden nur dies einzige Paar noch übrig war, beide redlich und wohlgesonnen, den Göttern gehorsam. Da ließ er den Nordwind frei aus der Windhöhle. Und der Nordwind riß die Wolkenwand auf, trieb die Wasser dem Meere zu und begann, die ertrunkene Erde zu trocknen. So trieb der Kasten nach neuntägiger Irrfahrt endlich am hohen Parnassos an. Langsam sanken ringsum die Fluten, die Düsternis schwand, die Nebel lichteten sich, Himmel und Erde sahen

sich wieder, die Berge stiegen, das Meer umschloß sich mit neuen Ufern, und die Flüsse fanden ein neues Bett. Noch hob der Wald die verschlammten Wipfel kahl in den Himmel, doch über den Fluren lag schon ein Hauch von Grün.

Da standen Deukalion und Pyrrha einsam auf der verlassenen Erde. Die Göttin der Ordnung riefen sie an, die schicksalverkündende Themis. Hin zum Kephissos gingen sie, besprengten mit heiligem Wasser Gewand und Haupt, knieten vor dem erloschenen Altar auf den Tempelstufen und beteten um ein neues Geschlecht. Und Deukalion erhielt den Götterspruch:

»Geh hin aus meinem Heiligtum,
verhülle dich, entgürte dich,
wirf hinter dich die Beine der Mutter!«

Dunkel erschien ihnen Weisung und Wort, doch sie taten nach ihm, wie sie verstanden. Sie zeugten ein starkes und schönes Geschlecht. Ihr Sohn Hellen wurde der Stammherr des berühmten Hellenenvolkes.

Seitdem hat die Erde sich neu geordnet; anders sind heute ihre Berge, ihre Flüsse, ihre Küsten als einst. Aber noch immer trägt sie die Spuren der großen Flut.

Phaetons Sturz

haeton soll ein Sohn des Sonnengottes gewesen sein, dem Heiligtum des Helios entsprossen. Aber seine Gefährten glaubten ihm seine göttliche Abkunft nicht, sondern nannten ihn spöttisch Sohn eines dunklen Vaters. Das bekümmerte und erzürnte Phaeton sehr, und er beschloß, sich vor ihnen zu beweisen.

Er besuchte daher in aller Frühe des Tages Helios in seinem leuchtenden Palast und bat, ihm eine Bitte zu gewähren. Das sagte Helios arglos zu und schwur beim Styx, dem Grenzfluß der Unterwelt – und das war der unverbrüchlichste Schwur bei Göttern und Menschen –, er wolle gewähren, was jener erbitte. Da forderte Phaeton von seinem Vater, daß er allein einen ganzen Tag lang den goldenen Sonnenwagen lenken dürfe.

Helios war über eine solche Bitte aufs tiefste erschrocken und bat den Sohn, seinen Wunsch aufzugeben und etwas anderes zu wählen: »Unmöglich kannst du mit deinen schwachen Armen die starken, rasenden Rosse bändigen!« Phaeton aber ließ nicht ab, er verlangte die Erfüllung des Wunsches, kümmerte sich nicht um Bitten und Flehen des sorgenvollen Vaters und ruhte nicht eher, bis dieser nachgab. Stolz stand er im Sonnenwagen, die Zügel des wilden Gespanns in der Hand. Schon scharrten ungeduldig die unbändigen Rosse. Unheil ahnend, aber durch Eid gebunden, belehrte der Vater den ungebärdigen Jüngling, wie er den Weg um den Himmel fahren und weder zu hoch noch zu tief lenken müsse.

Das Tor des Morgens sprang lautlos auf, hinaus glitt das glänzende Gefährt und hob sich langsam dem Himmel zu. Leicht klommen, wie von Flügeln getragen, die starken Rosse den Hang empor und flogen von selbst die gewohnte Bahn. Stolz stand Phaeton, straff hielt er die Zügel, und bewundernd sahen die Menschen auf ihn. Deutlich erkannte er vor sich die Sonnenspur, in deren Geleisen er bleiben sollte. Schon kam er höher auf seiner Bahn, und unendlicher Überblick tat sich ihm auf. Tief unten sah er bekannte Länder und Inseln zierlich im Meere liegen, und mühelos lenkte er über sie hin. Da wurde er trunken von wildem Stolz, daß er es jetzt war, der die Bahn des rollenden Lichts bestimmte.

Immer höher ging es in den Himmel hinauf. Aber unheimlich nah kam er nun den Gestirnen und sah verwirrt ihre furchtbaren Bilder: den dräuenden Stier, den reißenden Löwen, die gefährliche Schlange, den giftigen Skorpion. Und als er hinunterblickte, schwindelte ihm in der unendlichen Höhe. Jetzt schauderte er vor der eigenen Kühnheit, und gern hätte er nun auf die Erfüllung seines Wunsches verzichtet. Aber die Rosse merkten nun, daß nicht mehr wie sonst der willensgewaltige Helios die Zügel führte, sondern eine schwache und zaghafte Jünglingshand. Und so folgten sie keiner Lenkung mehr, sondern sie wichen ganz aus der Bahn. Erst stiegen sie zur Höhe hinauf, dann stürmten sie wild der Erde zu. Da brannte die Sonne so glühend herab, daß die Pflanzen verdorrten und das Vieh verschmachtete, die Wälder vom Brand ergriffen wurden und die Menschen der Länder, über welche sie fuhren, schwarz wurden vom Sonnenbrand.

Entsetzt stand Phaeton auf dem hinpolternden Wagen, bebend vor Angst, und wußte die Zügel nicht mehr zu halten. Sie entglitten seinen zitternden Händen und schleiften herab, und die zügellosen Rosse rasten so wild über den

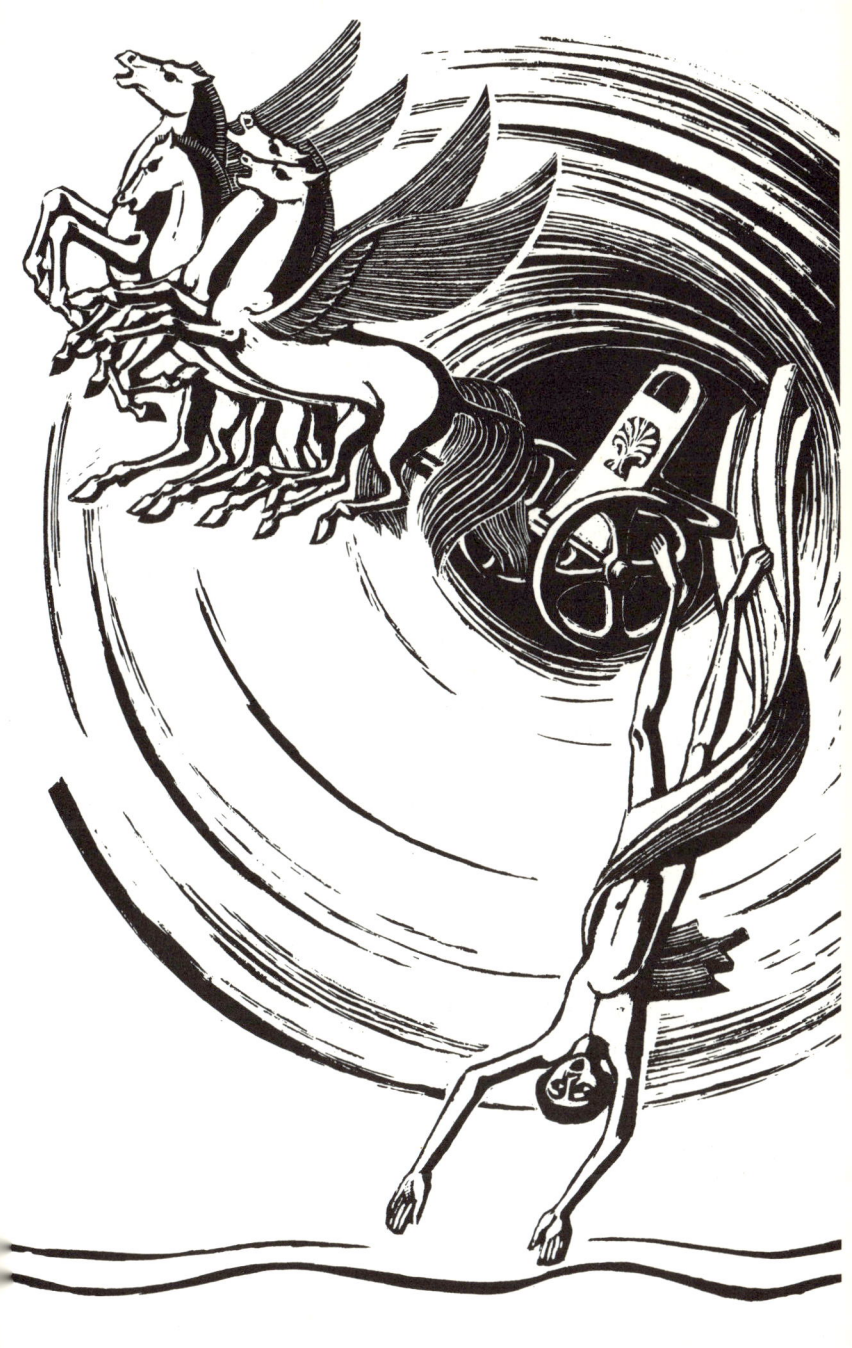

Himmel dahin, daß die Menschen verzagten und sogar die
Götter in Furcht gerieten. Als Zeus aber sah, was Verderb-
liches geschah, da griff er den Blitz, schleuderte ihn hinauf
und schmetterte den törichten Jüngling herab, damit nicht
die ganze Erde zugrunde gehe. Erschrocken kehrten die
Rosse in die vorgeschriebenen Gleise zurück. Überall wü-
teten schon gewaltige Brände. Phaeton aber stürzte hinab
in den Fluß Eridanos ferne im Norden, und eine lange
Lichtspur zog hinter ihm her. Die Schwestern suchten den
zerschmetterten Knaben und beweinten ihn lange, und es
heißt, daß sie zu zitternden Pappeln wurden und ihre Tränen zu Bernsteintropfen, wie es sie nur im Norden gibt.
Die Götter aber hatten Mühe, die alte Ordnung herzustel-
len, den Erdbrand zu löschen und den Schaden zu heilen.

Diese Sage klingt wie ein Märchen; aber unmöglich ist es
nicht, daß sie von wirklichem Geschehen berichtet. Zwar
ist es nicht die Sonne gewesen, die ihre Bahn am Himmel
verließ, sondern die Erde wurde gestört im gleichmäßigen
Umlauf. Und sie begann zu schwanken.

Ob dies Ereignis dasselbe war, bei dem das stolze Atlantis unterging und in anderen Ländern seltsame Zeichen erschienen, vermögen wir heute nicht zu entscheiden. Auch
in griechischer Sage wird erzählt, daß zur Zeit der Pelops-
söhne ein Wunder geschah und die Sonne in anderer
Richtung lief; und vom Stillstand der Sonne erzählt die Bi-
bel bei Josuas Kampf mit den Amalekitern. Vielleicht ist es
Fabel; vielleicht aber schlummert in alten Geschichten ver-
schollene Kunde von dem, was einst war.

PERSEPHONE

emeter war die Göttin der fruchtbaren Erde. Sie behütete wie eine Mutter alles irdische Leben, das Haus und den Herd. Abstammend vom alten Göttergeschlecht, von Kronos und Rhea, hatte sie Zeus, dem himmlischen Vater, eine Tochter geboren, Persephone mit dem goldblonden Haar. Jung und lieblich war sie, und man nannte sie Kore, das Mädchen.

Einst erzählte ihr die Mutter von Zeus, dem Vater, der im Himmelslicht waltet, und von Pluto, dem Reichen, dem Gotte der Unterwelt, der in den Tiefen der Erde herrscht: »Hades, den Unsichtbaren, nennen ihn manche. Schwarz ist sein Haar, und es brennen die dunklen Augen.«

Was die Mutter erzählte, vergaß Kore nicht. Eines Tages, als sie mit den Töchtern des Meeres auf der Blumenwiese am Bachquell spielte, brach dicht vor ihr die Erde auf, und Hades selbst auf goldenem Wagen mit kohlschwarzen Rossen stürmte hervor. Angstvoll nach allen Seiten flohen die Gespielen, nur Kore blieb und sah mit erschrockenen, verlangenden Augen auf den unheimlichen Gott. Er aber stand vor ihr, ein stolzer König, umfaßte sie mit feurigen Blicken und warb um sie: ihm solle sie folgen in die Reiche der Nacht und seine Gemahlin und Königin sein. Er malte ihr den Zauber der unteren Welt, die geheimnisvollen Höhlen, die sprühenden Kristalle, den riesigen Reichtum an Erz, Silber, Gold, die tosenden Ströme, die unter der Erde hinfahren. Sie aber bangte und weigerte sich und scheute zurück. Da griff der Gott die sich Wehrende, schwang sie zu sich auf den goldenen Wagen, und nun brausten die wilden Rosse davon. Langhin hallten die Berge vom Rufen des Mädchens, doch niemand hörte ihre Klage als die dunkle Hekate und der alles erkennende Sonnengott.

Verzweifelt suchte die Mutter überall die verschwundene Tochter. Niemand wußte von ihr zu sagen, niemand hatte sie irgend gesehen. Neun Tage lang irrte Demeter trauernd umher, im dunklen Gewand, ohne Schlaf und Nahrung; am zehnten traf sie auf Hekate. Die hatte das Rufen wohl vernommen, doch kannte sie den Räuber nicht. Endlich gab ihr der Sonnengott diesen Bescheid: »Mit Wissen und Willen des Himmelsvaters hat der König der Unterwelt deine Tochter entführt. Trauere nun nicht! Sie wird die Gemahlin eines der mächtigsten Herrscher sein!«

Aber Demeter grollte Zeus und den Göttern, die um den Raub ihrer Tochter wußten. Sie warf ihren Fluch auf die grünenden Fluren, hemmte das Wachstum, ließ die Pflanzen verdorren. Unfruchtbar lag die sonst üppige Erde, kahl standen die Bäume, keine Nahrung wuchs mehr für Mensch und Tier, und den Stätten der Götter fehlten die Gaben. Alle spürten den Zorn der großen Göttin, und statt Freude und Schönheit zog trauriger Winter ein.

Demeter blieb den Himmlischen fern und ging zu den Menschen, nachdem sie lange über die Erde geirrt. Nach Eleusis kam sie, an der salaminischen Bucht, unerkannt, eine bittende Greisin, und setzte sich nieder am Jungfrauenbrunnen. Die Töchter des Königs gingen zum Brunnen, Wasser zu holen, und führten sie freundlich ins Königshaus. Auf das Schaffell des Schemels setzte sie sich, das Haupt verhüllt, in tiefem Schweigen, ohne zu lachen, ohne zu essen. Nur einen Mischtrank ließ sie sich reichen, aus Gerstengraupen, Wasser und Minze. Auch die närrischen Späße der Dienerin Jambe erheiterten sie kaum.

König Keleos von Eleusis und seine Gattin Metaneira fragten sie endlich nach Heimat und Reiseziel. Da erzählte Demeter: »Dos ist mein Name, aus Kreta stamme ich, von Räubern wurde ich entführt, entfloh ihnen aber an der attischen Küste. Nun bitte ich um den Platz am Herd und um Arbeit, wie sie dem Alter zukommt.« Das Königspaar hatte Mitleid mit ihr und vertraute ihr Demophoon, den kleinen Königssohn, an.

Herrlich gedieh der junge Knabe unter Demeters Schutz. Täglich hielt sie ihn auf dem Schoß und salbte ihn mit Ambrosia ein, ihn sanft behauchend, wie es nur die Himmlischen kannten; und des Nachts badete sie ihn, um alles Irdische auszuglühen, in lebendigem Feuer. Sie hätte ihm ewige Jugend geschenkt, aber eines Nachts, als sie wieder so tat, überraschte die Königin sie dabei, schrie laut auf vor Angst und störte die heilige Handlung. Da stand Demeter auf, offenbarte sich allen im Hause Versammelten und sprach: »Ich bin Demeter, die Göttern und Menschen Segen verleiht. Ihr sollt mich nun kennen und meinen Willen vernehmen: Erbaut mir über dem schönen Brunnen ein Heiligtum! Darüber soll einst Demophoon walten. Kann ich ihm nicht mehr Unsterblichkeit verleihen, so soll er doch höchste Ehren empfangen!«

Während Demeter dieses sprach, tat sie das Kleid der Dienerin ab und stand in herrlicher Schönheit da. Das Königspaar verehrte sie als »Unsterbliche«, und nun erzählte sie ihnen, was ihrer Tochter widerfahren war. Da erbot sich in jugendlichem Eifer der Königssohn Triptolemos, Persephone in der Unterwelt zu suchen und ihr

Botschaft der Mutter hinunterzubringen. Dafür lohnte
ihn später Demeter wohl, indem sie ihn lehrte, was andern verborgen war: das Geheimnis des Pflugs und die
Aussaat des Korns. König Keleos ließ nach ihrem Wunsch
das Heiligtum bauen, und Demeter nahm ihren Wohnsitz
in ihm. Dahin kamen nun auch die Götter, einzeln,
brachten Geschenke und baten sie, ihren Fluch zu mil-
dern und zu Göttern und Menschen zurückzukehren.
Aber Demeter weigerte sich. Sie wollte nicht eher vom
Zorn lassen, bis sie ihre Tochter im Arme hielte. Darum
schickte Zeus Botschaft hinab zu Hades, die Tochter der
Mutter zurückzusenden.

Persephone war indes Herrin der Unterwelt, herrschte
mit Hades in den prunkvollen Sälen, von unermeßlichem
Reichtum umgeben, aber sie sehnte sich nach dem le-
bendigen Licht, nach Wachsen und Blühen der Oberwelt
zurück. Da kam, ihr unvermutet, der Bote des Zeus und

rief sie zur Rückkehr, und Hades gehorchte des Zeus Gebot. Aber ehe er Persephone von sich ließ, gab er ihr eine Granatfrucht zu essen, jenen süßsauren Apfel, dessen bitterer Kern den Unterirdischen gehört. Sie wußte es nicht; doch als sie ihn aß, war sie auf immer der Unterwelt verbunden, mußte sie, wie fern sie auch ging, sehnsüchtig zu ihr wiederkehren.

So kam Persephone auf die Oberwelt und in die Arme der Mutter zurück. Eleusis empfing sie mit Gesängen, und mit Jauchzen begrüßten sie an allen Orten die Menschen. Nun nahm Demeter den Fluch vom Land, die befreite Erde begrünte sich, alle Hänge blühten, das Korn begann wieder zu wachsen. Seitdem tauscht Persophone zwischen der Ober- und Unterwelt: Im Winter lebt sie in Hades' Reich, eine verborgene Königin; aber im Frühling kehrt sie zur Mutter auf die Erde zurück. Da herrscht dann Freude und Jubel bei Göttern und Menschen.

Im Bild der goldblonden Persephone, des Mädchens Kore, sahen die Griechen das Leben des Korns, des blonden Getreides, von dem vor allem sie lebten. Den mütterlichen Ähren entspringt das Korn und wird von der Unterwelt verschlungen; wenn aber der Frühling wiederkehrt, kommt es als Keim zur Oberwelt zurück und führt hier in Luft und Licht ein beglücktes Leben des Wachsens und Reifens.

In Eleusis fanden, seit der Begründung des Heiligtums, in jedem Jahr zur Herbsteszeit die großen Feste der Demeter statt, zu denen das Volk von Athen hinausströmte, auf mehrstündigem Weg das Bildnis der Göttin vorantragend. Da wurden dann vor den Eingeweihten die heiligen Spiele der Mutter Demeter und der Tochter Persephone dargestellt, und der Oberpriester Eumolpos, einer der vornehmsten Männer Griechenlands aus dem Geschlechte des Keleos, sang dazu die feierlichen Hymnen, während seine Gattin das Schicksal der Demeter wiedergab. Die einzelnen Handlungen waren geheim, und in vielen Jahrhunderten hat nie ein Eingeweihter ihren Inhalt verraten. Die edelsten Männer ganz Griechenlands und später auch Roms, Dichter und Weise gehörten zu den Mysten, den Erwählten. Gaben und Geschenke wurden dem Heiligtum bis in späte Zeiten dargebracht. Noch heute sieht man die Reste der Feststätte auf dem Hügel am Meer, von dem aus einst, wenn die Sonne aufging, der Weckruf ertönte:

»Thálade, Mystoi! – Zum Meer, ihr Erwählten!«

APOLL UND DELPHI

rde, Luft, Wasser, Flüsse und Bäume, die ganze Natur dachten sich die Griechen mit Göttern, Nymphen und Dryaden bevölkert; ihnen weihten sie Altäre, ihren Priestern opferten sie Gaben und fragten sie um Rat.

Aber nicht alle diese Wesen dürfen wir als himmlisch ansehen, viele waren ursprünglich Menschen von hoher Art, von bedeutenden Kräften und im Besitz besonderer Geheimnisse. Sie kannten ihre Kraft und nannten sich mit Recht Götter und Unsterbliche, denn sie waren sich ihres unvergänglichen Wesens deutlich bewußt. Nach ihrem Tod wurden sie dann als himmlische Wesen von den Menschen verehrt.

Zu den Göttern, von denen uns menschliche Schicksale berichtet werden, gehört auch Apoll, der Gott der Begeisterung. Ihn haben die Griechen besonders geliebt. Als er geboren wurde – heißt es –, jubelten Götter und Menschen. Sein Geburtsort war die kleine Insel Delos, und dort wurde Apoll auch zuerst verehrt. Seine Mutter Leto kam von ferne her, wahrscheinlich stammte sie von den Hyperboreern ab. Man wollte sie auf der Insel nicht aufnehmen, aber eine Botschaft von den Hyperboreern, durch die Jungfrauen Arge und Opis überbracht, veranlaßte die Inselbewohner endlich dazu.

Diese Hyperboreer wohnten am nördlichen Meer und waren ein von den Griechen, die ja selbst aus dem Norden

stammten, für fast göttlich geachtetes, geheimnisvolles Volk.
Mit Delos standen sie immer in Verbindung.

Zweimal schickten sie Jungfrauen dorthin, die hier
hochverehrt und nach ihrem Tode mit göttlichen Ehren
bedacht wurden; außerdem schickten sie Jahr für Jahr
Weihgaben nach Delos, welche, in Weizenstroh verpackt,
von Volk zu Volk weitergereicht wurden, bis sie in Delos
anlangten. Sendungen und Reisen über so weite Entfer-
nungen waren also auch damals möglich.

Das Land der Hyperboreer blieb für Apollon auch später
Heimatland. Dorthin pflegte er in der kalten Jahreszeit zu
fahren, und sicher feierte er dort mit den ihm verwandten
Geschlechtern das heilige Lichtfest der Wintermitte.

In seiner Jugend mußte Apoll zusammen mit Poseidon
ein Jahr dem König Laomedon von Troja dienen, weil sie
sich gegen den Göttervater empört hatten. Sie bauten dem
Laomedon die festen Mauern von Ilion, der Burg von
Troja. In dieser Zeit hütete Apoll auch die Herden an den
Hängen des Ida-Gebirges. Er besaß die Gabe der Weissagung, und er lehrte diese Kunst die Königstochter Kassan-
dra. Da sie ihm aber ihre Liebe nicht schenken wollte, so
bewirkte er, daß niemand ihren Weissagungen glaubte. Sie
sah später alles Unglück für Troja voraus, konnte es aber
nicht abwenden.

Der vielgewandte Halbbruder Apolls, Hermes, hatte die
Hirtenflöte erfunden, indem er Schilfröhren verschiedener
Längen nebeneinanderband. Die jugendschöne Athene
hatte versucht, auf dieser Flöte zu spielen, sie aber mit Ab-
scheu fortgeworfen, als sie bemerkte, wie durch das Blasen
ihr Gesicht entstellt wurde. Der Silen Marsyas nahm das
Instrument wieder auf und war von den Tönen, die er darauf hervorbrachte, so entzückt, daß er sich in einen Wettstreit mit Apoll einließ. Wer siegte, sollte mit dem anderen
nach Belieben verfahren. Nun war Apoll ein Meister der

Leier, eines mit Saiten bespannten Instrumentes, das gleichfalls Hermes erfunden hatte. In der Höhle von Kelainai in
Phrygien (Kleinasien) fand der Wettkampf statt, und Apoll
siegte. Da nahm er den Unglücklichen, hängte ihn auf, zog
ihm bei lebendigem Leibe die Haut ab und bewahrte sie in
der Höhle als ewiges Wahrzeichen auf.

Koronis, die Tochter König Phlegyas' von Thessalien,
wurde von Apoll geliebt. Aber noch während sie ein
Kind von ihm erwartete, ließ sie sich mit einem Fremden
ein, der das Haus ihres Vaters besuchte. Ein »Rabe« – so
nannte man die Boten der heiligen Stätten – brachte
Apoll die Nachricht. Er wandelte das Weiß des Raben in
Schwarz und tötete die Königstochter. Auch an Niobe
rächte Apoll sich grausam, zusammen mit seiner Schwester Artemis, der Jägerin. Niobe hatte sich in ihrer Freude
gerühmt, sechs Söhne und sechs Töchter geboren zu haben, während Leto nur einen Sohn und eine Tochter zur
Welt gebracht hatte. Apoll mit seinem silbernen Bogen
und Artemis töteten dafür alle zwölf Kinder der Niobe
und ließen sie unbestattet liegen.

Aber trotz diesen Taten kleinlicher Rache, die einen
Schatten auf sein Wesen werfen, wurde Apoll von den
Griechen und den umwohnenden Völkern als ein Über-
irdischer verehrt und geliebt; denn er verstand nicht nur
die Weissagung, sondern er vermochte die Herzen zur
Begeisterung zu entzünden wie kein anderer sonst, und
Schönheit, Anmut und edles Gleichmaß fanden bei ihm
ihre höchste Pflege.

Bedeutend für alle Zeiten aber wurde Apoll durch die
Begründung seines Orakels in Delphi.

Die Orakel waren hochheilige Stätten, die zuerst in
einsamen, umhegten Hainen an reiner Quelle angelegt
wurden. Später bildete man den heiligen Wald in hölzer-
nen Säulen nach und noch später in steinernen Tempeln

von eindringlicher Größe, umfaßt mit mächtigen Mauern. Hier walteten weise und edle Männer, auch Frauen im Namen eines Gottes, und erteilten unter heiligen Gebräuchen den Bittenden Rat oder sagten ihnen die Zukunft voraus.

Unzählige Fälle solcher Voraussagen sind uns genau berichtet, und niemand begann im Altertum eine Sache von größerer Wichtigkeit, ohne vorher – unter Spenden und Geschenken – den Rat des Orakels einzuholen. Unter den vielen Orakelstätten, die alle ihre besonderen Feste und Bräuche hatten, war das weitaus berühmteste – mehr als ein Jahrtausend hindurch – das Orakel in Delphi, Zeus, dem Himmelsherrn heilig, von Apoll gegründet, der hier später selbst als ein Gott der Sonne verehrt wurde.

Als Apoll für sein Orakel den rechten Ort suchte und dabei viele Landschaften durchstreifte, kam er auch nach Böotien, dem Rinderland. Dort lag damals noch der Kopaissee, der erst später zum Meer hin abgelassen wurde. Apoll gefiel der Ort sehr wohl, und er begann schon mit dem Bau eines Tempels. Aber die Jungfrau Telphusa, die Nymphe, welche den Quell behütete, riet ihm zürnend ab. Hier wäre für sein Heiligtum die rechte Stätte nicht. Zum hohen Parnaß solle er sich begeben, wo kein Lärm von Rossen und Wagen die heilige Stille störe. So wandte sich Apoll dorthin, und er fand die rechte Stätte. Am Hang dieses Gebirges, über dem einsamen, abgeschlossenen Tal, wo aus senkrechter Felswand der reine kastalische Quell entspringt, legte er den Grund des Tempels »breit und ungeheuer gestreckt«. An dieser Stelle hatte schon früher ein Heiligtum gestanden.

Der Nymphe Telphusa aber vergalt Apoll ihren heilsamen Rat schlecht. Er verschüttete ihren Quell unter einem Sturz von Steinen und ließ sich selbst dort einen Altar errichten.

Den Bau eines Tempels leiteten nach Apolls Anweisungen die Baumeister Trophonios und Agamedes, und unzählige Menschenscharen halfen dabei. Als nun alles vollendet war, baten die beiden um ihren Lohn. Apoll versprach ihn auf den siebenten Tag; bis dahin sollten sie fröhlich sein. Als sie sich aber zum siebenten Male niederlegten, wachten sie nicht wieder auf. Für den Dienst in seinem Tempel berief Apoll tempelkundige Kaufleute aus Kreta und entflammte sie zur Begeisterung. Die Leier schlagend und Hymnen singend, schritt er ihrem Zuge voran zum Heiligtum. Sie waren in Sorge, wer sie in dieser Einsamkeit ernähren sollte, Apoll beruhigte sie aber durch seinen ersten Orakelspruch: Immer würden zu diesem Tempel Menschen aus allen Ländern kommen und reichliche Opfergaben bringen.

Dieser Wahrspruch hat sich vollkommen erfüllt. Das Delphische Orakel ist das ganze Altertum hindurch, über tausend Jahre lang, ein Ort höchster Verehrung gewesen. Unermeßliche Gaben wurden dorthin gespendet, und unbeirrt gab das Orakel seine königlichen Sprüche, welche das Leben der Griechen und ihre Geschichte bestimmten.

In späterer Zeit wurde Apoll selbst in Delphi verehrt als ein himmlischer Gott, der Sonne verwandt, der Ordnung und rechtes Maß verlangte. Aus drei Teilen bestand sein Heiligtum: Unten der mächtige Tempel der Erkenntnis, über dessen Eingang die Inschrift stand: »Erkenne dich selbst!« – Auf halber Höhe darüber das Halbrund des offenen Theaters, in welchem die Kunst ihre Stätte hatte. – Ganz oben das Stadion, der Sport- und Kampfplatz, in welchem die Körper zu Zucht und Tüchtigkeit erzogen wurden. So pflegte Delphi Geist, Seele und Leib in vorbildlicher Harmonie.

Als das Orakel begründet war, saß im Innern des Tempels die Priesterin, die Pythia, auf einem Dreifuß, aus der

Tiefe stiegen berauschende Dämpfe und umhüllten sie, und, in Begeisterung versetzt, sprach sie dunkle, geheimnisvolle Worte, welche durch weise Priester in Verse umgesetzt wurden. Oft waren die Sprüche dem gewöhnlichen Sinn so unverständlich, daß ihre Bedeutung dem Fragenden erst aufging, wenn das Orakel sich erfüllt hatte. Trotzdem hat man an ihnen nicht gezweifelt, sondern all die Jahrhunderte hindurch das Orakel immer neu befragt.

Die Könige von Atlantis

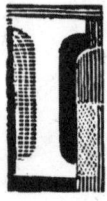n der seit alten Zeiten berühmten Stadt Athen, die unter dem Schutz der jungfräulichen, helm- und schildbewehrten Göttin Athene stand, lebte fast sechshundert Jahre vor Christi Geburt der weise Solon, ein kluger, edler, tatkräftiger Mann aus vornehmem Geschlecht, der wegen seiner ungewöhnlichen Einsicht und wegen der guten Gesetze, die er seiner Vaterstadt gegeben hatte, unter die sieben Weltweisen gerechnet wurde.

Von diesem Solon wird erzählt, daß er in reifem Alter seine Vaterstadt verließ und zehn Jahre lang die Länder des östlichen Mittelmeeres durchzog, um ihre Sitten und Einrichtungen kennenzulernen. Auf dieser Reise kam er auch nach Ägypten.

Dort gab es damals in dem Delta, an dessen Spitze die Fluten des Nils sich teilen, einen Gau, welcher der saitische hieß, und dieses Gaues größte Stadt, aus der auch König Amasis stammte, war Sais.

Die Einwohner von Sais hielten nun für die Gründerin ihrer Stadt eine Göttin, deren Name auf ägyptisch Neith, auf griechisch aber, wie sie sagten, Athene gewesen sein soll. Deshalb behaupteten sie, große Freunde der Athener und gleichsam mit ihnen verwandt zu sein. Als nun Solon nach Sais kam, wurde er dort aufs höchste geehrt und pflegte freundschaftliche Gespräche mit den Vornehmen und vor allem mit den Priestern. Er wurde mit ihnen vertraut und befragte sie über viele Dinge der Vergangenheit,

weil er vermutete, daß sie hierüber mehr wissen könnten
als die Griechen selbst; und darin irrte er nicht.

Als er nun einmal, um die Priester zur Erzählung über
die Urzeit zu veranlassen, begann, von den ältesten Geschichten Griechenlands zu berichten – von Phoroneus,
der für den ersten Menschen gehalten wurde; von Deukalion und Pyrrha, die nach der großen Flut als die einzigen
übriggeblieben sein sollten –, und als er danach versuchte,
die Zeiten und die Geschlechterfolgen zu ordnen, da soll
einer der Priester, ein schon bejahrter Mann, ausgerufen
haben: »O Solon, Solon! Ihr Hellenen bleibt doch ewige
Kinder! Deine Zahlen und deine Geschlechterreihen unterscheiden sich ja kaum von Ammenmärchen! Ihr aber
wißt nur von *einer* Überschwemmung, und es sind doch
schon so viele Überflutungen durch Wasser vorhergegan-
gen, aber auch Verheerungen durch Feuer. Denn was bei
euch wie auch bei uns von Phaeton erzählt wird, daß dieser Sohn des Helios einst den Sonnenwagen aus der Bahn
lenkte und weithin die Länder in Brand setzte, bis vom
Feuerstrahl auch er erschlagen wurde: das klingt zwar wie
eine Fabel; das Wahre daran ist aber, daß zuzeiten die Him-
melskörper, welche die Erde umkreisen, ihre Stellung än-
dern und dann durch gewaltige Umwälzungen die irdischen Geschöpfe vernichten. So ist auch euer Land immer
wieder von großen und schrecklichen Katastrophen zer-
stört und alle Kunde der Vergangenheit bei euch ausge-
löscht worden; denn immer blieben nur wenige übrig und
nur wenig Gebildete, die der Schrift und des Lesens kaum
mächtig waren, auch in der Not und Sorge des täglichen
Lebens zur Bewahrung der Vergangenheit keine Muße fanden, während unser Land bei Hitze wie bei Wasserflut immer durch den Nil gerettet wurde. So ist alles, was bei uns,
bei euch und bei anderen an wichtigen Ereignissen vor-
kam, von uns aufgezeichnet und in unseren Tempeln auf-

bewahrt worden. Daher wissen wir auch von den Helden-
taten, die in alter Zeit euer Staat vollbrachte, da er als ein-
ziger dem Ansturm der Könige von Atlantis standhielt und
für euch und für uns die Freiheit rettete.«

Als Solon dies hörte, staunte er und bat den Priester in-
ständig, die ganze Geschichte jener vergangenen Zeit ihm
zu erzählen. Also begann der Priester, die Vergangenheit zu
enthüllen, und erzählte dem Lauschenden die Geschichte
von Atlantis und von Ur-Athen, wie sie sich zugetragen
hatte etwa siebenhundert Jahre zuvor:

»Als die mächtigen Himmelssöhne die Erde teilten, da
fiel dem Zeus-Vater die Erde zu, dem Hades aller Reichtum unter der Erde, dem Poseidon aber mit dem Meer und
seinen Schätzen auch die wunderbare Insel Atlantis im
Weltmeer. Von dieser Insel ist folgendes zu erzählen:

Auf einer überaus schönen und fruchtbaren Ebene erhob sich, ziemlich an ihrem Rande, etwa fünfzig Stadien
(9 km) vom Meere entfernt, eine Bergkuppe. Auf ihr
wohnte mit seiner Gattin ein dem Lande entstammender
Edeling, auf griechisch Euenor. Sie hatten eine einzige
Tochter, Kleitho. Um die Zeit, als sie heranwuchs, starben
ihr Vater und Mutter. Poseidon aber entbrannte in Liebe
und verband sich mit ihr. Er trennte nun den Hügel, auf
dem sie wohnte, dadurch vom übrigen Lande ab, daß er
drei Wasserringe um ihn legte. So zirkelte er eine Insel aus
dem Lande heraus, die für Fremde nicht zugänglich war,
solange Schiffe noch nicht allgemein verwendet werden
konnten. Diese innere Insel machte er zu einem Heiligtum
und stattete sie kostbar aus. Sie wurde der Mittelpunkt des
späteren Reiches Atlantis, das sich dann mächtig über alle
umliegenden Länder und Inseln ausbreitete.

Aus der Verbindung Poseidons mit der fürstlichen Jungfrau entsprangen zehn Söhne, fünfmal Zwillinge. Der
Name des ersten war Atlas. Als nun Poseidon das Reich an

seine Söhne verteilte, erhielt Atlas, der älteste, die heilige
Insel und das Gebiet ringsumher als den besten und be-
deutendsten Teil des Landes und wurde zugleich König
über die anderen. Von ihm erhielten Burg und Land ihren
Namen.

Atlas gründete ein zahlreiches und hochgeehrtes Geschlecht; und da Könige stets nur die Ältesten wurden, so
wahrten sie Würde und Macht viele Geschlechter hindurch.
Unendlich war die Fülle ihres Reichtums, nicht nur, weil
zahlreiche Länder ihnen Zins zahlten, sondern auch, weil die
Insel allen Bedarf an Frucht, Holz und Erzen reichlich trug.
Solchen Reichtum verwendeten sie aber nicht für sich, sondern sie schmückten die heilige Insel mit Tempeln, Palästen
und Wehrbauten kostbar und prächtig aus.

Über die Wasserringe schlugen sie Brücken und schufen
so einen Weg von und zu der Königsburg. Darauf gruben
sie einen breiten Kanal zum Meere hin und durchstachen
die Landringe mit Tunneln, so daß die Schiffe, die nun allgemein gebraucht wurden, bis in den innersten Wasserring
fahren konnten. Die ganze Anlage umgaben sie mit einer
steinernen Mauer und krönten die Brücken mit Türmen
und Toren aus schwarzem, rotem und weißem Stein, den
sie an den Hängen der Burginsel brachen, wobei gleichzeitig zwei große Schiffsbunker ausgehöhlt wurden.

Über alle Maßen prächtig glänzte die Burg von Atlantis;
die äußere Mauer war in Kupfer gefaßt, die innere mit
Zinn übergossen, die Burg selbst mit leuchtender Goldbronze. Weit draußen am Meer aber begann eine Ring-
mauer, die in weitem Bogen alles umfaßte, bis sie zum Hafen zurückkehrte. Sie schloß die Stadt Atlantis ein, und hier
kam in ihren mächtigen Zeiten ein ungeheures Gewimmel
von Menschen zusammen. Vor allem am Hafen trafen sich
Schiffe und Kaufleute aus allen Ländern und brachten die
Reichtümer der Welt nach Atlantis.

Das Innerste der Burg bildete der dem Poseidon gehei-
ligte Raum, in dem einst das Geschlecht der zehn Fürsten
gezeugt und geboren worden war. Dieses Heiligtum war
von einer goldglänzenden Mauer umgeben und selbst ganz
mit Silber überzogen; der Menge aber war der Zutritt ver-
wehrt. In seiner Mitte stand eine Säule aus Goldbronze; auf
ihr war von den Urvätern das heilige Gesetz eingegraben
worden samt einer Schwurformel mit furchtbaren Verwün-
schungen gegen den Ungehorsam. Hier pflegten sich die
zehn Fürsten zu versammeln, und zwar abwechselnd jedes
fünfte und sechste Jahr, um der geraden wie der ungeraden
Zahl ihr Recht werden zu lassen. Sie berieten hier alle gemeinsamen Fragen und prüften, ob einer unter ihnen das
Gesetz übertreten habe. Vorher aber übten sie, treu der
Überlieferung, folgenden Brauch:

Zuerst beteten sie zu ihrem göttlichen Ahnherrn. Danach zogen sie, ohne Begleitung und ohne Waffen, nur mit
Keule und Fangstrick versehen, auf die Jagd, um einen der
Stiere zu fangen, die im heiligen Bezirk frei weideten. Das
erwählte Tier opferten sie dann auf der Säule über der Inschrift. Nach der Weihung schütteten sie in einen Mischkrug für jeden einen Tropfen des Stierblutes, warfen das
übrige ins Feuer und reinigten die Säule ringsum. Nun
schöpften sie aus dem Mischkrug mit goldenen Schalen,
spendeten daraus ins Feuer und schwuren, genau nach dem
Gesetz der Säule zu richten, den Übertreter zu strafen,
künftig keine Vorschrift mit Wissen zu verletzen, selbst ganz
nach den Gesetzen der Väter zu herrschen und nur dem zu
gehorchen, der die Vorschriften achte. Jeder der zehn gelobte dies für sich selbst und für sein ganzes Geschlecht,
dann trank er und weihte die Schale dem Heiligtum.

Jetzt ließen sie sich Zeit für das Mahl und die Pflege des
Körpers. Sobald es aber dunkel geworden war und das Op-
ferfeuer verglomm, kleideten sie sich in dunkelblaue Ge-

wänder von wunderbarer Schönheit, ließen sich bei der
Glut des Eidesopfers nieder, löschten alle übrigen Feuer im
Heiligtum, und nun bei Nacht, als Richter oder als Be-
schuldigte, gaben und nahmen sie das Recht. Hatten sie
dann einen Urteilsspruch gefällt, so schrieben sie ihn beim
Erscheinen des Lichtes im Heiligtum in eine goldene Tafel
ein.

Eines der heiligen, auf der Säule eingegrabenen Gebote
verpflichtete die zehn Könige, niemals einander zu bekrie-
gen, vielmehr sich zu helfen, wenn etwa in einer Stadt das
Königtum in Gefahr war. Alle gemeinsamen Dinge und
zumal den Krieg sollten sie erst nach gemeinsamer Bera-
tung unternehmen und die Führung dabei dem Geschlecht
des Atlas überlassen. Auch durfte der König keinen seiner
Verwandten töten, wenn nicht wenigstens sechs der zehn
ihre Zustimmung gaben.

So waren ihre heiligen Bräuche beschaffen, und fest war
die Macht von Atlantis durch sie gegründet. Viele Men-
schenalter hindurch, solange das göttliche Wesen in ihnen
noch unvermischt waltete, blieben sie diesen Gesetzen treu
und verleugneten ihre Verwandtschaft mit den Gottessöh-
nen nicht. Sie waren von hoher Art, wahrhaftig und groß-
herzig, kühl im Rat, in der Freundschaft warm. Schweres
Schicksal trugen sie mit Gleichmut, und irdische Güter
achteten sie gering. So gedieh ihnen alles.

Die späteren Geschlechter aber begannen, von den alten
Gesetzen sich allmählich zu lösen, Gold und Genuß zu begehren, sich mit Minderen zu vermischen. Zwar erschienen sie damals an äußerer Macht erst recht groß und gewaltig, aber dem Erkennenden waren sie nicht mehr die
königlichen Herrscher, sondern Menschen voll Herrsch-
sucht und Habgier.

In ihrem wachsenden Übermut dünkten sich die zehn
Könige von Atlantis allen anderen überlegen und wollten

keine Macht neben der ihren mehr dulden. Sie machten
daher Pläne, alle bekannten Länder zu unterwerfen und
ihre Herrschaft über den ganzen bekannten Erdkreis aus-
zudehnen. Vor allem wollten sie das innerhalb der Meer-
enge gelegene Meer (Mittelmeer) zu einem ihnen eigenen
Binnenmeer machen, da sie ja schon mit eigenen und ver-
bündeten Ländern daran grenzten.

Sie bereiteten daher jenen gewaltigen Kriegszug vor, in
dessen Folge sie dann mit unserem Land und mit dem euren auf das heftigste zusammenstießen. Sie zogen nämlich
ein riesiges Heer und eine gewaltige Flotte zusammen und
brachen dann zu Wasser und zu Land gegen die südlichen
Völker vor, verbündet vor allem mit den Libyern in Nord-
afrika und den Tyrrhenern in Italien.

Furchtbar war der Ansturm ihres Heeres: Mit den von
ihnen erfundenen Streitwagen jagten sie vor den Schlachtreihen her und brachen den Widerstand, mit den schild-
und lanzenbewehrten Kampfscharen stießen sie nach.
Angstvoll unterwarfen sich ihnen die Völker, zinsten ihnen
die Könige, und die Hilfstruppen der Besiegten vermehr-
ten das vorstoßende Heer.

Gegen Griechenland und Ägypten richtete sich nun ihr
Zug; denn unsere Länder waren von all ihren Gegnern die
mächtigsten. Wir Ägypter konnten uns damals des ersten
Angriffs der Libyer und Atlanter eben noch erwehren. In
unwiderstehlichem Ansturm aber drangen die Atlanter von
Norden her in Griechenland ein und unterwarfen eine
Landschaft nach der anderen.

Und damals, Solon, waren es euer Staat und eure Stadt
Athen, die durch Tatkraft und Tüchtigkeit hervorleuchte-
ten. In der allgemeinen Mutlosigkeit verzagten sie nicht,
sondern stellten sich an die Spitze der Hellenen und wehrten heldenhaft jeden Angriff ab. Und selbst später, als die
übrigen Hellenen von ihnen abfielen und sich, von Furcht

und Schrecken ergriffen, den Königen von Atlantis unterwarfen, verzagten die Athener nicht, sondern standen fest
wie ein Fels in der stürmischen Flut. Und dazu ermutigte
sie das Bild und Beispiel ihrer jungfräulichen Göttin
Athene, der Speerschwingerin.

Die Athener waren damals ein herrliches Volk. Sie über-
trafen alle anderen an Tugend und Tüchtigkeit und waren
vor allem durch ihre Schönheit berühmt. Ihr Land war
über die Maßen fruchtbar und konnte eine Menge von
Menschen ernähren. Auch war der Burgberg, um den die
Stadt liegt, noch weit größer und höher. Erst später wurde
durch die schrecklichen Überschwemmungen die frucht-

bare Erde ins tiefe Meer hinabgespült, übrig blieben die
Felsen, gleichsam die Knochen des Landes, und die einst
bewaldeten Berge wurden kahl.

Auf dem Burgberg lagen wie in einem großen Garten
die Stätten der Götter und die Wohnungen der Priester um
die heilige Quelle und den von ihr gebildeten Teich, auf
der Nordseite hatten die Krieger ihre Gemeinschaftshäuser.
Alle anderen, Kaufleute, Handwerker, Hirten, Jäger und
Ackerbauern, wohnten um den Burgberg herum. Die
Krieger waren ein streng gesonderter Stand, sie führten ein
einfaches, hartes Leben ohne allen Prunk, verachteten Gold
und Schmuck und hielten untereinander unverbrüchliche
Kameradschaft.

Den Burgberg hatten die Athener mit riesenhaften
Mauern so befestigt, daß er jedem Ansturm trotzen
konnte, und hier zogen sie in Erwartung der Feinde all
ihre Mannschaft und reichliche Vorräte zusammen. Die
Atlanter stürmten denn auch in unübersehbaren Scharen
heran. Da sie aber an der Burg ihre Schlachtreihen und
Streitwagen nicht entfalten konnten, so gelang ihnen ein
Einbruch nicht, vielmehr errangen die Athener, als sie
nun hervorbrachen, in offener Schlacht einen herrlichen
Sieg und errichteten ihre Siegeszeichen. So retteten sie
sich selbst vor Knechtschaft und flößten gleichzeitig auch
all denen Mut ein, die sich noch nicht unterworfen hatten, und gaben uns anderen Zeit und Kraft zum Widerstand. So haben dann auch wir unsere Freiheit verteidigt,
als die Libyer und Atlanter vereinigt mit Heer und Schif-
fen in unser Land einfielen, und haben sie in gewaltigen
Schlachten zu Wasser und zu Land überwunden. Damals
machten wir viele Gefangene, darunter auch Könige der
Atlanter, und erfuhren von ihnen, was auf jener großen
Insel Atlantis vorgegangen ist. Das wurde alles in unseren
Tempeln verzeichnet. Ihr in Athen bliebt aber auch fer-

nerhin frei, ein Schutz der Bedrängten, eine heilige Stätte der Zuflucht.

Nichts aber auf Erden hat Bestand. Und so brach nach diesen Ereignissen eine Zeit gewaltiger Erdbeben und Überschwemmungen herein. Es kamen ein Tag und eine Nacht voll entsetzlicher Schrecken, wo die Masse des athenischen Heeres von der Erde verschlungen wurde. Zugleich aber versank auch die große Insel Atlantis im Meere und verschwand, und nichts blieb von ihr übrig als ein ungeheures Schlammeer und zerrissene Eilande. Keine Rückkehr gab es mehr für die von Atlantis ausgezogenen Scharen; ja, es drängten die Überlebenden und Geretteten jenes Untergangs in mächtigen Stößen nach und brachten neue Unruhe in unser gemeinsames Meer. All dieses nun, Solon, würdet auch ihr selber wissen, wenn euer Land nicht so oft verwüstet worden wäre. Denn ihr habt euch immer kaum mit der Schrift und dem staatlichen Leben leidlich eingerichtet, so bricht auch schon nach der üblichen Frist wie eine Krankheit die Flut herein und läßt nur die Ungebildeten zurück, welche von der Vergangenheit nichts wissen und der Zukunft nichts überliefern können. Wir aber, die wir von unserem Vater, dem Nil, allezeit geschützt wurden, haben diese Geschichten für uns und für euch aufbewahrt, und wir geben sie euch wieder zurück zum Dank dafür, daß ihr einst mit eurer Freiheit auch die unsere rettetet und der jungfräulichen Herrin Athene die Treue hieltet, nach der eure Stadt ihren Namen hat und der auch wir dienen.«

Der Raub der Europa

Die Jungfrau Europa, Tochter oder Enkelin des Königs Agenor von Phönizien, spielte einst mit ihren Gefährtinnen auf den blumigen Wiesen am östlichen Mittelmeer, als Zeus sie erblickte und in Liebe zu ihr entbrannte. In einen stolzen Stier verwandelt, näherte er sich den Mädchen, legte sich bei ihnen nieder und ließ sie mit sich spielen. Als aber Europa auf seinem Rücken saß,

sprang er auf, trabte dem Meer zu, schwamm hindurch und entführte die Geraubte zur üppigen Insel Kreta. Hier trat er ihr in herrlicher Gestalt entgegen und verband sich mit ihr. Sie gebar ihm drei Söhne, Minos, Sarpedon und Rhadamanthys; dann wurde sie die Gattin des kretischen Königs Asterion.

MINOS

Minos folgte Asterion in der Herrschaft nach. Er war der königlichste unter den Königen, stolzer Herrscher über die große Insel Kreta und viele Inseln des Ägäischen Meeres. Von seiner Macht und seinem Reichtum zeugten mächtige Bauten, deren Ruinen wir noch heute bewundern. Hier waltete er, der Vertraute des Zeus, als gerechter Richter, als ordnender Gesetzgeber. Seine Gemahlin war Pasiphae, des Helios Tochter. Sie verliebte sich in einen schönen Stier, einen Schützling Poseidons, und gebar ihm den Minotauros, ein Ungeheuer, das den Kopf eines Stieres, aber den Leib eines Menschen hatte. Dem Minos schenkte sie später mehrere Söhne und eine Tochter, Ariadne.

DÄDALOS

Damals kam Dädalos an den Hof von Kreta. Er war der Sohn des Metion, ein Urenkel des Erechtheus, Königs von Athen. Er war in Athen der kunstreichste Mann seiner Zeit gewesen, als Baumeister und Bildhauer in allen Ländern berühmt. Er zuerst gab den Standbildern offene Augen, bildete sie mit schreitenden Füßen, mit bewegten Händen. Aber eifersüchtig war er darauf bedacht, keinen anderen neben sich in der Kunst zu dulden.

Nun hatte er einen Schwestersohn, Talos, den er in seinen Künsten unterrichtete, der aber noch großartigere Be-
gabung zeigte als Dädalos selbst. Schon als Knabe hatte er
eine Erfindung gemacht, die bis in unsere Tage ihre Bedeutung nicht verloren hat. Früher nämlich setzte man
Tonkrüge und Töpfe mühsam aus langen Wülsten zusammen, die man in Spiralen aufeinanderlegte. Talos erfand die
Töpferscheibe, eine runde, drehbare Platte, auf der das Ge-
fäß aus einem Klumpen Ton fast von selbst erwuchs. Indem
er an dieser Erfindung weiterbastelte, ersann er auch das
Drechseleisen, mit dem man das Holz formen kann wie
vorher mit dem Stichel den Ton. Auch schuf er die erste
Säge und andere künstliche Werkzeuge mehr, alles ohne
die Hilfe des Dädalos. So fing er an, berühmt zu werden,
und Dädalos fürchtete, der Name Talos würde bekannter
als sein eigener werden. Von Mißgunst übermannt, lockte
er den Ahnungslosen auf den steilen Burgberg Athens und
stürzte ihn hinab. Als er den Toten heimlich begrub, überraschten ihn die aufmerksamen Bürger. Wohl gab er vor,
nur eine Schlange zu verscharren; aber vom Areopag, dem
hohen Gericht, wurde er des Mordes für schuldig befun-
den und zum Tode verurteilt. – Dädalos floh und irrte unstet in Attika umher; dann begab er sich zum König Minos
nach Kreta und wurde freundlich empfangen. Minos
wußte die Erfinderkraft des kunstfertigen Mannes wohl zu
werten. Er machte Dädalos zu seinem Freund und gab ihm
eine Fülle von Aufträgen. Alles führte Dädalos auf das voll-
kommenste aus. So fertigte er das Abbild eines Reigentan-
zes für die Königstochter Ariadne. Dann schuf er dem Minotauros einen Aufenthalt, der ihn den Augen der Menschen ganz entzog: Er errichtete nämlich ein Gebäude voll
gewundener Krümmungen mit unzähligen Gängen, die
sich umschlangen wie der Lauf des Mäander, eines Flusses
in Phrygien, der oft seinem eigenen Lauf entgegenfließt. So

künstlich war der seltsame Bau des Labyrinths, daß Dädalos
selbst sich nur mühsam zur Schwelle zurückfand. In dem
innersten Raum dieses Irrgartens wurde seitdem der Minotauros gehegt. Ihm sollen Opfer von Menschen dargebracht worden sein, vor allem sieben Jünglinge und sieben
Jungfrauen, welche alle neun Jahre von den besiegten
Athenern dem König Minos als Geiseln übergeben werden
mußten. Als dies zum drittenmal geschah, kam als Führer
der athenischen Jugend Theseus nach Kreta.

THESEUS

Theseus, der einzige Sohn des Königs Aigeus, war erst
kürzlich in seine Vaterstadt gekommen. Sein Vater war
lange kinderlos gewesen. Da er aber dringend nach einem
Sohn verlangte, einem Nachfolger auf dem Thron von
Athen, hatte er endlich seinen Gastfreund besucht, König
Pittheus von Troizen, einen Weisen und Seher, um von ihm
den rechten Rat zu erbitten. Pittheus, der ein Orakel erhalten hatte, seine Tochter werde keine Ehe eingehen, doch
einen berühmten Sohn empfangen, gab die Jungfrau Aithra
dem weinbegeisterten Aigeus. Diesem Bunde war Theseus
entsprungen. Er galt aber nicht als Sohn des Aigeus, sondern als Sproß des Gottes Poseidon, in dessen Schutz die
Stadt Troizen und besonders die Königstochter standen.

Ehe Aigeus von ihr Abschied nahm, wälzte er am Mee-
resufer über Schwert und Sandalen einen mächtigen Felsblock und gab ihr die Weisung: »Nenne dem Sohn den Vater nicht, bis er stark genug ist, diesen Fels zu bewegen;
dann eröffne ihm das Geheimnis und sende ihn nach
Athen!« – Als nun Theseus zu einem Jüngling von ungewöhnlicher Stärke, furchtloser Kühnheit und sicherer Umsicht erwachsen war, führte ihn seine Mutter zu dem Fels-

block am Meer, hieß ihn Schwert und Sandalen freilegen und eröffnete ihm seine wahre Herkunft.

So zog Theseus nach Athen in der Kraft seiner Jugend. Er hatte sich Herakles zum Vorbild genommen, den gewaltigen Kämpfer, und wie dieser säuberte er das Land von den Räubern und Mördern.

Der erste, auf den er traf, war der Keulenschwinger Periphetes, ein Straßenräuber, der mit eisenbeschlagener Keule die Wanderer in der Gegend von Epidauros überfiel und niederschmetterte. Theseus warf sich auf ihn, erschlug ihn nach kurzem Kampf und nahm seine Keule als willkommene Beute mit.

Die Landenge von Korinth sperrte Sinnis, der Fichtenbeuger. Wen er fing, den band er an zwei herabgebeugte Fichtenwipfel und ließ ihn von den zurückschnellenden Bäumen zerreißen. Theseus machte seinen Freveltaten mit der neugewonnenen Keule ein Ende.

In der Ebene von Krommyon erlegte er die wilde Sau Phaia, welche bis dahin die ganze Gegend verheert hatte.

Dann kam er in die Gegend von Megara, wo die steil abfallende Felswand bis dicht ans Meer reicht. Hier hauste

Skiron, der Wegelagerer, der die Vorübergehenden zwang, ihm die Füße zu waschen. Wenn sie sich dann bückten, stieß er sie mit einem Fußtritt ins Meer. Die gleiche Todesart, die er so vielen zugefügt hatte, vollzog Theseus nun an ihm.

In der Ebene von Eleusis wütete der wilde Ringer Kerkyon, der alle Wanderer zum Kampfe zwang und erdrückte. Theseus rang mit ihm, riß ihn in die Höhe und stürzte ihn auf den Boden, so daß er zerschmetterte.

Der letzte der Räuber war von allen der schlimmste, Prokrustes (der Zerrenker) oder Prokoptas (der Zerhämmerer) genannt. Er fing die Vorübergehenden und warf sie in eins seiner dafür hergerichteten Betten: die Kleinen in ein großes, in dem er sie durch Ausrecken oder durch Bearbeitung mit seiner Hammerkeule ausdehnte, die Großen in ein kleines, in dem er ihnen alles Überstehende abhackte. Theseus ergriff ihn, warf ihn in das kleine Bett und vollzog die Strafe an ihm auf genau die gleiche Weise.

In Athen wurde Theseus von seinem Vater erkannt und als Königssohn und Thronerbe eingesetzt. Als nun König Minos selbst von Kreta nach Athen kam, um zum drittenmal die sieben Jünglinge und sieben Jungfrauen als Opfer für den Minotauros zu holen, meldete sich Theseus freiwillig zu der ausgelosten Schar, und unter seiner Führung segelten sie nach Kreta, nicht wie sonst als hilflose Opfer, sondern im Vertrauen auf ihren jungen Führer. Den bekümmerten Vater und König der Athener tröstete Theseus, sie würden gesund zurückkehren und dann als Zeichen des Lebens ein purpurnes Segel setzen statt des schwarzen Segels der Trauer. Auf dieser Fahrt war Theseus so hochgemut, daß er, obwohl ein Gefangener, es wagte, König Minos selbst entgegenzutreten, als er die Hand an eine der athenischen Jungfrauen legte – und König Minos hielt sich zurück. In Knossos auf Kreta fand Theseus unerwartete

Hilfe. Ariadne, die Königstochter, entbrannte für den jungen, strahlenden Helden und bekannte ihm ihre Liebe in heimlichem Zwiegespräch. Sie gab ihm ein gefeites Schwert und auf des Dädalos' Rat ein Fadenknäuel, das sollte ihn im Labyrinth leiten. Als nun die athenischen Geiseln in den Irrgarten eingeschlossen worden waren, befestigte Theseus den Faden der Ariadne am Eingang und ließ das Knäuel ablaufen, so daß er jederzeit daran zurückfinden konnte. Alle Gänge durchsuchte er, bis er das Ungeheuer im innersten Raume fand und es nach heftigem Kampf mit dem Schwert erschlug. In der folgenden Nacht flohen er und seine Gefährten mit Ariadnes Beistand, und niemand konnte ihnen folgen, da sie auf den Rat des Mädchens die Böden der kretischen Schiffe zerschlagen hatten.

Auf den Wink Poseidons mußte Theseus Ariadne an einsamer Insel zurücklassen. Ihr erschien in der Nacht der jugendliche Dionysos und entführte sie auf den Berg Drios. Im Kummer darüber vergaß Theseus, das schwarze Trauersegel gegen ein purpurnes auszutauschen. Daher glaubte König Aigeus beim Nahen des Schiffes an den Tod seines Sohnes und stürzte sich in verzweifeltem Schmerz von der steilen Klippe hinab ins Meer. Dieses heißt seitdem das Ägäische Meer. Theseus aber gelangte mit allen Geiseln gesund wieder nach Athen zurück und wurde an des Aigeus Stelle König. Er vergrößerte die Stadt, machte sie zum einzigen Mittelpunkt von Attika, gab ihr eine neue Ordnung und neue Rechte und erhöhte ihr Ansehen und ihre Macht. Den Dreißigruderer aber, in dem Athens Jugend dem Minos entflohen war, stellte er als heilige Erinnerung in der Stadt auf.

FLUCHT DES DÄDALOS

König Minos wußte wohl, welchen Schatz er an dem kunstreichen Dädalos besaß, und er erlaubte ihm nicht, die Insel Kreta zu verlassen. Wohl achtete er ihn hoch und hielt ihn als seinen Freund, doch argwöhnte er voll Mißtrauen, daß auch Dädalos dem Theseus aus dem Labyrinth geholfen hätte. Dädalos aber fühlte sich mehr und mehr als ein Gefangener, und es verlangte ihn nach der Freiheit zurück.

Da ihm Minos nun keinen Ausweg ließ und Land und Wasser bewachte, kam Dädalos auf den Gedanken, die Flucht auf dem Weg durch die Luft zu versuchen. Federn von Vögeln, nach der Größe geordnet, legte er in Reihen und befestigte sie mit Wachs an elastischen Stützen. So schuf er ein Flügelpaar, das fähig war, einen Mann zu tragen. Kleinere Flügel gleicher Art verfertigte er für seinen Sohn Ikaros. Als er nun alles sorgsam erprobt hatte und die Flügel zum Aufsteigen, Fliegen und Senken wunderbar tauglich fand, machte er alles zum Flug bereit und legte auch seinem Knaben die Flügel an. Eindringlich ermahnte er ihn, genau den gewiesenen Wegen zu folgen, nicht zu tief zu fliegen und nicht zu hoch, damit kein Wasser die Flügel beschwere noch die Glut der Sonne das Wachs erweiche.

Mühelos erhoben sich beide, mühelos flogen sie unter klarem Himmel dahin. Samos blieb ihnen zur Seite zurück, Delos und Paros. Oft sah sich der Meister nach Ikaros um, immer flog der Knabe ruhig hinter ihm her. Sicherer wurde dieser, sorgloser schwang er die federnden Flügel. Übermütig in der Freude des Fliegens hob er sich jetzt aus dem mittleren Wege den oberen Regionen zu, der Sonne sich nähernd, immer höher und höher. Da begann das Wachs, das die Flügel zusammenhielt, zu erweichen, zu schmelzen, unbemerkt lösten sich, eine nach der andern, die Federn von den Streben. Noch ruderte der Jüngling und schwang die unbefiederten Arme; aber sie faßten die Luft nicht mehr. Ehe er den Vater anrufen konnte, stürzte er nieder in die Tiefe des Meeres und wurde von der blauen See verschlungen. Als Dädalos sich umblickte, sah er den Sohn nicht mehr. Endlich erkannte er die Federn auf dem Wasser. Da senkte er den Flug, ließ sich am nächsten Ufer nieder und ging dort trostlos hin und her, bis die Wellen den Leichnam des Knaben vor seinen Füßen ans Ufer spülten.

So wurde der Mord gerächt, den er einst an Talos verübt hatte. Die Insel, auf der Dädalos seinen Sohn begrub, hieß Doliche. Später gab ihr Herakles zur Erinnerung an den Verunglückten den Namen Ikaria.

Dädalos setzte seinen Flug dann fort bis zur großen Insel Sizilien. Beim König Kokalos von Akragas fand er gastliche Aufnahme und setzte die Einwohner durch seine Kunst in Erstaunen. Im Dienste dieses Königs schuf er einen künstlichen See, aus dem sich ein Fluß ins Meer ergoß. Auf dem steilsten, unzugänglichsten Felsen erbaute er eine feste Burg mit einem so engen, gewundenen Zugang, daß drei Mann ausreichten, sie zu verteidigen. Dorthin brachte Kokalos seine Schätze in Sicherheit. Auch schuf Dädalos in einer natürlichen Grotte ein erstes Dampfbad; denn er leitete den Dampf unterirdischen Feuers so geschickt hinein, daß der Aufenthalt darin angenehm war wie in einem geheizten Zimmer und der Körper in wohltätigen Schweiß geriet, ohne die Hitze zu spüren. Der Aphrodite in ihrem Tempel auf dem Vorgebirge Eryx weihte er eine goldene Honigwabe, die war mit so großer Kunst gemacht, daß sie einer natürlichen zum Verwechseln glich.

Inzwischen hatte König Minos dem Dädalos überall nachgespürt, ihn aber nirgends finden können. Um nun zu entdecken, wo er sich aufhalte, setzte er einen Preis aus für den Künstler, der es verstünde, durch das Gewinde eines Schneckenhauses einen Faden zu ziehen. Er glaubte nämlich, daß niemand außer Dädalos dies Kunststück zustande bringen könne und daß er der Versuchung nicht widerstehen werde, es auch zu tun. Wirklich versprach König Kokalos, die Aufgabe zu lösen. Dädalos hatte ihm nämlich geraten, den Faden an einer Ameise zu befestigen und diese den Faden in das Schneckenhaus ziehen zu lassen. Dadurch erfuhr König Minos, wo Dädalos sich aufhielt, und fuhr mit einer stattlichen Flotte nach Akragas, ihn zurückzuholen.

Hier setzte er seine Truppen an Land und schickte Botschaft an König Kokalos, er solle ihm den Flüchtling ausliefern. Aber Kokalos wollte ebensowenig wie Minos den geschickten und berühmten Mann missen. Nur zum Scheine ging er auf das Verlangen des Kreterkönigs ein und lud ihn zu einer Zusammenkunft. Minos kam und wurde gastlich empfangen. Als er aber im Bade saß, um sich vom Staub des Weges zu reinigen, heizten des Königs Töchter so lange, bis er im siedenden Wasser umkam. Den Leichnam übergab König Kokalos den Kretern mit dem Bemerken, Minos sei im Bade ausgeglitten. Die kretischen Krieger bestatteten ihren Herrn mit aller Pracht und errichteten über seinem Grabmal bei Akragas einen Tempel der Aphrodite.

Dädalos aber blieb bei König Kokalos in dauernder Gunst bis an sein Ende. Viele und berühmte Künstler gingen aus seiner Lehre hervor. Aber der Schmerz um Ikaros' Tod trübte seine Stunden, und während er zauberhafte und heitere Werke schuf, durchlebte er ein kummervolles Alter.

ARION

n viele Stämme und Städte zerteilt, lagen die Griechen oft miteinander im Krieg. Aber alle vier Jahre kamen zu einer großen Feier die Freien zusammen: Das waren die Olympischen Spiele beim Heiligtum des Zeus in Olympia auf der Pelopsinsel (Peloponnes). Da ruhte jeder Kampf und Streit, und einmütig feierten sie ein Fest der Freude, der Schönheit und der Kraft. Da maßen sich die besten ihrer Jünglinge und Männer im Laufen, Ringen, Speer- und Diskuswerfen, im Reiten und Wagenrennen, und die Sieger wurden hoch geehrt. Für so wichtig wurden diese Spiele gehalten, daß man von ihrem Beginn (776 v. Chr.) an die Jahre zählte.

Später gab es solche Wettkämpfe und Feste an vielen Orten, so auch die Isthmischen Spiele an der Landenge (Isthmus) von Korinth. Aber dort rang man nicht nur um den Preis körperlicher Tüchtigkeit, sondern zugleich wetteiferten Sänger um den ehrenden Kranz.

Auf einem dieser Isthmischen Spiele trug der Dichter Arion von Methymna zum Saitenspiel seine Lieder vor. Er hatte ganz neue Weisen erfunden und errang dafür den Siegespreis. Nun galt er für den besten Sänger, den es zu jenen Zeiten in Griechenland gab, und Periander, der Herrscher von Korinth, befreundete sich mit ihm.

Nach seinem Dichtersieg machte Arion eine große Reise durch Italien und Sizilien, erwarb dabei viel Geld und Kostbarkeiten und kehrte zuletzt nach Tarent zurück,

um von dort in seine Heimat überzusetzen. Er mietete sich
dazu ein korinthisches Schiff von der Art, die man Dreiru-
derer nennt, weil es durch drei übereinander gelegene Reihen von Rudern bewegt wurde. Arion nahm gerade deshalb ein korinthisches Schiff, weil er diesen Leuten am
meisten vertraute. Aber die Schiffer, ein rohes und gefühl-
loses Volk, sahen begierig nach seinen Schätzen und faßten
den Entschluß, ihn auf hoher See ins Meer zu werfen, um
alles ungestört unter sich zu verteilen. Arion merkte, was
sie im Schilde führten, und er flehte sie an, sein Leben zu
schonen. Die Schiffer aber fürchteten, daß dann ihre böse
Absicht sicher entdeckt werden würde, und teilten ihm
mit, daß er sterben müsse. Arion bat sie sehr eindringlich,
ihm vor seinem Tode nur eines zu erlauben, daß er nämlich
noch einmal singen dürfe, angetan mit dem Purpurkleid
wie am Tage seines Sieges bei den Isthmischen Spielen. Danach wolle er freiwillig den Sprung ins Meer tun.

Den groben Schiffern schmeichelte es nicht wenig, den
besten Sänger Griechenlands zu hören. Sie machten es sich
auf dem Mittelschiff bequem, Arion aber trat im vollen
Schmuck mit dem Saitenspiel im Arm auf die höchsten
Ruderbänke und erhob den Gesang. Er spielte ein feierli-
ches Lied, und er sang dazu, als lauschten ihm auf den Fest-

spielen die Griechen, als hörten die Götter von hohen Sit-
zen ihm zu. Er rührte das rohe Schiffsvolk nicht, aber die
Tiere des Meeres schwammen heran und lauschten seinem
Spiel.

Und sobald er sein Hohelied geendet, sprang er im vollen Ornat ins Meer. Die Schiffer fuhren fort nach Korinth,
von widrigen Winden gehemmt und gefährdet. Arion aber,
der auf den Wellen schwamm, wurde von einem Delphin
gerettet und wohlbehalten ans Land gebracht. Er wanderte
nun in seinem kostbaren Kleid von Tänaron nach Korinth
hinüber, traf bei dem Herrscher Periander ein und erzählte,
was ihm begegnet war. Das kam dem König unglaubhaft
vor. Er behielt Arion verborgen bei sich und ließ weithin
nach den Schiffsleuten forschen. Endlich kamen sie an, er
rief sie vor sich und fragte sie nach Arion aus. Sie erzählten,
wie er durch Italien gereist, zuletzt nach Tarent gekommen
sei, und dort hätten sie ihn bei bester Gesundheit zurück-
gelassen. Da schob Periander den Vorhang beiseite, und
Arion, wie er dem Schiff entsprungen war, stand vor den
entsetzten Schiffern. Sie fielen nieder, bekannten alles. Periander überlieferte sie den Richtern. Arion aber wurde
noch berühmter als schon zuvor.

So meldet die Sage Arions Errettung. So erstaunlich die
Geschichte scheint: auch in unserer Zeit trug ein Walfisch
ein Fischerboot lange Zeit durch den Sturm. Doch wurden
Delphine auch kleinere Boote genannt, wie man sie sonst
auf der hohen See nicht benutzte. Von solch einem Boot
mag Arion gerettet worden sein. Aber auch die Fahrt in so
kleinem Boot auf dem großen und empörten Meer durfte
als ein Wunder geachtet werden.

König Krösos

egenüber von Griechenland an der Küste Kleinasiens und weit noch bis ins Innere des Landes hinein lag ein wunderbar schönes und fruchtbares Land, Lydien. Glücklich waren hier die Jahreszeiten gemischt, alle Früchte von Acker und Baum gediehen in üppiger Fülle, auf fetten Weiden grasten riesige Herden von Rindern und schnellen Pferden, und aus den Bergwerken grub man Gold und Silber heraus. Hier wohnten die Lyder, ein Volk ionischer Griechen, gewandt, tapfer und sangesfreudig, wegen ihrer Fröhlichkeit überall bekannt und geschätzt. Von ihren Städten waren Smyrna und Ephesos zu allen Zeiten bekannt.

Über dieses Land herrschte damals König Krösos. Er war ein Liebling des Glücks. Was er auch unternahm, gelang ihm. Von seiner Hauptstadt Sardes aus unterwarf er die umliegenden Landschaften, die Fülle des Reichtums floß in seinen Schatzkammern zusammen, und die schönsten Sklaven und Sklavinnen sah man an seinem Hof.

Als Krösos auf der Höhe seiner Macht stand, besuchte ihn in Sardes der weise Solon aus Athen, der eben beim Ägypterkönig Amasis die erstaunlichen Begebenheiten von Atlantis erfahren hatte. Krösos nahm ihn sehr wohl auf, ließ ihn alle Freuden des Reichtums genießen und ihn nach einigen Tagen durch seine Schatzhäuser führen, in denen fast unglaubliche Mengen von Gold und Silber wie Bausteine gestapelt waren, dazu Gewänder, Schmuckstücke, Edel-

steine und wertvolle Waffen. Als Krösos nun seinen Gast von all seinem Wohlstand und Erfolg unterrichtet wußte, fragte er ihn im vertraulichen Gespräch, wen er denn wohl für den Allerglücklichsten unter den Menschen halte. Dabei meinte er ganz gewiß, Solon würde ihn selbst vor allen anderen nennen. Solon aber erwiderte sogleich: »Für den Glücklichsten unter den Menschen halte ich Tellos aus Athen.« Darüber war Krösos sehr verwundert und fragte Solon, warum er denn gerade diesen für so besonders glücklich halte. Solon antwortete: »Tellos lebte zu einer Zeit, als Athen in hoher Blüte stand und es seinen Bürgern gut ging. Er brachte es zu ausreichendem Wohlstand, und alles, was er unternahm, schlug ihm zum Guten aus. Er hatte schöne und wackre Söhne und erlebte auch, wie ihnen allen wohlgeratene Kinder geboren wurden und gesund aufwuchsen. Zuletzt beschloß er sein Leben durch ei-

nen ehrenvollen Tod. Als nämlich die Athener im Kampf
mit ihren Nachbarn von Eleusis standen und eine Schlacht
entbrannt war, kam er seinen Landsleuten zu Hilfe, jagte
dadurch die Feinde in die Flucht und starb im Kampfe für
seine Vaterstadt. So hatte er sein Leben auf das vollkom-
menste erfüllt, und die Athener begruben ihn, wo er gefallen war, unter großen Ehren auf gemeinsame Kosten.«

König Krösos wunderte sich, daß ein so einfaches Leben
von Solon so hoch gepriesen wurde. Aber er ließ nicht
nach, sondern fragte weiter, wen Solon denn nach Tellos an
zweiter Stelle für den Glücklichsten hielte. Dabei meinte
er, nun ganz gewiß den Preis davonzutragen. Solon aber
antwortete: »An zweiter Stelle halte ich für die Glücklichsten die Brüder Leobis und Biton aus Argos. Sie hatten alles, was sie zum Leben brauchten, waren beide sehr stark
und gewannen in Wettkämpfen berühmte Siege. Als nun
die Leute von Argos ein Fest der Himmelskönigin feierten,
sollte ihre Mutter, wie es Sitte war, hinauf ins Heiligtum
gefahren werden. Die Rinder waren aber nicht rechtzeitig
vom Felde zurück, und es wurde hohe Zeit. Da spannten
die beiden Jünglinge sich selbst ins Geschirr und zogen den
Wagen mit ihrer Mutter darin fünfundvierzig Stadien (das
sind acht Kilometer) weit, bis vor das Heiligtum, obwohl
der letzte Teil des Weges sehr steil war, denn der Tempel
liegt auf einer Höhe. Alle sahen das mit an, Männer und
Frauen, und alle umdrängten und begrüßten sie. Die Männer bewunderten die Kraft der Jünglinge, die so etwas vermocht hatten, die Frauen aber priesen die Mutter glücklich, die solche Söhne ihr eigen nennen durfte.

Da trat die Mutter, dankbar und stolz über die Tat ihrer
Kinder und den Ruhm, den sie dafür geerntet, vor das Bild
der Himmelskönigin und betete, sie möge ihren Söhnen
bescheren, was für den Menschen das Beste sei. Dann
brachte sie das Opfer und nahm mit ihren Söhnen die

Mahlzeit ein. Die Jünglinge legten sich danach im Gotteshaus nieder, schliefen ein und wachten nicht wieder auf;
auf solche Weise erfüllte sich ihnen die Bitte der Mutter.
Die Leute von Argos aber hielten die Brüder für benei-
denswert, schufen Standbilder von ihnen und weihten sie
in das große Heiligtum zu Delphi als die Bildnisse ihrer
edelsten Männer.«

So erzählte Solon und gab dem Glück seines Gastgebers
auch die zweite Stelle nicht. Krösos aber rief ganz aufge-
regt: »Lieber Gastfreund von Athen, siehst du denn mein
Glück, das mich rings umgibt, für gar nichts an, daß du all
diese einfachen Leute dem Krösos vorziehst? Bin ich denn
nicht viel glücklicher zu nennen als sie?«

Da antwortete ihm Solon: »Mich hat, König Krösos, das
Leben gelehrt, daß neidisch und unberechenbar die himmlischen Mächte sind. Das Leben ist lang. Bei siebzig Jahren
hat es mehr als 25 000 einzelne Tage, und keiner ist ganz
dem anderen gleich. Wie willst du da auf den nächsten vertrauen? Ganz sind wir dem Schicksal und dem Zufall an-
heimgegeben. Gewiß bist du heute unschätzbar reich und
bist ein Herr über viele Menschen. Wer darf aber sagen,
daß du der Glücklichste seist, da niemand weiß, wie dein
Leben endet? Mancher schon, den erst der Gott hoch em-
porhob, stürzte danach in die furchtbarsten Tiefen.« So
sprach Solon zu König Krösos, aber er erntete keinen
Dank dafür. Krösos entließ ihn, ohne ihn noch eines Wortes zu würdigen, und hielt ihn für einen törichten Mann,
weil er das gegenwärtige Glück nicht rechnete, sondern auf
Ausgang und Ende der Dinge hinwies. – Bald nach Solons
Abreise traf den Krösos hintereinander wie eine Strafe der
Götter Unheil auf Unheil. Schon gleich darauf hatte er einen Traum, der ihm verkündete, daß sein Sohn Atys von
einer eisernen Lanze getroffen werden würde. Nun hatte
Krösos zwei Söhne, von denen war der eine taubstumm –

und also war das Glück gar nicht so vollständig, wie er es
Solon gern hätte darstellen wollen –, der andere aber, Atys,
war der Schönste, Gewandteste und Tüchtigste unter allen
Jünglingen. Diesem sollte also ein Unheil drohen. Krösos
versuchte es abzuwenden, indem er seinen Sohn nicht
mehr zu Kriegszügen aussandte, bei denen er sonst der
Führer gewesen war, indem er alle Speere und Lanzen aus
den Männergemächern entfernen ließ, damit nicht durch
Zufall etwas auf seinen Sohn fiele, und er gab ihm eine
Frau, damit er sich mehr an das Leben im Hause gewöhne.
Nun geschah es aber, daß ein gewaltiger Eber das angrenzende Land verwüstete, und die Nachbarn kamen und baten die Lyder um Hilfe. Da wurde eine große Jagd ange-
setzt, und Atys bat sehr dringlich, daß er daran teilnehmen
dürfe; denn es würden Speere ja nicht auf Menschen geworfen, sondern auf ein Tier. Krösos erlaubte es ihm
schließlich, gab ihm aber zu seinem Schutz einen Gastfreund mit, der ganz besonders auf ihn achten sollte. Sie
jagten nun den Eber und spürten ihn endlich auf, und als
sie ihn umstellt hatten, warfen sie alle ihre Speere auf ihn.
Und da war es nun eben der Gastfreund selbst, der im Eifer der Jagd, auf den Eber zielend, so unglücklich fehlte,
daß er des Krösos Sohn tötete. So begann des Krösos Unglück.

Einige Zeit danach fragte Krösos das Orakel in Delphi
um Rat, ob er mit Erfolg gegen die Perser zu Felde ziehen
könne. Das Orakel in Delphi war nun unter allen Orakeln
das einzige, dessen Weissagungen er als wahrhaftig und un-
fehlbar erkannt hatte; er hatte sie nämlich alle geprüft, indem er fragte, was er zu einer bestimmten Stunde täte, und
da hatte es nur das Orakel zu Delphi gewußt. – Die Priesterin in Delphi gab ihm nun den zweideutigen Spruch, er
werde, wenn er den Krieg beginne, ein großes Reich zer-
stören. Krösos war darüber sehr erfreut, denn er verstand

daraus natürlich, er werde das Reich der Perser unterwerfen. Aber es war sein eigenes Reich, das in diesem Kampf
unterging. Er wurde von den Persern besiegt und in Sardes
gefangengenommen, nachdem er vierzehn Jahre lang im
Glück über die Lyder geherrscht hatte. Kyros, damals der
König der Perser, ließ einen großen Scheiterhaufen errichten und Krösos mit zweimal sieben lydischen Jünglingen
darauf binden. Dann wurde der Scheiterhaufen in Brand
gesetzt. Als nun Krösos dort oben stand und im Bewußtsein seines Unglücks dumpf vor sich hin brütete, kam ihm
auf einmal das Wort Solons ins Gedächtnis: Niemand
könne vor seinem Tode glücklich gepriesen werden. Da erwachte er wieder zu voller Besinnung und rief in die tiefe
Stille hinein dreimal laut den Namen: »Solon, Solon, Solon!« aus. König Kyros, der das hörte, verwunderte sich und
ließ ihn durch einen Dolmetscher fragen, welchen Gott er
da anriefe. Da schwieg Krösos erst eine Weile, dann aber, als
er wieder gedrängt wurde, sagte er: »Hätten doch alle
Herrscher den Solon gehört!« Das verstand Kyros wie-
derum nicht, und er ließ ihn nach dem Sinn seiner Worte
fragen. Da erzählte Krösos vom Scheiterhaufen herab, während die Flammen schon ringsum aufzüngelten, wie Solon
ihn in seinem Glück besucht und all seine Schätze betrach-
tet, das alles aber für nichts geachtet hätte, weil das Glück
viel zu wandelbar sei. »Nun habe ich selbst den Um-
schwung des Glückes erfahren.«

Dies sprach Krösos vom brennenden Scheiterhaufen
herab, und er beabsichtigte nicht, sich dadurch zu retten. Er
hatte schon mit dem Leben abgeschlossen und dachte nur
an das Schicksal anderer, denen es ebenso ergehen würde
wie ihm.

Als aber König Kyros hörte, was der Dolmetscher sagte,
wurde er sehr nachdenklich und bedachte, wie er, der er
selbst nur ein Mensch war, einen anderen Menschen le-

bend verbrennen lassen wollte, einen Mann, der vorher
nicht weniger glücklich gewesen war als er selbst; und er
fürchtete, es möchte sich an seinem eigenen Schicksal rächen, wenn er übermütig im Glück würde. Darum gab er
Befehl, eilends das lodernde Feuer zu löschen; aber das
brannte schon so stark, daß sie es nicht mehr dämpfen
konnten. Als nun Krösos von oben her sah, wie alle sich
bemühten, die Flammen zu ersticken, und er daran merkte,
daß König Kyros seinen Sinn geändert hatte, da rief er, wie
die Lyder erzählten, laut weinend den Gott der Sonne um
Hilfe an, und da hätten sich Wolken um die Sonne gesam-
melt, immer dichter und dunkler, und zuletzt sei ein Unwetter niedergeprasselt, wie mit Kannen gegossen, und der
Scheiterhaufen erlosch.

Da erkannte Kyros, daß Krösos den Göttern lieb sei. Er
ließ ihn also vom Scheiterhaufen heruntersteigen und
fragte ihn: »Wer hat dich denn nur überredet, Krösos, mich
anzugreifen und mein Feind statt mein Freund zu werden?« Krösos antwortete ihm: »König, es muß wohl der
Wille der Götter gewesen sein, dir zum Glück, mir zum
Unglück. Denn dem Spruch des Gottes glaubte ich zu folgen. Wer wäre sonst wohl so unvernünftig, Krieg zu wählen statt Frieden, wo das eine Mal die Kinder ihre Väter be-
graben und das andere Mal die Väter ihre Kinder?«

Auf diese Antwort hin löste König Kyros dem Krösos
seine Fesseln, setzte ihn neben sich und behandelte ihn mit
großer Achtung. Krösos wurde sein Freund und gab ihm in
vielen Dingen Rat.

So wurde Krösos durch Solons Wort zuerst gewarnt und
später gerettet. Damals hielt er ihn für einen Toren, nachher
aber für den Weisesten unter allen Menschen.

DIE GRÜNDUNG ROMS

Da ist die gewaltige Stadt Rom, mitten in Italien gelegen, zweieinhalbtausend Jahre alt, voll von erstaunlichen Bauten, Statuen, Bildern, Büchern aus allen Zeiten, einst Mittelpunkt und Herrschersitz der Welt, erbaut auf den sieben Hügeln am Tiberfluß. Aber Rom ist doch nicht der älteste Ort dieses von den Latinern (Lateinern) bewohnten Landes; sondern oben auf den Albanerbergen lag damals langgestreckt eine weiße Stadt, Alba longa, Herrin des Landes, während unten an den Tiberhügeln noch wildes, wegloses Hirtenland war. Hier hüteten des Faustulus Herden die Brüder Romulus und Remus, starke, verwegene, wohlgeratene Knaben, immer Sieger im Kampf mit den anderen Hirtenburschen um die fettesten Weiden. Einmal aber hatten sich deren so viele zusammen-

getan, daß sie den Remus fingen und vor ihren Herrn, den
alten Numitor, brachten unter der Anklage, er habe wie ein
Räuber seine Herden in ihr Gebiet getrieben. Romulus
ließ in solcher Not seinen Bruder nicht im Stich, er folgte
und trat gleichfalls vor Numitor, Remus zu verteidigen.

Der alte Numitor sah die beiden Knaben mit Verwunderung an, erinnerten sie ihn doch in Haltung, Bewegung
und Aussehen an sein eigenes Geschlecht, welches das Königtum in Alba longa besessen hatte, bis er durch seinen
Bruder Amulius der Herrschaft beraubt und vertrieben
worden war. Damit seine einzige Tochter Rhea Sylvia nicht
künftige Rächer großzöge, war sie zur Priesterin des heiligen Feuers im Tempel der Vesta gemacht worden. Sie hatte
aber doch Kinder geboren, Zwillinge, Söhne der Tempel-
stätte, die dem Kriegsgott Mars geweiht waren, und diese
galten daher als Söhne des Mars. Ihr Oheim Amulius aber
hatte die Zwillinge voll Zorn und Besorgnis in einem höl-
zernen Trog in den reißenden Tiber stoßen lassen.

Dies war nun fünfzehn Jahre her, und die beiden Knaben, die jetzt vor Numitor standen und ihm so verwandt
erschienen, waren eben auch fünfzehn Jahre alt. Sie galten
als Söhne des Hirten Faustulus, der dem Numitor Untertan
war. Ihn ließ Numitor rufen und befragte ihn auf das
strengste nach der Wahrheit. Da erfuhr er denn, daß Faustulus die Knaben am Tiberufer gefunden hatte, wo sie von
einer Wölfin friedlich gesäugt wurden; er hatte sie mit seiner Gattin Acca Larentia als seine Söhne aufgezogen.

Numitor belohnte den alten Hirten, der ihm seine En-
kel wiedergeschenkt hatte, reichlich, nahm die Knaben zu
sich in sein Haus und offenbarte ihnen, daß sie Fürsten-
söhne seien, abstammend vom alten Trojanergeschlecht des
Äneas. Er klagte ihnen, wie er und sie durch seinen Bruder
Amulius von der Herrschaft über Alba longa verdrängt
worden wären. Sofort waren Romulus und Remus zum

Kriegszug bereit, sammelten alle Hirten der Gegend, brachen gegen Amulius los, stießen ihn vom Thron und setzten ihren Großvater Numitor wieder als rechtmäßigen König in Alba longa ein.

Sie selbst aber beschlossen, an der Stelle, wo einst ihr Trog an Land, getrieben und sie von der Wölfin gesäugt worden waren, eine Stadt und einen festen Platz zu errichten, dem Kriegsgott Mars geweiht, eine Freistatt allen Verfolgten und Verbannten. Romulus zog mit dem Pflug die heilige Grenze der künftigen Stadt auf dem palatinischen Hügel und weihte sie. König aber sollte sein, wem ein göttliches Zeichen geschähe. Romulus betete auf dem Palatin, Remus wartete auf dem Aventin. Ihm erschienen zuerst sechs Geier in günstigem Flug, schon wollten ihn die Gefährten zum König ausrufen, da erschienen dem Romulus zwölf. Jeder der Brüder glaubte an sein Recht, Remus, weil er die Vögel zuerst, Romulus, weil er doppelt soviel gesehen hatte. So kam es zum Streit. Remus sprang spottend über den niedrigen Wall der künftigen Stadt. Romulus, dem die gezogene und geweihte Grenze unantastbar und heilig war, sah darin einen ungeheuerlichen, Böses verheißenden Frevel, den zu sühnen ihm Pflicht war, er erhob sich gegen den Bruder und tötete ihn.

So wurde Romulus König der Stadt und gab ihr den Namen. Mit Brudermord begann Roms gewaltige Geschichte. Kampf und Krieg, aber auch eherne Ordnung hat sie durch die Jahrhunderte getragen.

DER RAUB
DER SABINERINNEN

un bevölkerte Romulus seine Stadt, indem er
nicht nur die Hirten und Bauern der Gegend
als Bürger in die Mauern zog, sondern auch
alle Friedlosen aufnahm, die an anderen Orten wegen rascher und rächender Taten verfolgt wurden. Das waren kühne und verwe-
gene Männer, oft aus sehr vornehmem Geschlecht, und sie
schlossen sich mit Romulus zu festem Bunde zusammen.
So wuchs Rom schnell.

Aber der jungen Stadt fehlte es an Frauen; denn die Be-
wohner der umliegenden Orte scheuten und weigerten
sich, ihre Töchter diesen gefährlichen Gesellen zu Frauen
zu geben. Da gebrauchte Romulus eine List.

Er lud zu einem Volksfeste ein, zu erregenden Wettkämpfen und lockenden Spielen, wie sie die Römer besser als andere verstanden. Von überall her und vor allem
von den Sabinerbergen strömten die Schaulustigen herbei
und brachten auch ihre Töchter mit. Unbewaffnet kamen
sie, wie es der Brauch war bei solchen Festen. Die Römer
aber hielten heimlich die Schwerter unter den Kleidern
verborgen.

Als nun alles vom Taumel und Trubel ergriffen war,
brachen plötzlich die Jünglinge vor, rissen ihre Schwerter
heraus, bemächtigten sich der Mädchen und raubten sie.
Eltern und Brüder, waffenlos wie sie waren, konnten sie

nicht verteidigen. Voll Zorn und Grimm zogen sie davon, sich zum Kampfe zu rüsten. Die Römer aber vermählten sich feierlich mit den Sabinertöchtern, dann waffneten auch sie sich und zogen zum Kampf hinaus. Bald standen beide Scharen einander gegenüber, und schon fing ein erbittertes Ringen an. Da warfen die jungen Frauen sich zwischen die Streitenden und flehten sie an, sich zu schonen; denn sie liebten ebensosehr die kühnen und starken Männer, von denen sie geraubt worden waren, wie sie ihre Eltern liebten, und wollten weder die einen noch die anderen verlieren. Durch ihre Bitten kam ein Vertrag zustande, daß Sabiner und Römer fortan ein einziges Volk sein sollten. Die meisten der Sabiner siedelten in die neue Stadt über und wurden dort mit Ehren und vollen Rechten aufgenommen. So wuchs durch Einigkeit die Kraft der jungen Stadt.

Rom hat seitdem durch Kampf und Vertrag seinen Machtbereich immer mehr erweitert, hat seine Feinde besiegt und zu Bundesgenossen gemacht, die Bundesgenossen als Freunde gewonnen und zu Römern gemacht, hat nach und nach ganz Italien erobert und dann ein Land nach dem anderen hinzu, bis es den ganzen bekannten Erdkreis mit seinem Reiche umspannte. Nur ganz im Osten die Parther und im Norden die Germanen erkannten seine Hoheit nicht an, und durch sie wurde endlich dem riesigen Reich seine Grenze, zuletzt sein Untergang gesetzt. Von Tapferkeit, Furchtlosigkeit und verständigem Sinn der Römer ließen sich noch viele Geschichten erzählen.

KÖNIG MILINDO

ls König Alexander von Griechenland mit der Phalanx seiner Makedonen in unwiderstehlichem Siegeszug das Riesenreich der Perser niedergeworfen hatte, drang er auch bis nach Indien vor. Zwar kehrte er selbst bald wieder von den Ufern des Indus zum Mittelmeer zurück, aber er gab den Besitz dieses Wunderlandes nicht auf, sondern setzte einen Statthalter ein, der in seinem Namen herrschen sollte. Als dann Alexander noch sehr jugendlich starb, wurde das Land selbständig, und sein Statthalter machte sich zum König. Acht Griechenkönige folgten einer auf den anderen; der berühmteste von allen aber war der siebente, Menandros oder, wie die Inder ihn nannten: Milindo.

König Milindo wohnte in der Königsburg der schönen Stadt Sagala, welche sich, stolz und lieblich zugleich, zwischen Bergen, Seen und Wäldern ausbreitete. Hier unterhielt er ein stattliches Heer von griechischen Söldnern, umgab sich mit indischen und griechischen Ratgebern und Weisen und wurde von seinen Untertanen hoch geschätzt; denn er war klug und besonnen, gerecht und duldsam, und an Kraft und Kühnheit tat es ihm niemand gleich.

Seine Leidenschaft aber war es, mit den klügsten und kenntnisreichsten Männern seiner Zeit öffentliche Gespräche zu führen, sie zu befragen und nicht eher zu ruhen, als bis der Grund – entweder ihrer Weisheit, meistens aber ihrer Unwissenheit – erkannt worden war.

Nun fand sich aber damals in Sagala, ja in ganz Indien niemand, der dem König an Beredsamkeit gewachsen gewesen wäre; und wenn er mit einem Weisen, einem Einsiedler, einem Priester sprach, so stellte sich nur zu bald heraus, daß ihre Gedanken unklar, falsch oder unvollkommen waren. All diesen klugen und gelehrten und heiligen Leuten war es daher nicht wohl in der Nähe eines Königs, der sie gerne besuchte und ihre Unwissenheit öffentlich bloßstellte, und so waren sie von Sagala fortgezogen, hierhin und dorthin, die meisten aber hatten sich an den Hängen des Himalaja zusammengefunden.

Zu jener Zeit lebten nämlich unzählige Heilige und Mönche an den Abhängen des Himalaja-Gebirges, auf der sogenannten »Geschützten Fläche«, in einer großen Gemeinde.

Eines Tages hörte nun der Älteste dieses Mönchsordens, der ehrwürdige Assagutto, dank seiner Fähigkeit des himmlischen Ohres, wie in Sagala König Milindo nach einem Gespräch mit einem Einsiedler ausrief: »Wahrlich: Nichtig ist dieses Indien! Einer leeren Hülse gleicht es! Gibt es doch hier unter all den Asketen und Priestern nicht einen einzigen, der imstande wäre, rechte Gedanken und Lehren zu verkünden und meine Zweifel zu lösen!«

Da berief der ehrwürdige Assagutto die Mönchsgemeinde auf dem Yugandara-Berge zusammen und fragte sie, ob einer von ihnen imstande wäre, ein Gespräch mit dem König Milindo zu führen, seine Fragen zu beantworten und seine Zweifel zu lösen. Aber nicht einer der Mönche meldete sich, und auch, als der Älteste zum zweiten und zum dritten Male fragte, blieben alle stumm. Da sprach er zu der Mönchsgemeinde: »Es gibt, ihr Freunde, im Himmel der Dreiunddreißig ein Schloß; dort, wenn irgendwo, muß ein Göttersohn wohnen, der das Gespräch mit dem König Milindo zu führen und seine Zweifel zu zerstreuen vermag. Dorthin laßt uns gehen!« Darauf verschwanden alle die Heiligen und Mönche vom Yugandara-Berge und erschienen wieder im Himmel der Dreiunddreißig.

Sakko, der Götterkönig, sah jene Mönche von fern kommen. Er ging dem ehrwürdigen Assagutto entgegen, begrüßte ihn ehrfurchtsvoll und sprach: »Wahrhaftig, Herr, eine gewaltige Mönchsschar trifft da ein. Ich stehe der Gemeinde zu Diensten. Was wünscht sie? Was könnte ich für sie tun?«

Und der ehrwürdige Assagutto erwiderte Sakko, dem Götterkönig: »Es lebt da, o König, in der Stadt Sagala in Indien ein König mit Namen Milindo, ein unübertroffener und unbesiegbarer Redner, der allen Frommen als der bedeutendste Gegner gilt. Der pflegt die Weisen, Asketen und Priester aufzusuchen und zu belästigen, indem er ihnen spitzfindige Fragen stellt. Wo finden wir einen Mönch, der ihm im Wettstreit auf die rechte Weise begegnen kann?«

Darauf sprach Sakko, der Götterkönig: »Dieser selbe König Milindo, o Herr, ist einst von hier abgeschieden und wurde unter den Menschen wiedergeboren. Nun lebt aber im Ketumani-Schlosse ein Göttersohn mit Namen Mahaseno, der wäre wohl imstande, mit diesem König Milindo Gespräche zu führen und seine Zweifel zu überwinden. Den laßt uns um Wiedergeburt in der Menschenwelt ersuchen!«

Also begab sich der Götterkönig mit den zahlreichen Mönchen zum Ketumani-Schlosse, und nachdem er dort Mahaseno, den Göttersohn, umarmt hatte, sprach er zu ihm: »Es ersucht dich, Verehrter, die Mönchsgemeinde um Wiedergeburt in der Menschenwelt!«

Aber der Göttersohn Mahaseno begehrte nicht nach der Menschenwelt, sondern er strebte nach einer Wiedergeburt in immer höheren Sphären, um endlich die völlige Erlösung zu erreichen.

Als ihm jedoch der ehrwürdige Assagutto erklärt hatte, daß die Mönchsgemeinde keinen Menschen finden könne, der fähig sei, die Behauptungen des Königs Milindo zu widerlegen und die rechte Lehre zu verkünden, da wurde Mahaseno, der Göttersohn, von Begeisterung erfüllt und versprach: »Gut, Herr, ich will wieder in der Menschenwelt erscheinen!« –

Da hiermit die Mönche ihre Aufgabe erfüllt hatten, verschwanden sie aus dem Himmel der Dreiunddreißig und traten auf der »Geschützten Fläche« des Himalaja-Gebirges wieder in Erscheinung.

Mit Mahaseno, dem Göttersohn, und dem König Milindo hatte es aber eine besondere Bewandtnis; sie waren sich nämlich in einem früheren Leben schon einmal begegnet. Damals wohnte in der Nähe des Ganges in einem

Kloster eine große Mönchsschar. Dort hatten die voll-
kommneren Mönche die Gewohnheit, ganz in der Frühe
aufzustehen, mit Besen den Klosterhof zu kehren und über
die Eigenschaften des Erleuchteten nachzudenken.

Eines Tages geschah es nun, daß einer dieser vollkom-
menen Mönche einen Klosterschüler anrief und ihn bat,
den Schmutz fortzuschaffen. Der Schüler jedoch ging weiter und tat, als ob er nichts hörte. Ja, auch beim zweiten
und dritten Anruf tat er, als ob er nichts vernommen hätte,
und ging ruhig seines Weges fort. Über diese Widerspen-
stigkeit geriet der Mönch in Zorn und versetzte dem
Schüler einen Schlag mit dem Besenstiel, daß dieser in Tränen ausbrach und weinend den Schmutz fortschaffte. Dabei
stieß er diesen ersten Wunsch aus: »Möge ich doch, wo ich
auch wiedergeboren werde, der Mittagssonne gleich sein
von Glanz und von großer Macht!«

Darauf ging er zum Bad im heiligen Flusse Ganges. Als
er nun dort dem stetigen Wellenschlag des Wassers lauschte,
stieg ihm ein zweiter Wunsch auf, und er sprach ihn aus:
»Möge ich doch, wenn ich wiedergeboren werde, bei jeder
Frage schlagfertig sein wie diese Wellen!«

Diese Worte des Schülers hörte der Mönch, der inzwischen auch zum Bad im Ganges heruntergekommen war,
und er stieß gleich den Wunsch aus: »Möge ich, wenn ich
wiedergeboren werde, ein unübertrefflicher Redner sein
und jede Frage dieses Schülers sogleich entwirren und lösen können!« – Der Schüler war nun als König Milindo
wiedergeboren, der Mönch aber bereitete sich erst jetzt
darauf vor, aufs neue auf der Erdenwelt zu erscheinen. –

Als die Mönchsschar aus dem Himmel der Dreiunddreißig wieder zur »Geschützten Fläche« zurückgekommen
war, wandte sich der ehrwürdige Assagutto an die Mönchsgemeinde und fragte, ob etwa einer der Mönche, die dieser
Gemeinschaft angehörten, bei der Versammlung nicht zu-

gegen gewesen sei. Da fand es sich, daß der heilige Mönch
Rohano eine Woche zuvor sich auf den Gipfel des Himalaja begeben und dort in den unbewußten Zustand ver-
senkt hatte, so daß er bei dieser Versammlung nicht zugegen gewesen war. Es sollte also ein Bote ausgesandt werden,
um ihn zu holen.

Der Mönch Rohano hatte sich jedoch eben aus dem
unbewußten Zustand erhoben und fühlte, daß die
Mönchsgemeinde ihn erwartete. Er verschwand daher vom
Gipfel des Himalaja und erschien wieder auf der »Geschützten Fläche« vor den versammelten Mönchen.

Da sprach der ehrwürdige Assagutto zu ihm: »Weißt du
nicht, Freund Rohano, was die Gemeinde zu tun hat, jetzt,
da die Lehre des Erleuchteten in Gefahr ist?«

»Daran habe ich nicht gedacht, o Herr!«

»So mußt du denn, Freund Rohano, eine Sühne dafür
leisten!«

»Was muß ich da tun, o Herr?«

»Dieses, Freund Rohano: An den Abhängen des Himalaja liegt ein Brahmanendorf. Dort wird der Brahmane Sonuttaro einen Sohn bekommen, und zu seinem Hause sollst
du sieben Jahre und zehn Monate um Almosen gehen.
Darauf sollst du den Knaben aus dem Hause führen und als
Schüler aufnehmen. Wenn er dann in die Hauslosigkeit gegangen ist, soll deine Sühne beendet sein!« – »Nun gut!«
stimmte der Mönch Rohano bei.

Inzwischen verschied Mahaseno, der Göttersohn, aus
dem Himmel der Dreiunddreißig und wurde in der Fami-
lie des Brahmanen Sonuttaro wiedergeboren. Er erhielt den
Namen Nagaseno. Bei seiner Geburt geschahen allerlei
wunderbare Zeichen. Der Mönch Rohano ging nun von
der Geburt des Knaben an sieben Jahre lang zu jenem
Hause um Almosen. In dieser Zeit wuchs der junge Nagaseno heran, und eines Tages sprach sein Vater zu ihm:

»Möchtest du wohl, mein Sohn Nagaseno, das Wissen der Brahmanen erlernen?«

»Was ist, mein Vater, das Wissen der Brahmanen?«

»Das sind, lieber Nagaseno, die drei heiligen Gesänge der Veden.«

»So will ich, mein Vater, die drei heiligen Gesänge der Veden erlernen!«

Der Vater ließ also ein abseits gelegenes Zimmer für den Unterricht vorbereiten und gab einem Lehrer eintausend Groschen mit dem Auftrag, dem Knaben die heiligen Gesänge beizubringen.

Der Lehrer zog sich mit dem Knaben in das abgelegene Zimmer zurück, forderte ihn auf, wohl hinzuhören und das Gehörte zu behalten. Dann trug er ihm die heiligen Gesänge der drei Veden nacheinander vor. Da erwies sich das Gedächtnis und die Denkkraft des jungen Nagaseno als so stark, daß er schon nach einer einmaligen Rezitation imstande war, den vorgetragenen Gesang wörtlich zu wiederholen. Dabei erfaßte er zugleich ihren Sinn, ihre Worte und ihre Grammatik. Nachdem er nun seinem Lehrer Rechenschaft über das Gelernte abgelegt hatte, trat er wieder vor seinen Vater und sprach: »Gibt es wohl, mein Vater, in dieser Brahmanenkaste noch mehr zu lernen als die Gesänge der Veden, oder ist dies alles?«

»Mehr nicht, lieber Nagaseno; dies ist alles!«

Da ging der Knabe aus dem Hause und begab sich in die Einsamkeit. Hier dachte er über das Gelernte nach; dabei konnte er aber in den Vedengesängen weder im Anfang noch in der Mitte, noch am Ende wirkliche Wahrheit und Weisheit entdecken und dachte traurig und unzufrieden: Nichtig sind diese Veden, leeren Hülsen gleichen sie ohne fruchtbaren Kern! In diesem Augenblick saß der Mönch Rohano ferne in der Vattanya-Klause und erkannte im Geist die Gedanken des jungen Nagaseno. Er kleidete sich daher an, ver-

schwand aus der Vattanya-Klause und trat, mit Schale und
Gewand versehen, vor dem Brahmanendorf wieder in Erscheinung. So sah ihn der junge Nagaseno, der eben in die
Vorhalle des Hauses trat, von ferne herankommen. Bei diesem Anblick geriet er ganz außer sich vor Freude und dachte
voller Begeisterung: Vielleicht wird dieser mir Wahrheit und
Weisheit mitteilen können! – Er ging daher auf den Mönch
zu und sprach ihn mit ehrfürchtigen Worten an:

»Wer bist du, Herr, der du deine Haare geschoren hast
und ein so besonderes gelbes Gewand trägst?«

»Einen Hauslosen, einen Mönch nennt man mich, mein
Knabe!«

»Warum nennt man dich einen Hauslosen?«

»Weil ich von Hause fortgegangen bin, um der Weisheit
zu leben!«

»Warum aber trägst du, anders als die anderen, deine
Haare geschoren?«

»Um meine Zeit nicht mit Eitelkeit zu vergeuden und mit
der Sorge um Form und Ordnung der Haare, mein Knabe!«

»Warum aber trägst du ein so besonderes Gewand und
nicht Kleider wie alle anderen?«

»Die weltlichen Kleider dienen, Knabe, dem Schmuck,
sie schmeicheln und locken und lenken von der Versen-
kung in die Weisheit ab. Deshalb trage ich nicht Kleider
wie alle anderen.«

»Kennst du wohl, o Herr, rechte Weisheit und wahres
Wissen?«

»Ja, mein Knabe, ich kenne wohl, was es in der Welt an
höchster Weisheit und wahrem Wissen gibt!«

»Könntest du dieses Wissen mir anvertrauen?«

»Das kann ich, mein Knabe!«

»So tue es bitte!«

»Jetzt ist es nicht an der Zeit, denn ich habe eben meinen Almosengang angetreten!«

Der Knabe aber, den es aufs höchste verlangte, alles Wissen zu erlernen, nahm die Almosenschale aus den Händen des Mönchs und bewirtete ihn eigenhändig mit auserlesenen rohen und gekochten Speisen. Als nun der Mönch mit dem Mahle fertig war und seine Hand von der Almosenschale zurückgezogen hatte, sprach der junge Nagaseno wieder zu ihm: »Willst du mir jetzt dein Wissen anvertrauen?«

Der Mönch aber sprach: »Wenn du durch nichts mehr abgelenkt sein wirst und wenn du mit Einwilligung deiner Eltern die gleiche Kleidung tragen wirst wie ich, dann werde ich dir jenes Wissen anvertrauen!«

Der junge Nagaseno begab sich nun sogleich mit dem Mönch zu seinen Eltern und sprach zu ihnen: »Liebe Eltern, dieser Hauslose sagt, daß er das höchste Wissen der Welt kenne; er will es mir aber nur anvertrauen, wenn ich mit ihm in die Hauslosigkeit gehe und das Treiben der Welt verlasse. Das möchte ich daher tun und mir das höchste Wissen erwerben!«

Da dachten die Eltern: Lassen wir ruhig unseren Sohn dieses Wissen sich aneignen, selbst wenn er deshalb in die Hauslosigkeit geht! Er wird doch, wenn er alles sich angeeignet hat, wieder zu uns zurückkehren. – Also gaben sie ihm die Erlaubnis dazu.

Der Mönch Rohano nahm daher den jungen Nagaseno mit sich zum Vattanya-Kloster und brachte ihn am nächsten Morgen zur »Geschützten Fläche«. Dort wurde der Knabe im Beisein der zahllosen Heiligen als Mönchsschüler aufgenommen. Als ihm nun das Haar geschoren und er mit dem gelben Gewand bekleidet war, sagte er zu dem Mönch Rohano: »Ich habe, mein Herr, das Gewand des Hauslosen angelegt; vertraue mir nun das höchste Wissen an!«

Da begann der Mönch Rohano den jungen Nagaseno zu unterrichten. Und alles, was er ihm vortrug, faßte der

Knabe mit der höchsten Kraft seines Geistes auf, lernte es
auswendig, dachte darüber nach und vermochte es alsbald
selbst zu erklären. Alle Lehren der Weisheit nahm er schnell
und ganz in sich auf, so daß er in diesen Jahren der Schü-
lerschaft sich ein ungewöhnliches Wissen erwarb. Eines Tages aber, als er schon sein zwanzigstes Lebensjahr begonnen
hatte, sagte er zu seinem Lehrer: »Hier mögest du anhalten,
mein Herr! Nichts brauchst du weiter mehr vorzutragen.
Ich werde nun selber mit dem Vortrag beginnen!«

Der Jüngling Nagaseno begab sich also zu der zahllosen
Schar der Heiligen und sprach: »Ich möchte, ihr Ehrwürdigen, die Lehren der Weisheit alle euch vortragen, wie ich
sie neu in meinem Geiste geordnet habe.«

»Nun gut, Nagaseno, trage sie vor!«

Da trug der Jüngling Nagaseno in sieben Monaten alle
sieben Bücher der Weisheit vor, wie er sie neu in seinem
Geiste geordnet hatte. Und man erzählte in den alten Zeiten, daß bei seinem Vortrag die Erde bebte, die Engel sangen, die Götter lauschten und himmlische Blüten niederregneten. Weil nun Nagaseno zugleich sein zwanzigstes Lebensjahr vollendet hatte, wurde er von den Heiligen auf
der »Geschützten Fläche« feierlich als ein Mönch aufgenommen und geweiht.

Früh am Morgen nach jener Nacht rüstete sich der
junge Mönch Nagaseno, nahm Gewand und Schale und
wanderte zusammen mit seinem Berater Rohano fort. Unterwegs erkannte er, daß sein Wissen noch unvollständig
sei, und dachte in seinem Innern: Ein Tor ist doch mein
Lehrer, daß er mich nur in der Weisheit unterrichtete und
die Lehren des Erleuchteten ganz außer acht ließ!

Diese Gedanken seines Schülers erkannte aber der
Mönch Rohano im Geist und sprach: »Ungute Gedanken erwägst du da, mein Bruder! Das ist nicht recht von
dir!«

Da wunderte sich Nagaseno über die Gedankenkraft seines Lehrers und sagte zu ihm: »Verzeih mir, mein Herr! Nie wieder will ich Schlechtes von dir denken!«

»So einfach, Nagaseno, werde ich dir nicht verzeihen!« erwiderte Rohano. »Wenn du aber in die Stadt Sagala gehst und dort den König Milindo, der allen Weisen und Heiligen verfängliche Fragen stellt, im Gespräch überwindest und wenn du dir sein Vertrauen gewinnst: dann soll dir verziehen sein.«

»Gut, so will ich zum König Milindo gehen und ihn mit meinen Antworten überwinden. Verzeih mir also, mein Herr!«

Aber der Mönch Rohano verzieh ihm noch nicht, sondern schickte ihn zuerst zum Ordensältesten Assagutto, dort die drei Regenmonate zu verbringen.

Nagaseno begab sich daher zum alten Assagutto und begann, ihm zu dienen: Er kehrte seine Zelle aus, besorgte Wasser zum Waschen des Gesichts und ein Holzstäbchen zum Reinigen der Zähne. Der alte Assagutto aber, als er zurückkam, fegte den gereinigten Platz noch einmal, schüttete das Wasser fort und holte frisches, zerbrach das Holzstäbchen und schnitt ein neues. Auch ließ er sich in keinerlei Gespräch ein. So vergingen sieben Tage. Nagaseno blieb geduldig in seinem Dienste, und nun erst nahm der Alte den Schüler an und erlaubte ihm, die Regenmonate bei ihm im Kloster zu verbringen.

In dieser Zeit ging dem jungen Mönch Nagaseno das ungetrübte Auge der Wahrheit auf, und er erkannte die Vergänglichkeit alles Entstandenen. Der alte Assagutto, der eben in der Vorhalle saß, sah es und rief: »Recht so, Nagaseno, mit einem Schlage hast du den Kerker deines Geistes gesprengt!« Und er sandte ihn weiter zum Asoka-Kloster, dort das Wort des Erleuchteten zu erlernen.

Nagaseno begab sich also zum Asoka-Kloster und machte sich dort schon in kurzer Zeit die Worte des Erleuchteten zu eigen. Da wurde er frei von allen irdischen Gedanken; und wieder wird hier erzählt, daß in diesem Augenblick die Engel sangen, die Erde bebte, die Götter Beifall klatschten und himmlische Blüten niederregneten.

So war Nagaseno in den Besitz aller geistigen Erkenntnisse und zugleich der magischen Kräfte gekommen, und jetzt war die Zeit da, daß er seine Aufgabe erfüllen sollte, um derentwillen er auf die Erde zurückgekommen war. Deshalb rief ihn die Mönchsgemeinde auf die »Geschützte Fläche« zurück. Und Nagaseno verschwand aus dem Asoka-Kloster und trat vor den Augen der Heiligen auf der »Geschützten Fläche« wieder in Erscheinung. Da bat ihn die Mönchsgemeinde: »Gehe nun, Nagaseno, in die Stadt Sagala zum König Milindo, welcher die Mönche, Heiligen und Weisen mit widersprechenden Behauptungen und Fragen belästigt, und besiege ihn im Wortstreit!«

Und Nagaseno sprach: »Ich gehe zum König Milindo und werde seine Fragen beantworten und seine Zweifel lösen. Und kämen auch alle Könige Indiens und stellten mir Fragen, ich wollte sie alle durch meine Antworten besiegen. Kommt also ganz ohne Furcht zur Stadt Sagala, verehrte Brüder!«

Da kamen die Mönche, Heiligen und Weisen zur Stadt Sagala zurück, und ihre goldgelben Gewänder leuchteten durch die Straßen. Zugleich kam Nagaseno selbst, von seinen Jüngern und vielen Mönchen umgeben, und wohnte in der Sankheyya-Klause. Wie vom Gebirge der Löwe über die Tiere, so ragte er über die anderen hervor. Er war erfüllt von Weisheit und Einsicht. Ein mächtiger Redner war er, Furcht kannte er nicht, alle Gegner besiegte er im Wettstreit. Das Dunkle wurde hell in seinen Worten und das Verwirrte klar. Das Gute wie das Böse kannte er, keine Lust und kein Leid lenkten ihn in seinen Gedanken ab. So war nun der rechte Gegner für den König Milindo gekommen.

König Milindo wunderte sich über das Wiedererscheinen der gelben Gewänder in seiner Stadt Sagala. Eben wieder hatte er ein Gespräch siegreich beendet und ausgerufen: »Nichtig ist doch dieses Indien! Einer leeren Hülse gleicht es, ohne fruchtbaren Kern! Gibt es doch nicht einen einzigen unter all den Gelehrten und Heiligen, der imstande wäre, meine Fragen zu beantworten und meine Zweifel zu lösen!«

Da wandte sich einer der Edlen an den König und sprach: »Nur Geduld, o König! Es gibt da jetzt einen Mönch in Sagala, der ist verständig und weise, ein mächtiger Redner, voll Beherrschung und Selbstvertrauen, mit Namen Nagaseno. Dieser weilt eben im Sankheyya-Kloster. Geh und lege ihm deine Fragen vor!«

Als aber der König den Namen »Nagaseno« hörte, befiel ihn urplötzlich ein ungewöhnlicher Schrecken, und alle Haare sträubten sich ihm.

»Und dieser Nagaseno«, rief er, »kann wirklich mit mir in den Wortstreit treten?«

»Gewiß, o König! Selbst mit den höchsten Göttern würde er streiten, wie denn erst mit den Menschen!«

»So schicke nach ihm!«

Nagaseno saß eben, von der Mönchsschar umgeben, in der Versammlungshalle, als er des Königs Botschaft erfuhr. »Möge der König kommen!« antwortete er.

Als der König in die Versammlung trat, befiel ihn wieder Furcht und Schrecken; aber er überwand sich und sprach zu seinem Begleiter: »Du brauchst mir den edlen Nagaseno nicht zu zeigen, ich werde ihn sicher selber erkennen!«

»Wohl, König, finde ihn selber heraus!«

Nagaseno saß nun nicht in der Mitte der Versammlung und war weder der älteste noch der jüngste; auch trug er keine andere Kleidung als seine Ordensbrüder neben ihm.

Als aber König Milindo seine Blicke über die Versammlung schickte, da sah er ihn sitzen wie einen Berglöwen zwischen zahmem Getier; frei und kühn sah er den König an, ohne Erregung und ohne Scheu.

»Dieser da ist gewiß der ehrwürdige Nagaseno!«

»Das ist er, König! Richtig hast du ihn erkannt!«

Da freute sich der König, daß er ihn selbst herausgefunden hatte. Aber er ahnte wohl, daß er jetzt seinem Meister begegnet war.

Der König sprach: »Ehrwürdiger Nagaseno, möchtest du ein Gespräch mit mir führen?«

»Wenn du nach Art eines Weisen Gespräche führen willst, König, dann wohl; wenn du aber nach Art eines Herrschers Gespräche führen willst, dann nicht!«

»Wie führen denn Weise das Gespräch miteinander?«

»Weise vergleichen ihre Gedanken, o König, sie suchen mit Gründen zu überzeugen und gestehen ihre Irrtümer ein; niemals geraten sie in Zorn oder Erregung. Das ist die Art, wie Weise Gespräche führen.«

»Und wie verhalten sich Herrscher, Ehrwürdiger?«

»Herrscher wollen recht behalten und dulden nicht Widerspruch; wer eine andere Meinung hat, den bestrafen sie!«

»So will ich als Weiser mich verhalten. Ohne Sorge sollst du dein Gespräch mit mir führen, frei wie mit einem Klosterbruder oder -schüler.«

»Sehr gut, mein König!«

Nun wollte der König den Mönch prüfen, wie schnell und scharf er zu denken vermöge und wie die Art seiner Antworten wäre; und so begann er dies kurze Gespräch:

»Darf ich dich etwas fragen, ehrwürdiger Nagaseno?«

»Ja, König, du magst mich fragen!«

»Ich habe dich etwas gefragt, Ehrwürdiger!«

»Das habe ich schon beantwortet!«

»Was hast du denn geantwortet?«

»Was hast du denn eigentlich gefragt?«

Da dachte König Milindo: Wahrhaftig, dieser Mönch versteht es, ein Gespräch mit mir zu führen. Er kennt keine Scheu und denkt schnell und scharf. Doch will ich ihn noch genauer prüfen. – Er wandte sich also wieder an Nagaseno und fragte ihn: »Ist es richtig, Ehrwürdiger, daß man dich Nagaseno nennt?«

»Ich bin bei allen als Nagaseno bekannt.«

»Wer ist das nun, dieser Nagaseno? Ist das dein Leib mit Kopf, Rumpf und Gliedmaßen, mit Augen und Ohren, Nase und Mund?«

»Nein, mein König.«

»So sind es deine Gefühle und Gedanken?«

»Auch nicht, mein König.«

»So gibt es vielleicht dies Wesen Nagaseno unabhängig von Leib, Gefühl und Gedanke?« – »Auch dies nicht, mein König.«

»Ich mag dich fragen, wie ich will, Verehrter, einen Nagaseno aber kann ich nicht entdecken. Wenn du also sagst, du seiest der Nagaseno, so sprichst du ja die Unwahrheit, eine Lüge, und den Nagaseno gibt es in Wirklichkeit gar nicht? – Hört mich, ihr fünfhundert Griechen und zahlreichen Mönche: Dieser Mönch behauptet, der Nagaseno zu sein, aber befragt, kann er mir den Nagaseno nirgends vorweisen. Ist das wohl zu billigen?«

Darauf antwortete Nagaseno: »Du bist ein König und liebst die Bequemlichkeit. Sicher bist du mit dem Wagen hierhergekommen?«

»Mit dem Wagen, Ehrwürdiger.«

»Nun, so erkläre mir doch, was ist denn das: ein Wagen? Ist wohl die Deichsel der Wagen?« – »Nicht doch, o Herr!«

»Oder sind es die Räder mit ihren Speichen, der Wagenkasten, die Verbindungsstücke?«

»Nicht doch, o Herr.«

»Oder ist es die Idee des Wagens, unabhängig von Rädern, Deichsel und Wagenkasten?«

»Auch nicht, o Herr.«

»Ich mag dich fragen, wie ich will, König, den Wagen kann ich nicht entdecken. Eine Unwahrheit sprichst du also, eine Lüge; denn der Wagen, mit dem du gekommen sein willst, ist ja gar nicht vorhanden. Du bist doch, König, der Oberste hier. Aus Furcht vor wem lügst du denn da? Hört mich, ihr fünfhundert Griechen und zahllosen Mönche: Dieser König Milindo behauptet, mit einem Wagen gekommen zu sein, aber auf meine Frage kann er mir den Wagen nicht nachweisen. Ich frage euch also: Ist das wohl zu billigen?«

Auf diese Worte hin spendeten die fünfhundert Griechen dem ehrwürdigen Nagaseno Beifall und sprachen zum König Milindo: »Nun antworte, o König, wenn du es vermagst!«

Da antwortete der König Milindo dem Mönch Nagaseno: »Durchaus keine Lüge spreche ich, Ehrwürdiger; denn das Wort und der Name ›Wagen‹ faßt die Idee des Wagens und all seine Teile, Räder, Deichsel und Kasten, als eine Einheit zusammen.«

»Richtig, König, hast du erkannt, was ein Wagen ist. Und genauso faßt der Name Nagaseno das ganze Wesen zusammen, den Leib mit allen seinen Gliedern, die Gefühle, die Gedanken, die Willenskraft, und bezeichnet damit den besonderen Menschen Nagaseno.«

»Wunderbar, ehrwürdiger Nagaseno, hast du meine Frage beantwortet. Selbst der Erleuchtete, wenn er noch lebte, würde dir Beifall geben«, sagte der König. »Aber sage, ehrwürdiger Nagaseno, hast du eigentlich den Erleuchteten selber gesehen?«

»Nein, mein König.«

»Oder haben ihn deine Eltern oder deine Lehrer oder
irgendwelche deiner Freunde gesehen?«

»Auch nicht, mein König.«

»So hat der Erleuchtete wohl gar nicht gelebt?«

»Hast du, o König, den Uhafluß hoch im Himalaja gesehen?«

»Nein, o Herr.«

»Oder haben ihn deine Eltern, Lehrer oder Freunde gesehen?«

»Auch nicht, o Herr.«

»So gibt es den Uhafluß im Himalaja wohl gar nicht?
Oder kann es etwas geben, was weder du gesehen hast
noch die dir Bekannten?«

»Das kann es geben, ehrwürdiger Nagaseno.«

»Ebenso, König, hat auch der Erleuchtete gelebt, obwohl
ihn weder ich noch meine Lehrer gesehen haben.«

»Weise bist du, ehrwürdiger Nagaseno!«

Nach diesen Gesprächen erhob sich der König von seinem Sitz, verabschiedete sich von dem Mönch Nagaseno
und teilte ihm mit, daß er morgen in seinem Palast die Un-
terredung fortsetzen wolle. Dann bestieg er sein Pferd und
murmelte, während er davonritt, beständig »Nagaseno, Nagaseno« vor sich hin.

Von dieser Zeit an begann der König Milindo, sich
täglich mit dem weisen Nagaseno zu unterhalten, und
von dem einen zum anderen Tage wartete er mit Unge-
duld auf die Fortsetzung des Gesprächs. Als Weise disku-
tierten sie, indem sie ihre Ansichten darlegten und miteinander verglichen. Der König fragte, und Nagaseno
antwortete. Der König trug seine Gedanken und Zweifel
vor über alle Dinge der Welt, die sichtbaren wie die unsichtbaren, und über die verborgenen und offenbaren
Kräfte in der Seele des Menschen. Auf alle diese Fragen
wußte Nagaseno die rechte Antwort zu geben, machte sie

durch Gleichnisse und Bilder deutlich, und immer gelang es ihm, den König zu überzeugen, so wie er es einst beim Bad im Ganges erbeten hatte. Immer stimmte zuletzt der König ihm zu, bewunderte ihn und sagte: »Weise bist du, ehrwürdiger Nagaseno! So ist es, so nehme ich es an.« Und nie mehr wiederholte er, was er früher so oft gesprochen hatte: »Nichtig ist doch dieses Indien, einer leeren Hülse gleicht es!« Er hatte jetzt in der Hülse den nährenden Kern gefunden.

Zwischen dem Mönch Nagaseno und dem König Milindo entstand eine unauflösliche, dauernde Freundschaft. Und nicht nur die zahlreichen Griechen und Mönche lauschten ihren Gesprächen, sondern auch die Himmlischen freuten sich daran und spendeten Beifall. Und himmlischer Duft umschwebte, solange sie sich begegneten, wie ein Zauber die schöne Stadt Sagala.

Sagen
germanischer Frühzeit

König Gylfis Betörung

as Land, das nun Schweden heißt, beherrschte einst König Gylfi. Von ihm wird erzählt, daß er einer fremden Frau als Lohn und Dank für ihre Erzählungen ein Landstück in seinem Reiche schenkte, so groß, wie vier Ochsen pflügen könnten in einem Tag und einer Nacht. Diese Frau war aber von Asengeschlecht und hieß Gefion. Sie holte nun vier Bullen aus Riesenland, das waren ihre Söhne, mit einem Riesen gezeugt, und spannte sie vor ihren Pflug. Da schnitt der Pflug so scharf und tief, daß das Land sich ablöste, und die Bullen zogen es westlich ins Meer bis in den Sund. Da machte Gefion das Land fest und nannte es Seeland. Wo es herausgerissen ist, entstand ein See, der jetzt Mälarsee heißt; und die Buchten im Mälar passen zu den Zungen von Seeland.

König Gylfi war weise und Zaubers mächtig. Er wunderte sich darüber, daß das Volk der Asen so vielkundig sei und daß alles nach seinem Willen gehe. Er sann, ob dies eigene Kraft bewirke oder die Götter, denen sie opferten. Also begab er sich auf die Reise nach Asgard, fuhr aber heimlich, als alter Mann, und niemand wußte um seine Fahrt. Doch die Asen mit ihrer Sehergabe kannten ihn wohl und täuschten ihn durch Blendwerk. Als er in ihre Burg eintrat, sah er da eine Halle, die war so hoch, daß er kaum darüber hinwegblicken konnte, und mit vergoldeten Schilden gedeckt.

In der Tür stand ein Mann, der spielte mit Messern, und es waren immer sieben zugleich in der Luft. Der fragte Gylfi, wie er sich nenne. Er sagte, er werde der »Wanderer« genannt, komme aus unwegsamer Ferne und bitte um ein Lager zur Nacht. Auch möchte er wissen, wem die Halle gehöre. Jener sagte, sie gehöre dem König. »Ich will dich zu ihm hinübergeleiten, so magst du selbst seinen Namen erfragen.«

So ging der Mann voraus in die Halle, und König Gylfi folgte ihm nach. Hinter seinen Fersen schlug die Tür ins Schloß. Drinnen sah er nun viele Räume und vielerlei Volk: Einige spielten, andere zechten, weitere kämpften mit ihren Waffen. Er schaute sich um, und unwirklich schien ihm, was er erblickte. Deshalb trat er mit Vorsicht ein.

Da sah er drei Hochsitze, einen über dem anderen, in jedem saß ein Mann. Er fragte, wie die Häuptlinge hießen. Sein Führer antwortete: »Der im unteren Hochsitz ist der König und heißt »der Hohe«, der im nächsten Hochsitz »der Ebenhohe« und der im höchsten »der Dritte«.

Nun fragte der Hohe den fremden Gast nach seinem Begehr. »Essen und Trinken steht für jeden bereit in des Hohen Halle!« »Wanderer« sagte aber, zuvor wolle er fragen, ob wohl ein Weiser anwesend sei. Ihm entgegnete der Hohe, er komme hier nicht heil heraus, wenn er sich nicht selbst als Weiser zeige, und er fügte hinzu:

> »Der mag stehn, der da fragt,
> sitzen soll, wer Antwort sagt!«

Nun begann »Wanderer« seine Fragen zu stellen, eine nach der anderen: Nach der Welten Entstehung, nach der Götter Wesen, nach ihren Taten und ihrem Schicksal. Und auf all seine Fragen gaben sie Antwort, der Hohe, der Ebenhohe, der Dritte, jeder nach seiner Art.

Als aber »Wanderer« alles erfragt hatte, bis hin zum Götteruntergang und den neuen Geschlechtern, die nachher kamen, da sprachen sie zu ihm: »Nun hast du von den Schicksalen der Welt mehr vernommen, als jemals irgend ein andrer vor dir. Wolltest du noch weiter fragen, so wüßte ich nicht, woher dir das kommt. Nimm also dies und bewahre es wohl!«

Darauf hörte »Wanderer« ein großes Getöse rings um sich her, und als er sich umsah, stand er allein auf weiter Heide und sah keine Burg mehr und sah keine Halle. Da wanderte er zurück in sein Reich und erzählte, was er gehört und gesehen hatte. Und das wurde forterzählt vom einen zum andern bis auf den heutigen Tag.

Dies sind nun die Gesichte, die König Gylfi, der Wanderer, hatte, als er vor den drei Hohen stand.

Die Entstehung der Welt

us Eis und Glut ist die Welt geworden.
Im Norden lag Nebelheim, das Reich des
Eises, in seiner Mitte Hwergelmir, der brodelnde Brunnen. Aus ihm entsprang mit
zehn anderen Flüssen als elfter der Gjöllfluß,
der nächste am Heltor, das den Eingang zur
Unterwelt bildet.

Im Süden aber lag eine andere Welt, Muspel mit Namen,
hell und heiß, voll brennenden Feuers, unbetretbar allen,
die dort nicht Heimat und Wohnsitz hatten. Da herrschte
der Fürst mit dem flammenden Schwert, Surt(ur), »der
Schwarze«, der einst kommen wird, die ganze Welt mit seiner Lohe zu verzehren.

Zwischen Norden und Süden, zwischen Nebel- und
Muspelheim, zwischen Eis und Glut lag Ginnungagap, die

gähnende Öde. Sie war im Norden voll Sturm und Eis; denn der giftige Schaum der elf Flüsse erstarrte und setzte Eisschicht um Eisschicht ab, und darüber fror Reif. Im Süden war Ginnungagap windstill und milde von dem warmen Hauche aus Muspelheim, in der Mitte war es voll Regen und Wind. Als nun der heiße Luftstrom aus Süden das Eis und den Reif traf, schmolzen die Eise zu formbaren Tropfen, und das Leben entsprang aus der Verbindung von beiden.

Da entstand zuerst ein menschliches Wesen von Riesengestalt, Ymir, »der Dröhner«, der allwissende Riese, von dem das Geschlecht der Reifriesen stammt. Aurgelmir wurde er von den Seinen genannt. Zugleich, als das Eis taute und schmolz, erwuchs da eine gewaltige Kuh, Audhumbla, die Milchreiche, aus deren Euter rannen vier Bäche und ernährten den Ymir.

Die Kuh aber leckte das salzige Eis, und am ersten Abend kam Haar hervor, am zweiten erschien das Haupt eines Mannes, am dritten endlich der ganze Mann, Buri, von schöner Gestalt, dazu stark und groß. Dessen Sohn wurde Bor. Der nahm Bestla zur Frau, Bolthorn des Riesen tüchtige Tochter. Die hatten drei Söhne: Wodan, Wili und Wê; das waren die ersten Herrscher auf Erden.

Die töteten nun den Ur-Riesen Ymir und bauten aus seinem Leib die Welt: Aus dem Fleisch die Erde, aus den Knochen und Zähnen die Felsen und Steine, aus dem Schädel den Himmel. Feuerfunken aus Muspelheim setzten sie als Sterne daran. Des Riesen Hirn, in die Luft geworfen, teilte sich auf in vielfache Wolken. Sein Blut aber wurde zu Wasser und Meer und floß rings um die Erde. Dabei entstand eine so gewaltige Flut, daß das ganze Geschlecht der Riesen ertrank bis auf einen. Das war Bergelmir, der erfahrene Riese. Er und sein Weib bestiegen einen Kasten und bargen sich darin, und so wurden sie emporgehoben, rette-

ten sich über die große Flut und erzeugten ein neues Reif-
riesengeschlecht jenseits der Flut, am Rande des Meeres.
Die Götter aber, die Söhne Bors, hoben das mittlere Land
empor, und so schufen sie den herrlichen Midgard, den
Garten der Mitte, als Wohnplatz der Menschen. Mit Ymirs
Brauen umhegten sie ihn und schützten ihn gegen den
Ansturm der Riesen. Sie ordneten alles, Himmel und Erde,
Sonne und Gestirne, Tag und Nacht, zählten Monde und
Jahre.

Einst gingen Bors Söhne am Seestrand hin, fanden dort
Ask und Embla, die ersten von Wodan geschaffenen Menschen. Die hatten nicht Denken, nicht Fühlen, nicht Lebenswärme noch schöne Gestalt. Denken gab Wodan, Fühlen Hönir, Lodur Lebenswärme und schöne Gestalt.

Von Ask und Embla stammt das Menschengeschlecht; es
wohnte in dem umhegten Midgard. Die Götter aber bau-
ten sich selbst eine Burg inmitten der Welt, die nannten sie
Asgard. Zwischen Asgard und Midgard ist der Regenbogen
gespannt, die Brücke Bifröst. An ihrer Schwelle steht
Heimdall, der Hüter, groß und heilig, und späht hinaus.
Nichts entgeht seinem Auge, nichts seinem Ohr; und sein
Gjallarhorn hört man durch alle Welten.

Als Asgard gebaut war, da setzten die Asen erst Richter
ein, alles zu ordnen, mitten in der Burg auf dem Idafeld.
Dann bauten sie eine heilige Halle, stellten darein die zwölf
Asenstühle und den Hochsitz für Wodan. Von ihm aus
übersieht er alle Welten. Danach legten sie Schmieden und
Essen an, machten sich Hammer, Zange und Amboß und
schmiedeten jegliches Werkgerät. In Holz arbeiteten sie, in
Stein und Erz; und von Golderz hatten sie solche Menge,
daß all ihr Hausrat daraus bestand. An goldenen Spielbret-
tern saßen sie auch beim Brettspiel. Diese Zeit hieß das
goldene Zeitalter. Erst als die Frauen aus Riesenheim kamen, schwand es dahin.

Wodan oder Odin war der mächtigste, vornehmste und älteste aller Asen. Er wurde Allvater genannt. An seinen Seiten sitzen immer die Raben Hugin und Munin und raunen ihm zu. Er waltet über alles, und obwohl auch andere Götter mächtig sind, so dienen ihm doch alle wie Kinder ihrem Vater. Seine Hausfrau heißt Frigg. Sie weiß das Schicksal voraus, doch sie sagt es nicht. Von ihr als der vornehmsten stammt das Asengeschlecht, bis auf einen.

Außer Wodan gibt es zwölf Asen, davon ist der mächtigste Donar oder Thor. Er hält Malmer, den Wurfhammer, mit dem Eisenhandschuh umfaßt, und der Kraftgürtel doppelt ihm die Asenstärke. Dann ist da Balder, der lichte Gott, und Höder, der blinde, Njörd mit seinem schönen Sohn Frey(r), Widar, der Schweigsame, Tyr, der Beherzte, Ullr und der Balderssohn Forseti, der den Vorsitz hat im Gericht. Asinnen gibt es noch mehr als Asen, unter ihnen ist neben Frigg die vornehmste Freya.

Noch einer wird zu den Asen gezählt, der nicht aus Wodans und Friggs Geschlecht stammt. Das ist Loki, Lopter oder Loder, des Riesen Farbauti und der Laufey Sohn. Blutsbrüderschaft hat er einst mit Wodan geschlossen, und so fordert er seinen Sitz im Kreis der Asen. Schmuck ist er und schön von Gestalt, aber bös von Gemüt und sehr unbeständig. Alle übertrifft er an Schlauheit und Trug. Er brachte die Asen in manche Bedrängnis, aber seine Klugheit half ihnen oft wieder heraus.

Die Weltesche Yggdrasil ist der Götter vornehmster und heiligster Aufenthalt. Dahin reiten sie täglich über die Gjallarbrücke, Gericht zu halten. Dieser gewaltige Baum breitet seine Zweige über die ganze Welt und reicht bis in die höchsten Himmel hinauf. Aus drei mächtigen Wurzeln wächst er empor: eine von den Asen, die zweite von den Reifriesen, die dritte von Nebelheim.

Unter der ersten Wurzel der Esche ist Urds Quell. Sein heiliges Wasser ist so rein, daß alles, was hineinfällt, weiß wieder herauskommt. Auf dem schweigenden Wasser des Quellsees ziehen zwei Schwäne still ihre Bahn.

Dorther kommen drei Frauen, die vieles wissen. Sie spinnen den Menschen die Fäden des Schicksals, ein wundersames Gewebe. Urd ist alt und unerbittlich und teilt das Notwendige zu; Skuld ist jung und unerschöpflich in künftigen Plänen; Werdandi ist die Mutter der Menschen, die aus Notwendigkeit und Möglichkeit das Zukommende bildet.

Unter der zweiten Wurzel des Baumes, wo einst die gähnende Öde war, ist Mimirs Brunnen, der Quell der Erinnerung, voll Erkenntnis und Weisheit. Hier redet Wodan mit Mimirs Haupt, das heilige Worte spricht. Einst kam Allvater zu Mimirs Quell, einen Trunk aus seinem Brunnen zu tun. Dafür gab er sein Auge zum Pfand. Daraus trinkt Mimir nun Morgen für Morgen.

Unter der Wurzel, die über Nebelheim steht, ist der brodelnde Brunnen Hwergelmir. An dieser Wurzel liegt Nidhögg, der Drache, und das Schlangengewürm nagt dort an ihr.

Im Wipfel der Esche sitzt ein mächtiger Adler, der weit umherspäht. Zwischen dem Adler im Wipfel und dem Drachen im Grunde springt ein Eichhörnchen hin und her, Ratatoskr, Knabberzahn, genannt, das trägt Zankworte auf und nieder. An den Zweigen des Baumes aber weiden ringsum vier Hirsche.

Asen und Wanen

Zuerst war Frieden. Dann aber kam Streit in die Welt, als die Götter den Rauschtrank brauten. Mit Stöcken stießen sie die goldene Flüssigkeit in des Hohen Halle, brannten sie dreimal; und dreimal wurde sie wiedergeboren und lebte erst recht.

Heiterkeit nannten sie die Götter. Wohin sie kam in die Häuser, da weissagte sie, weissagte gut, die hellsichtige, machte trunken, bezauberte, wo sie nur konnte, umgarnte mit ihrem Zauber den Sinn, war die Wonne schlimmer Bräute. Da kam zuerst Krieg in die Welt.

Asen und Wanen gerieten in Kampf. Durch die hölzerne Wehr hindurch brachen die Wanen in Asgards Burg ein, stampften über das Idafeld. Da gingen die Götter miteinander zu Rate, wie sie dem Untergang Einhalt täten, und ein Vertrag wurde zwischen Asen und Wanen geschlossen. Pfänder und Geiseln tauschten sie aus, so daß Hönir zu den Wanen ging, Njörd aber von den Wanen zu den Asen. So wurde Friede zwischen Asen und Wanen, und sie teilten die Herrschaft miteinander. Die Wanen wurden von Hönir enttäuscht; denn wenn er etwas entscheiden sollte, schob er es einem anderen zu. Oder er fragte Mimir um Rat, und wie der es angab, wurde es ausgeführt. Das erzürnte die Wanen so, daß sie Mimir das Haupt abschlugen und dieses an Wodan sandten. Wodan besprach es und salbte es ein, und so konnte es nicht verwesen, und Wodan holte sich bei ihm Rat.

Bau der Burg von Asgard

ls die Asen Midgard geschaffen hatten und Walhall erbaut, kam zu ihnen ein Meister aus Riesenland und erbot sich, für sie eine Burg zu bauen so trutzig und fest, daß sie Schutz gäbe, selbst wenn Riesen Midgard bestürmten. Das hätte den Asen wohl gefallen. Der Baumeister verlangte aber als Lohn, daß er Freya bekäme, die herrlichste unter den Göttinnen, und dazu noch Sonne und Mond. Da saßen die Asen lange und ratschlagten; und endlich kamen sie überein, er solle haben, was er begehre, wenn er die Burg in einem Winter vollende. Und dazu riet vor allem Loki. Wäre dann aber am ersten Sommertag noch irgendein Ding an der Burg nicht fertig, so sollte er seinen Lohn verlieren. Auch dürfte niemand ihm dabei helfen. Und das, glaubten sie, konnte er in so kurzer Zeit niemals vollbringen.

Als dies nun die Asen dem Baumeister eröffneten, erbat er sich nur die eine Vergünstigung, daß er sich seines Pferdes bedienen dürfe. Da meinte Loki, das könne nicht schaden, und so wurde es zugestanden. Der Vertrag wurde nun vor vielen Zeugen mit Eiden bekräftigt; denn die Riesen fürchteten sich vor Thors Zurückkunft, der eben damals im Osten weilte.

Am ersten Wintertag fing der Baumeister seine Arbeit an, und während er den Tag über baute, holte er nachts mit seinem Roß Swadilfari die Steine heran. Es wunderte die Asen, was für Riesenblöcke das Pferd herbeizog. Doppelt

soviel Arbeit leistete es wie der Meister selbst. So ging der
Bau sehr schnell vonstatten und gegen Ende des Winters
sogar noch rascher. Schon war die Mauer so hoch und
stark, daß ihr kein Angriff mehr schaden konnte, und drei
Tage vor des Sommers Beginn war sie fast vollendet.

    Das schien den Asen eine gefährliche Sache. Sie setzten
sich auf die Richtstühle nieder, und es fragte nun einer den
anderen, wer denn den Rat gegeben hätte, Freya nach Riesenheim zu vergeben und Sonne und Mond, so daß aller
Glanz und alle Freude aus Asgard verschwänden. Da fand
sich denn bald, daß Loki dazu geraten hatte, der immer des
Unheils Anstifter war. Und sogleich beschlossen sie, er solle
üblen Todes sterben, wenn er nicht Mittel und Wege finde,
dem Baumeister seinen Lohn zu entziehen, es möge ihn
kosten, was es wolle. Da bekam Loki Angst und schwur
hohe Eide, er werde es einrichten, daß die Mauer nicht an
ihr Ende käme.

Und denselben Abend lief seinem Hengst aus dem Walde heraus eine Stute entgegen und wieherte. Da wurde der Hengst Swadilfari ganz wild, zerriß die Riemen und stürmte wie rasend der Stute nach.

Die Rosse liefen die ganze Nacht, und das Werk blieb liegen, und auch, als am Morgen der Hengst gefangen war, wurde den Tag nicht mehr viel geschafft. Da sah der Baumeister, daß es unmöglich war, das Werk zu vollbringen, und er geriet in Riesenzorn. Daran erkannten die Asen bald, daß er ein schlimmer Bergriese war, zu ihnen gekommen, sie zu betrügen. Da wurden die Eide nicht mehr geachtet, und eilig riefen sie Thor zurück. Der kam in einem Augenblick, hob Malmer, den Hammer, und zahlte dem Riesen den Arbeitslohn aus, doch nicht mit Sonne und Mond; denn er zerschmetterte dem Riesen den Schädel und sandte ihn hinab zur Hel.

So wurde die Burg von Asgard gebaut und wurde doch Freya vor dem Riesen gerettet. Die Stute aber war niemand anderes als Loki gewesen, und als seine Zeit kam, gebar er ein Füllen, grau, mit acht Beinen, geschwinder als alle anderen Pferde. Das war der Hengst Sleipnir, der beste von allen, und er wurde dem Odin geschenkt.

Thors Fahrt zu Utgard-Loki

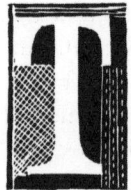hor reiste ostwärts nach Riesenheim bis ans Meer und fuhr dann über die tiefe See. Als er die Küste erreicht hatte, stieg er ans Land. Mit ihm waren Loki und Thialfi, der Schnelle. Bald kamen sie an einen großen Wald, durch den gingen sie den ganzen Tag. Bei Anbruch der Dunkelheit suchten sie ein Nachtlager und fanden eine sehr geräumige Halle, die wählten sie zum Nachtaufenthalt. An dem einen Ende war ein Eingang, so breit wie die Halle selbst. Um Mitternacht, als sie schliefen, entstand ein starkes Erdbeben, der Boden zitterte unter ihnen, und die Halle schwankte. Da stand Thor auf und rief seine Gefährten; sie tasteten umher und fanden im Innern der Halle zur rechten Hand einen Anbau; in den gingen sie hinein. Thor setzte sich an die Tür; er hatte den Hammerschaft in der Hand und gedachte sich zu wehren. Die anderen hielten sich hinter ihm und waren sehr bange. Sie hörten großes Getöse.

Am Tag ganz früh gingen sie hinaus aus der Halle, und Thor sah nicht weit vor sich im Wald einen Mann liegen, der war nicht klein. Er schnarchte gewaltig, und nun wußte Thor, welchen Lärm sie in der Nacht gehört hatten. Er umspannte sich mit dem Kraftgürtel, da wuchs ihm die Asenkraft.

Nun wachte der Mann auf und erhob sich rasch; und da wagte Thor, dieses eine Mal, nicht, mit dem Hammer zu-zuschlagen; er fragte ihn aber nach seinem Namen. Skry-

mir nannte er sich. »Und dich«, sagte er, »brauche ich nicht
um deinen Namen zu fragen; ich weiß, daß du Asa-Thor
bist. Aber wohin hast du meinen Handschuh verschleppt?«
Damit streckte er den Arm aus und hob seinen Handschuh
auf. Und nun sah Thor, daß sie in diesem Handschuh geschlafen hatten, und der Anbau war der Däumling gewesen.

Skrymir fragte jetzt Thor, ob er ihn zum Reisegefährten
nehmen wolle, und Thor bejahte es. Da fing Skrymir an,
seinen Speisesack zu lösen, und gab sich daran, sein Früh-
stück zu verzehren, und Thor seinerseits tat mit seinen Gefährten ein Gleiches. Skrymir schlug vor, ihren Speisevorrat
zusammenzulegen, und Thor willigte ein. Da knüpfte
Skrymir all ihr Essen in ein Bündel und legte es auf seinen
Rücken.

Skrymir ging den Tag über voran und stieg große
Schritte; am Abend aber suchte er ihnen Nachtherberge
unter einer mächtigen Eiche. Er sagte zu Thor, er wolle
sich schlafen legen. »Nehmt ihr das Speisebündel und bereitet euch ein Nachtmahl!« Darauf schlief Skrymir ein und
schnarchte mächtig. Thor nahm das Speisebündel und
wollte es öffnen, aber er brachte keinen Knoten los. Auch
nicht einer der Riemen wurde locker.

Als er sah, daß seine Mühe nichts fruchtete, wurde er
zornig, faßte seinen Hammer »Malmer« in beide Hände,
schritt mit einem Fuß dahin vor, wo Skrymir lag, und
schlug ihn aufs Haupt. Skrymir erwachte und fragte, ob
ihm ein Blatt auf den Kopf gefallen sei? Auch fragte er, ob
sie jetzt gegessen hätten und bereit wären, sich zur Ruhe
zu begeben. Thor antwortete, sie wollten eben schlafen gehen. Sie legten sich unter eine andere Eiche, wagten aber
nicht zu schlafen.

Um Mitternacht hörte Thor den Skrymir so laut schnar-
chen, daß der Wald widerhallte. Da stand er auf, ging zu

ihm hin, schwang den Hammer hart und heftig und schlug den Riesen mitten aufs Haupt, so daß das Hammerende, wie er merkte, tief eindrang. In dem Augenblick erwachte Skrymir und fragte: »Was ist das? Ist mir eine Eichel auf den Kopf gefallen? Und was ist mit dir, Thor? Schläfst du nicht?« – Thor trat eilends zurück und antwortete, er sei eben aufgewacht, es sei Mitternacht und noch Zeit genug zum Schlafen. Er dachte aber, wenn es ihm gelänge, noch einen dritten Schlag zu tun, dann sollte der Riese niemals mehr erwachen.

Kurz vor Tag hörte Thor, daß Skrymir wieder eingeschlafen sein mußte. Er stand also auf, ging zu ihm hin, schwang den Hammer mit voller Kraft und traf ihn auf die Schläfe, daß der Hammer bis zum Schaft darin versank. Da richtete sich Skrymir auf, strich sich die Wange und sprach: »Sitzen über mir Vögel im Baum? Es kam mir vor, als fiele von den Ästen irgendein Abfall mir auf den Kopf!« Zu Thor aber sprach er: »Wachst du, Thor? Es wird Zeit sein, daß ihr aufsteht, wenn es auch nicht mehr weit ist zu der Burg, die Utgard heißt. Nur will ich euch heilsamen Rat dafür geben. Ich hörte, wie ihr untereinander spracht, daß ich von Wuchs kein kleiner Mann sei; aber dort sollt ihr größere Männer sehen! Überhebt euch also nicht zu sehr! Denn nicht werden Utgard-Lokis Hofmänner von solchen Burschen stolze Worte dulden! Im andern Falle wendet lieber um! Wollt ihr aber doch eure Reise fortsetzen, so haltet euch ostwärts! Mein Weg geht nun nordwärts nach diesen Bergen dort!«

Damit nahm Skrymir das Speisebündel, warf es auf den Rücken und wandte sich quer hinweg in den Wald, und nicht wird gemeldet, daß die Asen gewünscht hätten, ihn wiederzusehen.

Thor fuhr nun weiter mit seinen Gefährten und ging fort bis Mittag. Da sah er auf einem Felde eine Burg stehen

und mußte den Kopf zurückbiegen, um über sie hinwegse-
hen zu können. An dem Burgtor war ein verschlossenes
Gitter. Thor trat heran, konnte es aber nicht öffnen. Sie
schmiegten sich also zwischen den Stäben hindurch. Innen
kamen sie an eine große Halle; die Tür stand offen, sie gingen hinein und sahen da auf zwei Bänken viele Männer sitzen, die meisten sehr groß. Danach kamen sie vor den König Utgard-Loki und grüßten ihn. Er aber sah lässig nach
ihnen, bleckte die Zähne und sprach lächelnd: »Selten hört
man von langer Reise Wahres berichten! Aber dies, denke
ich, wird wahr sein, daß dieser kleine Bursch da der Thor
ist. Du magst ja wohl mehr sein, als du scheinst! Welche
Fertigkeiten sind es denn nun, deren ihr Gesellen euch
rühmt? Hier darf nämlich niemand unter uns sein, der sich
nicht durch irgendeine Kunst oder Geschicklichkeit vor
anderen auszeichnet!«

Loki antwortete darauf: »Eine Kunst verstehe ich, die ich
bereit bin zu zeigen: Keiner soll hier innen sein, der seine
Speise hurtiger ißt als ich!« Utgard-Loki versetzte: »Das
wäre wohl eine Kunst, wenn du das verstehst, und wir wollen es jetzt versuchen!« Er rief also von den Bänken einen
heran, der Logi hieß, daß er sich gegen Loki versuche. Es
wurde ein Trog auf den Boden gesetzt und mit Fleisch gefüllt. Loki setzte sich an das eine Ende, Logi an das andere,
und jeder aß auf das hurtigste, bis sie sich in der Mitte des
Troges trafen. Da hatte Loki alles Fleisch von den Knochen
gegessen, Logi aber hatte alles Fleisch samt den Knochen
verzehrt und den Trog dazu. Allen schien es nun deutlich
zu sein, daß Loki das Spiel verloren habe.

Nun fragte Utgard-Loki, worauf jener andere junge
Mann sich verstehe, und da antwortete Thialfi, er wolle mit
jedem um die Wette laufen, den Utgard-Loki dazu auser-
sehe. Dieser meinte, das sei eine gute Kunst. Er müsse aber
sehr geübt sein, wenn er darin zu siegen hoffe. Damit stand

er auf und ging hinaus, wo eine gute Rennbahn auf ebe-
nem Felde war. Er rief einen jungen Burschen herbei, der
sich Hugi nannte, und gebot ihm, mit Thialfi um die Wette
zu laufen.

Sie begannen den ersten Lauf, und Hugi war so weit
voraus, daß er am Ende der Rennbahn sich dem Thialfi
entgegen umwandte. Da sagte Utgard-Loki: »Du mußt dich
besser strecken, Thialfi, wenn du das Spiel gewinnen willst!
Aber doch ist es wahr, daß noch niemand hierhergekommen ist, der mich leichtfüßiger dünkte!«

Sie begannen den zweiten Lauf, und als Hugi am Ende
der Bahn sich umwandte, war Thialfi noch einen Pfeil-
schuß zurück. Da sagte Utgard-Loki: »Das dünkt mich gut
gelaufen; aber ich glaube nun kaum mehr, daß er das Spiel
gewinnen wird!«

Sie nahmen nun nochmals ein Ziel, aber als Hugi an das
Ende der Bahn gekommen war und sich umkehrte, war
Thialfi noch nicht in die Mitte der Bahn gekommen. Da
sagten alle, sie hätten sich genug versucht.

Nun fragte Utgard-Loki den Thor, in welcher Kunst er
sich hervortun wolle, da die Leute von seinen Großtaten so
viel Rühmens machten. Thor antwortete, am liebsten wolle
er sich im Trinken messen, mit wem es auch sei. Utgard-
Loki war das wohl zufrieden. Er ging in die Halle, rief seinen Schenken und befahl ihm, das Horn zu bringen, wor-
aus seine Hofleute zu trinken pflegten. Bald darauf kam der
Mundschenk mit dem Horn und gab es Thor in die Hand.
Utgard-Loki sprach: »Aus diesem Horn scheint uns wohl-
getrunken, wenn es auf einen Zug geleert wird; einige
trinken es auf den zweiten aus, aber keiner ist ein so
schlechter Trinker, der es nicht in dreien leerte!« Thor sah
sich das Horn an; es schien ihm nicht zu groß, obwohl
ziemlich lang; er war aber auch sehr durstig. Er fing an zu
trinken und schlang gewaltig, nicht glaubte er nötig zu ha-

ben, öfter anzusetzen. Als ihm aber der Atem ausging und
er zusah, wieviel Trank noch übrig sei, da schien es ihm nur
um einen sehr kleinen Betrag vermindert. Utgard-Loki
sprach: »Es ist wohl getrunken, aber doch nicht gar viel. Ich
hätte es nicht geglaubt, wenn man mir gesagt hätte, daß
Asa-Thor nicht besser trinken könne. Ich weiß aber, du
wirst es beim zweiten Zug austrinken!«

Thor antwortete nichts, sondern setzte das Horn wieder
an den Mund. Er dachte nun, einen größeren Zug zu tun.
Er trank, solange ihm der Atem vorhielt, sah aber doch, daß
das Ende des Horns nicht so abgesunken war, wie er gewünscht hätte, ja es schien ihm nun noch weniger abge-
gangen zu sein als das erste Mal; doch konnte man das
Horn nun tragen, ohne es zu verschütten.

Da sprach Utgard-Loki: »Wie nun, Thor? Willst du dich
immer noch sperren, einen Trunk mehr zu tun, als dir gut
ist? Mir scheint, wenn du beim dritten Trunk das Horn
leeren willst, so muß dieser Zug der größte sein. Du wirst
aber bei uns kein so großer Mann heißen können, als welcher du bei den Asen giltst, wenn du in anderen Spielen
nicht mehr leistest, als du mir in diesem zu vermögen
scheinst.«

Da wurde Thor zornig, setzte das Horn an den Mund
und trank aus allen Kräften, solange er vermochte, und als
er ins Horn sah, war doch mehr als zuvor ein Abgang be-
merklich. Nun gab er das Horn zurück und wollte nicht
mehr trinken.

Da sprach Utgard-Loki: »Es ist nun offenbar, daß deine
Macht nicht so groß ist, wie wir dachten; oder willst du
dich noch in anderen Spielen versuchen?« – Thor antwortete: »Ich will mich noch in anderen Spielen versuchen;
aber wunderlich würde es mich dünken, wenn ich daheim
bei den Asen wäre und solche Trünke würden für klein geachtet. Welches Spiel also wollt ihr mir weiter anbieten?«

Utgard-Loki sprach: »Junge Burschen pflegen hier, was wenig zu bedeuten scheint, meine Katze dort von der Erde aufzuheben; und nicht würde ich wagen, solches dem Asa-Thor zuzumuten, wenn ich nicht zuvor gesehen hätte, daß du viel weniger vermagst, als ich dachte.« Alsbald lief eine graue, ziemlich große Katze über den Estrich der Halle. Thor ging hinzu, faßte sie mit der Hand mitten unterm Bauche und lupfte an ihr. Die Katze krümmte den Rücken, und als Thor sie so hoch emporzog, als er immer vermochte, ließ sie den einen Fuß von der Erde. Weiter brachte es Thor nicht in diesem Spiel.

Da sprach Utgard-Loki: »Es ging mit dieser Probe, wie ich erwartete: Die Katze ist ziemlich groß, und Thor klein und kurz neben den großen Männern, die hier bei uns sind.« Thor aber antwortete: »So klein ihr mich nennt, so komme nur her, wer da will, und ringe mit mir! Nun bin ich zornig!«

Utgard-Loki sah nach den Bänken und erwiderte: »Nicht sehe ich den Mann hier innen, dem es nicht ein Kinderspiel dünkte, mit dir zu ringen. Aber laßt sehen! Die alte Frau ruft mir herbei, meine Amme Elli! Mit der mag Thor ringen, wenn er will. Sie hat schon Männer niedergeworfen, die mir nicht schwächer schienen als Thor!«

Alsbald kam eine alte Frau in die Halle; zu der sprach Utgard-Loki, sie solle sich mit Thor messen. Sie fingen an zu ringen; aber je stärker sich Thor anstrengte, desto fester stand sie. Nun fing die Frau an, ihm ein Bein zu stellen, Thor kam mit einem Fuß vom Boden, und ein harter Kampf folgte. Aber nicht lange währte es, da war Thor auf ein Knie gefallen. Nun ging Utgard-Loki hinzu und gebot ihnen, den Kampf einzustellen. Es war auch bald Nacht. Utgard-Loki wies Thor und seinen Gefährten die Lager.

Am Morgen, als es Tag wurde, stand Thor mit seinen Gefährten auf und machte sich fertig zur Fahrt. Utgard-

Loki ließ ihnen gute Bewirtung vorsetzen, Speise und Trank; und als sie gegessen hatten, begleitete er sie hinaus vor die Burg. Beim Abschied fragte er Thor, wie er mit seiner Reise zufrieden sei und ob er einen Mächtigeren getroffen habe als sich selbst. Thor antwortete: »Die Begegnung mit euch scheint mir sehr zur Unehre gereicht zu haben, und wohl weiß ich, daß ihr mich für einen unbedeutenden Mann halten werdet. Damit bin ich übel zufrieden!«

Utgard-Loki aber antwortete: »Nun will ich dir die ganze Wahrheit sagen, nachdem du aus unserer Burg heraus bist. Und nie mehr, solange ich lebe und zu befehlen habe, sollst du wieder hineinkommen! Ja, du wärest auch niemals hineingekommen, wenn ich vorher gewußt hätte, daß du so große Kraft besitzest; die hätte uns beinahe in großes Unglück gebracht. Ich habe dir aber Blendwerk vorgemacht; denn schon vorher war ich es, der mit euch im Walde zusammentraf. Und als du das Speisebündel lösen wolltest, da hatte ich es mit Eisenbändern zusammengeschnürt, und du fandest nicht, wie du es öffnen könntest. Danach schlugst du mir mit dem Hammer drei Schläge, davon war der erste der geringste und war doch so stark, daß es mein Tod geworden wäre, wenn er getroffen hätte. Du sahest wohl bei meiner Halle einen Felsblock, und oben darin drei viereckige Täler: das waren die Spuren deiner Hammerschläge. Den Felsblock hielt ich vor deine Hiebe, aber du sahst es nicht. So ähnlich war es auch mit den Spielen, worin ihr euch mit meinen Hofleuten maßet. Loki war sehr hungrig und aß stark; aber Logi war das Wildfeuer und verbrannte das Fleisch und den Trog dazu. Hugi aber war mein Gedanke, und nicht war's zu erwarten, daß Thialfi es mit dessen Geschwindigkeit aufnehmen könne. Und als du aus dem Horne trankst und es dir langsam abzunehmen schien, da geschah fürwahr ein großes Wunder, das ich

nicht für möglich gehalten hätte: denn das andere Ende des
Horns lag draußen im Meere, das sahst du nicht. Wenn du
aber jetzt zum Meere kommst, so wirst du sehn können,
welch eine Ebbe dadurch entstanden ist. Und das deuchte
mich nicht weniger wert, wie du die Katze lüpftest. Wahrhaftig, wir alle erschraken, als du ihr einen Fuß von der
Erde hobst; denn die Katze war nicht, was sie dir schien: es
war die Midgardschlange, die um alle Lande liegt, und
kaum war sie noch lang genug, daß Schweif und Kopf die
Erde berührten, so hoch strecktest du den Arm auf. – Ein
großes Wunder war es auch um den Ringkampf, daß du so
lange fest standest und nur auf ein Knie fielst, als du mit
Elli, dem Alter, rangst, weil doch niemand war noch werden wird, den das Alter nicht schließlich zu Fall brächte. –
Nun aber wird es das beste sein, daß wir scheiden und ihr
uns nicht wieder besucht. Ich würde auch ein andermal
meine Burg mit solchen Täuschungen schirmen, daß ihr
keine Gewalt über mich erlangt!«

Als Thor diese Rede hörte, griff er nach seinem Hammer und schwang ihn in die Luft. Indem er aber zuschlagen wollte, entdeckte er Utgard-Loki nicht mehr. Er
schaute sich um nach der hohen Burg und wollte sie brechen: da sah er nur weite und schöne Felder, doch keine
Burg. So kehrte er um und zog seines Weges, bis er wieder
nach Thrudwang kam.

DIE BINDUNG DES WOLFS

L oki zeugte mit einem Riesenweib drei furchtbare Kinder: Den Fenriswolf, die Midgardschlange, die Hel. Durch die Gabe der Weissagung wußten die Götter, daß großes Unheil von ihnen drohe; denn Böses kam von der Mutter her, Böseres aber vom Vater. So schickte Allvater die Götter aus, die Loki-Kinder nach Asgard zu holen. Als sie nun vor ihn gebracht worden waren, warf er die Midgardschlange ins Weltmeer, und sie wuchs dort zu solcher Größe heran, daß sie nun alle Länder umschlingt und sich selbst in den Schwanz beißt. Jörmungander heißt sie daher, das ist »Erdumschlinger«. Die Hel, die fahle Verwesung aber, warf er nach Nebelheim und gab ihr Gewalt über neun Welten, daß sie all denen Wohnung anweise, die nicht im Kampfe ihr Leben ließen.

Den Wolf erzogen die Götter bei sich, und von allen hatte nur Tyr den Mut, zu ihm zu gehen und ihm Futter zu

reichen. Als die Asen aber sahen, wie sehr er wuchs und mit jedem Tag zunahm und zu ihrem Verderben bestimmt war, da beschlossen sie, eine Fessel zu machen und auf diese Weise den Wolf zu binden. Sie schmiedeten also eine eiserne Fessel und reizten den Wolf, sich an ihr zu versuchen. Der Wolf hielt das Band nicht für allzu stark und ließ sie machen, was sie nur mochten. Da banden sie ihn mit der Fessel fest. Sobald er sich aber nur einmal streckte, sprang das Band.

Nun machten die Asen eine andere Fessel, doppelt so stark, wie die erste war, und baten den Wolf, auch sie zu versuchen. Sie sagten, er würde dann sehr berühmt, wenn ihn solch eine starke Fessel nicht halte. Der Wolf bedachte, daß dieses Band stark war, doch war auch seine Kraft jetzt gewachsen, seit er das erste zerbrochen hatte. Auch müsse er, meinte er, wohl etwas wagen, wenn er es wirklich zu Ruhm bringen wolle. So ließ er sich das Binden auch diesmal gefallen. Als die Asen ihn nun mit dem geschmiedeten Band aufs neue gefesselt hatten, schüttelte sich der Wolf, reckte sich und schlug das Band auf den Boden. Da flogen die Stücke weit im Bogen umher.

Nun fürchteten die Asen doch sehr, daß sie den Wolf nicht würden binden können. Allvater schickte Freys Diener Skirnir zu einigen Zwergen nach Schwarzalbenheim, ein neues, noch besseres Band zu verfertigen. Das war nun aus seltsamen Dingen gemacht: Dem Bart der Frauen, dem Schrei der Fische, dem Schall des Katzentritts und ähnlichen Dingen. Daraus mag man sehen, wie künstlich es war. Das Band war nicht aus Eisen geschmiedet, auch nicht spröde und hart, sondern schlicht und weich wie ein Seidenband und ungemein fest.

Als nun den Asen das Band gebracht wurde, dankten sie dem Boten für die Erfüllung des Auftrags und fuhren dann auf die Insel Lyngwi in dem See Amswartnir. Sie hatten

auch den Wolf mitgenommen, zeigten ihm jetzt das Seidenband und reizten ihn an, es zu zerreißen. Sie sagten, es
wäre wohl etwas stärker, als seine Dicke vermuten ließe,
versuchten auch die eigene Stärke daran, konnten es aber
nicht zerreißen.

Der Wolf antwortete ihnen darauf: »Dies ist mir keine
gute Probe; denn ist das Band schwach, so bringt es nicht
Ehre, es zu zerreißen. Ist es aber mit List gemacht, und ist
es fester, als es erscheint, so kommt es mir nicht an meine
Füße!« Da sagten die Asen: »Du wirst doch nicht dieses
Seidenband fürchten, der du zuvor die Ketten zerbrochen
hast! Bist du aber nicht stark genug, so brauchen wir Asen
dich nicht zu fürchten und machen dich dann von der Fessel los!«

Der Wolf antwortete: »Wenn ihr mich so fest bindet, daß
ich mich selbst nicht lösen kann, so werdet ihr meiner
weidlich spotten, und ich werde vergebens auf Lösung har-
ren. Damit ihr mich aber nicht feige nennt, so will ich das
Band mir anlegen lassen, wenn einer von euch mir die
Hand in den Rachen steckt, zum Zeichen, daß keine Untreue waltet.« Da sah ein Ase den anderen an, und das
schien ihnen sehr gefährlich zu sein, und keiner wollte die

Hand hergeben; bis endlich Tyr seine Rechte darbot und sie dem Wolf in den Rachen steckte.

Nun legten die Asen dem Wolf die Fessel um, banden ihn überall sorgsam damit und zogen sie fest. Als nun der Wolf sich stemmte und streckte, wurde das Band nur härter und fester, und je mehr er sich plagte, um so kräftiger band er sich. Da lachten alle, nur Tyr lachte nicht; denn er büßte die Hand ein.

Dann banden die Asen den Wolf aufs beste, zogen das Ende des Bandes durch einen Felsblock und machten ihn tief im Grunde fest, ja, sie sicherten ihn durch ein zweites Felsstück, das sie noch tiefer im Berg verankerten. Der Wolf riß den Rachen furchtbar auf, schnappte nach ihnen und wollte sie verschlingen. Sie aber steckten ihm ein Schwert in den Rachen, daß sein Heft auf dem Unterkiefer stand und die Spitze im Gaumen. Damit war ihm das furchtbare Maul gesperrt. Er heulte entsetzlich, und der Geifer rann giftig aus seinem Rachen. So lag er bis zur Götterdämmerung. Wohl konnten die Asen den Wolf töten, doch hielten sie ihre Stätten so heilig, daß sie nicht wagten, sie zu beflecken, obwohl sie wußten, daß der Wolf einst Odins Mörder sein würde.

Balders Tod

inst geschah es, daß Balder, den Guten, schwere Träume drückten, als drohe seinem Leben Gefahr. Da er nun den Asen seine Träume erzählte, ratschlagten sie und beschlossen, ihm vor allen Gefahren Sicherheit zu verschaffen. Seine Mutter Frigg nahm darum Eide von Feuer und Wasser, Eisen und Erzen, Steinen und Erden, Kräutern und Bäumen, Krankheiten und Giften, dazu von allen vierfüßigen Tieren, von Vögeln und Würmern, daß sie Balder kein Leid zufügen wollten. Da war große Freude unter den Asen. Sie kurzweilten mit Balder an heiliger Stätte. Er stellte sich mitten in einen Kreis, die einen schossen nach ihm, die andern hieben nach ihm, die dritten warfen nach ihm mit Steinen. Was sie aber auch taten, es schadete ihm nicht. Das schien ihnen allen ein gutes Spiel.

Loki aber gefiel es übel, daß nichts den Balder verletzen konnte. Er nahm daher die Gestalt eines alten Weibes an und begab sich zu Frigg nach Fensal, den Grund zu erfahren. Frigg begrüßte die Alte und fragte sie, was die Asen an der Weihestätte täten. Sie antwortete: »Alle schießen auf Balder mit Steinen und Waffen, aber nichts tut ihm Schaden.« Frigg sprach: »Weder Waffe noch Gewächs kann Balder verwunden, denn ich habe von allen Eide genommen.« – »Haben alle Dinge ohne Ausnahme geschworen?« fragte das Weib. Frigg antwortete: »Westlich von Walhall wächst eine Staude, Mistel genannt; die schien mir zu jung, sie in Pflicht zu nehmen; sonst schwuren sie alle.«

Da ging die Alte fort und verwandelte sich wieder in
Loki. Dieser schlich nach dem Westen von Walhall, wo die
Mistel wuchs, riß sie aus und kehrte zurück zur Versammlung der Asen. Dort dauerte das Spiel noch an. Abseits, zu-
äußerst im Kreise der Männer, stand nur der blinde Höder
und tat nicht mit. Zu ihm trat Loki und sprach ihn an:
»Warum schießt nicht auch du auf Balder wie alle?« – Er
antwortete: »Weil ich nicht sehe, wo Balder steht; auch fehlt
mir die Waffe.« Loki sagte: »Tu, wie die andern Männer
tun, und erweise Balder Ehre wie sie! Ich will dir zeigen,

wo er steht. Wirf auf ihn mit diesem Reis!« Da nahm Höder den Mistelzweig, und wie Loki ihn lenkte, schoß er ihn
ab. Der Pfeil aber durchbohrte Balder, und dieser sank tot
zur Erde nieder.

Das war das große Unglück, das Menschen und Götter
traf, als Höder, der Blinde, durch Lokis List Balder, den
Lichten, tötete. Zuerst standen die Asen alle wie sprachlos
da und dachten nicht einmal daran, Balder aufzuheben. Einer sah den anderen an, und ihr aller Gedanke war gegen
den gerichtet, der diese Untat begangen hatte. Aber sie
durften es nicht rächen, denn der Ort war zu heilig und
eine Freistatt. Endlich, als sie die Sprache wiedererlangten,
da war es das erste, daß sie so heftig zu weinen begannen,
daß niemand dem anderen seinen Schmerz sagen konnte.
Odin nahm sich das Unglück am meisten zu Herzen, denn
niemand wußte besser, zu welchem Verlust und Schaden
Balders Tod den Asen gereichen werde.

Als sie sich nun vom ersten Jammer erholt hatten, da
fragte Frigg, die herbeigeeilt war, wer unter den Asen sich
ihre ganze Huld und Gunst gewinnen und den Weg zur
Hel reiten wolle, den sonst nur die Verstorbenen gehen?
Dort solle er versuchen, ob er Balder finde, und solle der
Hel ein Lösegeld bieten, daß sie den Odins-Sohn heimfahren ließe nach Asgard. Hermoder der Schnelle erbot sich,
die Fahrt zu wagen und den geliebten Bruder zurückzuholen. Das schnellste Pferd, das es gab, wurde ihm vor-
geführt; Sleipnir, Odins Hengst, bestieg er und stob davon.

Balders Leichnam aber brachten die Asen zum Ufer der
See, ihn dort feierlich nach dem Brauch zu verbrennen.
Ringhorn hieß sein Schiff, aller Schiffe schnellstes, das
wollten die Asen vom Strande stoßen; es ging aber nicht
von der Stelle. Deshalb riefen sie eine Riesin herbei, die ritt
heran auf einem mächtigen Wolf, der mit einer Schlange
gezäumt war. Sie trat an den Bug und stieß das Schiff im

ersten Anfassen so stark voraus, daß Feuer aus den Walzen
fuhr.

Nun wurde Balders Leichnam zu Schiff getragen. Und
als Nanna, sein Weib, Neps Tochter, das sah, verging sie vor
Jammer und starb. Da wurde auch sie auf den Scheiterhaufen gebracht, dazu auch Balders Hengst mit allem Geschirr.
Odin aber legte den Ring Draupnir darauf, den »Tropfer«,
von dem jede neunte Nacht acht gleichschwere Ringe ab-
tropften. Dann wurde das Feuer entzündet. Thor trat hinzu
und weihte den Scheiterhaufen mit »Malmer«, dem Hammer. So wurde Balders Totenfest gehalten. Diesem Lei-
chenbrande wohnten viele Gäste bei.

Hermoder aber ritt neun Nächte lang durch tiefe
dunkle Täler, so daß er nichts sah, bis er zum Gjöllflusse
kam und über die Gjallarbrücke ritt, die mit Gold belegt
ist. Dort stand die Kampfjungfrau, welche die Brücke bewacht. Sie fragte ihn nach Namen und Geschlecht und
sagte: »Gestern sind fünf Scharen toter Männer über die
Brücke geritten, und nicht donnert sie weniger unter dir
allein; auch hast du nicht die Farbe toter Männer. Was rei-
test du auf dem Helweg?« – Er sprach: »Ich reite zu Hel,
Balder zu suchen. Hast du Balder auf dem Helweg gesehen?« – Sie antwortete: »Balder ist über die Gjallarbrücke
geritten; aber nördlich geht der Weg hinab zu Hel!« Da ritt
Hermoder dahin, bis er ans Helgitter kam. Er sprang vom
Pferde, zog den Gurt fester, stieg wieder auf und gab die
Sporen. Da setzte der Hengst so mächtig über das Gitter,
daß er es nirgends berührte.

Hermoder ritt auf die Halle zu, stieg vom Pferde und
trat hinein. Er sah seinen Bruder Balder auf dem Ehren-
platz sitzen und grüßte ihn. Die Nacht blieb er dort. Aber
am Morgen erbat er von Hel, daß Balder mit ihm heimrei-
ten solle: »Trauer herrscht um ihn bei den Asen und bei allen Wesen der Welt!« – Hel antwortete: »Das soll sich jetzt

erproben, ob wirklich von allen Balder geliebt wird. Wenn
nun alle Dinge in der Welt ihn beweinen, lebendige wie
tote, so soll er zurück zu den Asen fahren; wenn aber nur
eins widerspricht und nicht weinen will, so bleibt er bei
Hel.«

Da stand Hermoder auf, und Balder begleitete ihn aus
der Halle. Beim Abschied gab er ihm den Ring Draupnir
für Odin zurück zum Angedenken, und Nanna sandte an
Frigg einen Überwurf und andere Gaben und der Fulla einen Goldring. So ritt Hermoder den dunklen Weg zurück
und kam nach Asgard, kündete den Asen den Spruch der
Hel und meldete, was er gehört und gesehen hatte.

Die Asen sandten nun Boten in alle Welt und trugen allen Wesen an, Balder aus Hels Gewalt zu weinen. Alle taten
dies, Menschen wie Tiere, Erde, Steine, Bäume und Erze.
Als nun die Gesandten voll Freude heimfuhren und hatten
den Auftrag wohl vollbracht, fanden sie in einer Höhle ein
Riesenweib sitzen, das hieß Thök (Dank). Die baten sie
auch, Balder aus Hels Gewalt zu weinen, sie aber antwortete:

> »Thök wird weinen trocknen Auges
> um Balders Ende!
> Nicht im Leben, nicht im Tod hatte
> ich Nutzen von ihm!
> Behalte Hel, was sie hat!«

Man meint, daß dies Loki gewesen sei, der den Asen so viel
Leid zugefügt hat. So wurde Balders Heimkehr verhindert,
und er blieb bei der Hel.

LOKIS BESTRAFUNG

a Loki immerfort Arges verursachte, als Aller-
ärgstes Balders Tod, und auch noch verhin-
derte, daß Balder wieder erlöst wurde, waren
die Asen so gegen ihn aufgebracht, daß sie ihn
bestrafen wollten und darum überall suchten.
Er aber entzog sich ihnen gewandt und
machte sich ein Haus auf dem Berge mit vielen Türen, von
dem er nach allen Seiten weit aussehen konnte. Dicht dabei aber war ein Wasserfall, darin barg er sich oft, verwandelte sich in Lachsgestalt und dachte darüber nach, welches
Kunststück die Asen wohl ausfinden könnten, ihn doch
noch zu fangen.

Einmal saß er daheim am Feuer, hatte Flachsgarn genommen und knüpfte nun Maschen. So erfand er das Netz,
das man damals noch nicht kannte. Aber als er, vertieft in
die Arbeit, aufsah, merkte er, daß die Asen gegen ihn her-
ankamen. Da warf er schnell das Knüpfwerk ins Feuer,
sprang in den Wasserfall und war gleich als ein Lachs darin
verschwunden.

Die Asen kamen und suchten nun Loki, fanden ihn aber
im Hause nicht. Da ging Quasir hinein, von allen der Weiseste, sah auch ins Feuer und entdeckte darin die Reste des
Netzes. Zwar war es verkohlt, aber er erkannte sofort, dies
könnte ein Mittel sein, Fische zu fangen, und verriet das
den Asen. Da setzten sich gleich die Asen zusammen und
fertigten eilends ein festes Netz an, ganz wie sie es verkohlt
in der Asche sahen; und als es gelungen war, gingen sie zum

Fluß und warfen es in den Wasserfall. Ein Ende hielt Thor, das andere die übrigen, und nun zogen sie das Netz durch den Wasserfall hindurch. Loki schwamm immer dem Netz voraus, und als es ihm nahe kam, legte er sich zwischen die Steine am Boden.

Die Asen merkten, daß etwas Lebendiges da war. Sie banden nun Steine unten an, so daß nichts mehr darunter hindurchschlüpfen konnte. So zogen sie das Netz vom

Wasserfall her nach dem Fluß hinunter. Thor watete dabei mitten im Fluß. Loki schoß nun immer vor ihnen her, konnte aber nicht nach der See hin entkommen, und so versuchte er, über das Netz zu springen. Das gelang ihm auch, aber Thor bekam ihn dabei zu fassen, und wenn er auch abglitt, so hatte doch Thor einen so festen Griff, daß er ihn dicht überm Schwanze festhielt. Nun war Loki friedlos gefangen. Sie schleppten ihn in eine Höhle im Quellenwald und banden ihn mit unzerreißbaren Fesseln über drei hochgekantete Felsen: einen stellten sie unter die Schultern, den anderen unter die Lenden, den dritten unter die Knie. Skadi nahm einen Giftwurm und befestigte ihn über ihm, so daß ihm das Gift das Gesicht betropfte. Aber Lokis Weib Sigyn trat neben den Gebundenen und hielt eine Schale unter die Gifttropfen, ohne daß es die Asen ihr wehrten. Doch jedesmal, wenn die Schale voll war und Sigyn sie ausgoß, tropfte das Gift auf Lokis Gesicht. Dann bäumte er sich heftig auf, und die Erde erzitterte. So lag er dort bis zur Götterdämmerung.

Suttungs Met

uasir war der weiseste aller Männer. Er war von Asen und Wanen gemeinsam geschaffen; denn als sie Vertrag und Bündnis schlossen, mischten sie ihren Speichel in einem Gefäß zum Zeichen der Brüderschaft, wie man sonst sein Blut mischt. Es gab keine Frage, auf die Quasir nicht Antwort wußte. Er fuhr weit in der Welt umher und lehrte die Menschen Weisheit. Er fand auch die Spur des Netzes im Feuer und erkannte seinen Sinn, damals als sie den Loki aufspürten. Aber die Zwerge Fialar und Galar stellten ihm heimtückisch nach und brachten ihn um. Sein heiliges Blut ließen sie in den Kessel Odrörir rinnen und in die Gefäße Son und Bodn und vermischten es mit Honig, so daß ein kräftiger Met entstand. Wer davon trank, wurde berauscht und begeistert zu Weisheit und Gesang. Als die Asen sich über das Verschwinden Quasirs wunderten, behaupteten die Zwerge, er sei an der Fülle seiner Weisheit erstickt.

Die boshaften Zwerge töteten aber auch mit gleicher Hinterlist den Riesen Gilling und die Riesin, sein Weib. Als das Gillings Sohn, der Riese Suttung, erfuhr, zog er hin, griff die Zwerge, führte sie an die See und setzte sie draußen auf eine kahle, einsame Klippe. Da baten sie ihn sehr, ihr Leben zu schonen, und boten ihm als Vaterbuße den köstlichen Met. Mit dieser Sühne war Suttung zufrieden, setzte die Zwerge wieder an Land, nahm den Met mit sich nach Hause, verbarg ihn auf dem Hnitberg in einer ver-

schlossenen Höhle und setzte seine Tochter Gunlöd als
Hüterin dazu.

All dies erfuhren bald auch die Asen und hätten gerne
den kostbaren Trank für Asgard gerettet. Daher machte sich
Odin auf, den Trank zu suchen. Er kam zuerst an einen
Ort, wo neun Knechte Gras mähten. Er zog einen Wetz-
stein aus der Tasche und machte ihnen die Sensen scharf.
Nun schnitten die Sensen viel besser als vorher. Da feilsch-
ten die Knechte um den Stein. Sie waren ganz versessen
darauf, keiner gönnte ihn dem anderen. Odin warf ihn aber

hoch in die Luft, und da jeder ihn fangen wollte, gerieten sie heftig aneinander und zerschnitten sich mit den scharfen Sensen, so daß alle umkamen.

Die Nacht verblieb Odin bei dem Riesen Baugi, dem Bruder Suttungs. Baugi klagte um seine neun Knechte, und er wußte nicht, wo er andere hernehmen sollte. Odin, der sich nun Bölwerker nannte, erbot sich, die Arbeit der neun Knechte zu tun, wenn er dafür einen Trunk von Suttungs Met bekäme. Baugi sagte, er habe über den Met keine Macht, denn Suttung wolle ihn ganz alleine verwahren; sie wollten aber zu ihm fahren und versuchen, ob sie den Met bekommen könnten. Damit war Bölwerker zufrieden.

Den Sommer über verrichtete Odin Neunmännerarbeit für Baugi, und als der Winter kam, begehrte er seinen Lohn. Beide gingen zu Suttung, und Baugi erzählte seinem Bruder, wie er den Bölwerker gedungen habe und was sie abgesprochen hätten. Suttung aber verweigerte geradeheraus jeden Tropfen Met.

Da sagte Bölwerker, er wolle eine List versuchen, und Baugi solle ihm dabei helfen. Damit zog er seinen Bohrer Rati hervor und gab ihn dem Baugi, damit ein Loch in den Berg zu bohren. Baugi tat das und sagte bald, der Berg sei durchbohrt. Aber Bölwerker blies in das Bohrloch hinein, da flogen die Späne heraus, ihm entgegen. Daran erkannte er, daß Baugi ihn betrog. Er bat ihn, wakker weiterzubohren. Baugi tat das, und als Bölwerker hineinblies, flogen die Späne nach innen. Da verwandelte er sich in einen Wurm und schlüpfte flink durch das Bohrloch hinein. Baugi stieß mit dem Bohrer nach, traf aber nicht.

So kam Odin dahin, wo Gunlöd war, und blieb drei Nächte bei ihr; da war sie ihm ganz und gar ergeben und erlaubte ihm, von dem Met zu trinken, doch nur drei

Züge. Im ersten Zug trank er Odrörir leer, im zweiten
den Bodn und im dritten den Son und hatte nun allen
Met inne. Da wurde er berauscht und sang, und Gunlöd
saß und lauschte ihm zu. Er aber verwandelte sich in Ad-
lergestalt und flog windschnell davon.

Als Suttung den Adler fliegen sah, ahnte ihm Unheil, er
warf sich in sein Adlergewand und flog dem Fliehenden
nach. Die Asen aber erkannten Odin, wie er von Suttung
verfolgt wurde, und stellten große Gefäße auf. Odin
rauschte heran, und als er Asgard erreichte, spie er den
Met in die aufgestellten Gefäße. Suttung verfolgte ihn bis
unter Asgards Mauern. Da schwenkte er ab und hatte den
Met verloren.

So war der Trank für die Asen gerettet, und sie ver-
wahrten ihn wohl. Sie lassen davon auch die Sterblichen
kosten, so daß manche die Kunst des Gesanges verstehen.

GÖTTERDÄMMERUNG

inmal wird eine furchtbare Zeit kommen, Beilalter, Schwertalter, Wolfszeit. Da wird drei Weltenjahre lang die Erde mit schweren Kriegen erfüllt sein. Unerhörtes ereignet sich, Mord und Ehebruch. Brüder werden Brüder aus Habgier erschlagen, der Vater wird den Sohn nicht schonen und der Sohn nicht den Vater.

Dann werden die schrecklichen Winter kommen, Fimbul-Winter, drei hintereinander, und kein Sommer dazwischen. Da peitscht der Schnee her von allen Seiten, der Frost ist schneidend, die Winde wie Messer scharf, und die Sonne hat ihre Kraft verloren.

Und dann geschieht es, daß der furchtbare Wolf die Sonne verschlingt, den Menschen zum Unheil, ein anderes Untier verschlingt den Mond, und die Sterne fallen vom Himmel. Da bebt die Erde und schüttern die Berge, Bäume fallen und Felsen stürzen, und alle Ketten und Bande reißen. Da wird auch der grimmige Fenriswolf los;

der fährt mit klaffendem Rachen daher, daß sein Oberkie-
fer den Himmel berührt und sein Unterkiefer die Erde.
Feuer glüht ihm aus Augen und Nüstern. Zugleich bäumt
sich im Grunde die Midgardschlange, und das Meer
schäumt über. Gift speit sie aus, daß Luft und Meer sich davon entzünden. Entsetzlich ist ihr Anblick, wenn sie dem
Wolf zur Seite kämpft. Von all diesem Lärm zerbirst der
Himmel.

Dann kommen in einem Schiff von Osten Muspels
Söhne über die See gesegelt; Loki, der frei wurde, steht am
Steuer und führt sie an. Die Flammensöhne kommen geritten, Surt von Süden an ihrer Spitze, vor ihm und hinter
ihm glühendes Feuer. Surt ist schwarz; aber sein Schwert ist
lichtscharf und glänzt wie die Sonne. Über Bifröst, die
Brücke, reiten sie ein, die zerbirst unter ihnen. Da ziehen
Muspels Söhne hin in die Ebene Wigrid, die ist groß und
breit. Dahin kommt auch der Fenriswolf und die Midgardschlange, auch Loki wird dort sein und Hrim mit den Riesen. Mit Loki kommt auch die fahle Hel und ihr ganzes
Gefolge. Muspels Söhne stehen in Schlachtreihe. Wenn alles dies auf Wigrid geschieht, dann erhebt sich der Wächter, Heimdall, und bläst in das Gjallarhorn. Das weckt die
Götter und ruft sie zusammen, und nun halten sie Rat.
Odin reitet zu Mimirs Bronnen und hält Zwiesprache dort
wie schon oft zuvor, für sich und die Seinen. Die Esche
Yggdrasil aber erbebt, und alles erschrickt im Himmel und
auf der Erde. Die Asen wappnen sich dann zum Kampf,
und die unzähligen Scharen der Helden aus Walhall strömen zum Kampfplatz. Allen voran reitet Odin im Goldhelm, mit schönem Harnisch und Gungnir, dem Speer. So
eilt er dem Fenriswolf entgegen, und Thor schreitet wacker
an seiner Seite; aber keiner kann dem anderen helfen, denn
wie dem Odin der Fenriswolf, so steht dem Thor die
Schlange entgegen. Freyr streitet dort kühn wider Surt,

und er erliegt ihm nach hartem Kampf, denn sein gutes Schwert gab er dem Skirnir. Nun ist auch der Höllenhund los geworden, der vor der Gnipahöhle gefesselt lag. Das gibt das allergrößte Unheil, da er mit Tyr kämpft, und einer bringt den anderen zu Fall. Thor schwingt den Hammer und schlägt furchtbar zu. Er trifft die schreckliche Schlange zu Tode; aber sie hat ihn schon ganz mit Gift bespien, und kaum ist er neun Schritte weiter gegangen, da fällt er tot nieder. Der Fenriswolf bringt Odin zu Fall und verschlingt ihn; aber nun kehrt sich Widar gegen den Wolf und tritt ihm den Fuß in den Unterkiefer. Er reißt ihm den schwarzen Rachen entzwei, und das wird endlich des Wolfes Tod. Loki, der Listige, kämpft mit Heimdall, dem hellen Wächter, und einer schlägt den andern zu Boden. Darauf schleudert Surt Feuer über die Erde, und alles verbrennt.

Aber keiner der Menschen und Götter vergeht. An heimlichen und unheimlichen Orten weilen die Seelen, gemäß ihren Taten; die Rechtschaffenen in den Lichtsälen, die Meineidigen in den Gifttälern.

Wenn aber Himmel und Erde verbrannt sind in Surts Lohe, wenn die Götter tot und die Helden Walhalls im Lichtsaal versammelt sind, dann taucht die Erde auf aus der See, grün und schön und jung wie vorzeiten, und Korn wächst auf ihr, ungesät. Widar, der Schweigsame, lebt noch, und Wali, der Schütze, der den Hödur erschlug, die Söhne Odins, und sie walten des Heiligtums. Weder die See noch Surts Lohe hat ihnen geschadet. Sie wohnen dort auf dem Idafeld, wo einst Asgard war. Auch Magni und Modi kommen herbei, Thors Söhne, und bringen den Malmer mit, danach Balder und Höder aus dem Reiche der Hel, in Frieden versöhnt. Da sitzen sie alle beisammen und gedenken der Geheimnisse und der Taten, die vormals geschahen, von der Midgardschlange und dem Fenriswolf. Sie finden im Grase die goldenen Tafeln, mit denen vorzeiten die Asen spielten.

Wohlgeborgen vor Surts Lohe in Hoddmimirs Holz retteten sich zwei Menschenkinder, Lif und Lifthrasir. Tau des Morgens war ihre Nahrung. Von ihnen stammt ein so großes Geschlecht, daß es die ganze Erde bevölkern wird. Die Sonne aber, ehe der Wolf sie verschlang, hatte eine leuchtende Tochter geboren, schön wie sie selbst, glänzend und rein, die wird nun die Bahn der Mutter wandeln.

Dies ist die Kunde von der Götter Dämmerung. Sie erfuhr König Gylfi, der sich den Wanderer nannte, von den drei Hohen. Vor ihren Hochsitzen meinte er zu stehen in der Halle der Burg und fragte dort vieles über das Schicksal der Welt. Aber als er dies alles erfahren hatte und sich umsah, da stand er allein auf weiter Fläche, und nirgends war mehr Halle noch Burg.

Wieland der Schmied

ielands Vater war der Riese Wate. Er galt als ein Sohn des Königs Wilkinus von Wilzenland, doch stammte seine Mutter nicht aus königlichem Geschlecht. Eine Unbekannte, eine Meermaid, die König Wilkinus an fremdem Strand getroffen und geliebt hatte, erschien in seiner Halle und begehrte seinen Schutz. Er nahm sie bei sich auf, und sie gebar einen Knaben; dann verschwand sie plötzlich, wie sie gekommen war, und man sah sie nicht wieder. Der Knabe Wate aber, als er aufwuchs, wurde so groß, daß man ihn einen Riesen nannte. Er artete ganz nach seiner Mutter und war nicht wie ein Edeling, sondern grimmig in seinem Umgang und finster im Gemüt und allem ritterlichen Wesen fremd. Deshalb hatte niemand rechte Freude an ihm, und selbst der eigene Vater liebte ihn wenig. Doch gab er ihm, ehe er starb, zwölf Höfe auf Seeland, und Wate lebte dort ungestört. Des Königs Wilkinus eigentlicher Sohn aber war Nordian, ein gewaltiger Held, seinem Vater sehr lieb. Er folgte auf dem Thron und wurde ein mächtiger König.

Als Wates Sohn Wieland neun Winter zählte, wollte sein Vater ihn eine tüchtige Kunst lernen lassen. Er hatte in Erfahrung gebracht, daß im Hünenland, das ist im heutigen Westfalen, der geschickteste aller Menschen wohnte, Mime, ein Meister, der unübertrefflich in Eisen zu arbeiten verstand. Das war damals eine wenig bekannte, geheimnisvolle Kunst, und ein eisernes Schwert galt soviel wie ein Ochse.

Also nahm Wate seinen Sohn Wieland und reiste mit ihm ins Hünenland, übergab ihn dem Meister als einen Lehrling und ließ ihn drei Jahre dort.

Wieland lernte bei Mime als geschickter und aufmerksamer Schüler, wie Eisen bereitet und geschmiedet wurde. Im letzten seiner Jahre aber kam zu Mime auch Siegfried der Schnelle; der war stark und grob. Er spielte den anderen oft böse Streiche, zauste, stieß und prügelte sie. Als Wate erfuhr, wie sein Sohn so übel behandelt wurde, reiste er hin und holte ihn wieder zu sich. Wieland war damals zwölf Winter alt und blieb nun zwölf Monde bei seinem Vater in Seeland. Er hatte sein Handwerk vortrefflich gelernt, war bei jedermann angesehen und galt weit umher als der kunstreichste Geselle.

WIELAND BEI DEN ZWERGEN

Damals hörte Wate, daß im Berge Ballofa im Hünenland (= Balve an der Hönne in Westfalen) zwei Zwerge hausten, die besser als alle anderen Menschen und Zwerge zu schmieden verstünden. (Zwerge nannte man damals eine Menschenart, die kleiner und von anderem Ursprung war als die Einwohner des Landes.)

Also machte sich Wate mit seinem Sohn Wieland dorthin auf die Fahrt.

Unterwegs kamen sie an den Grönasund. Dort warteten sie. Da aber kein Fahrzeug erschien, sie überzusetzen, nahm der riesige Mann seinen Knaben auf die Schulter und durchwatete mit ihm zu Fuß den Sund, der an dieser Stelle neun Ellen tief war.

Er traf die Zwerge in ihrer Berghöhle an. Sie verstanden prächtig, Gerät jeder Art in Eisen zu schmieden, Schwerter, Brünnen und Helme, konnten auch aus Gold und Silber

die wunderbarsten Geschmeide machen, ja alle formbaren
Stoffe verarbeiten, wozu sie nur wollten. Wate redete also
mit ihnen und übergab ihnen seinen Sohn Wieland für die
Zeit von zwölf Monden; da sollten sie ihn in ihrer Kunst
unterrichten. Dafür gab er ihnen, wie sie begehrten, eine
Mark Goldes in die Hand, das war etwa ein Pfund. Nun
bestimmten sie noch den genauen Abholtag, und Wate fuhr
wieder nach Seeland zurück.

Wieland blieb bei den Zwergen im Berg Balve und
lernte bei ihnen, was sie ihm zeigten. Er war noch jung,
aber sehr geschickt, und sah seinen Lehrmeistern alles ab.
Zugleich diente er ihnen so gut, daß sie ihn kaum entbeh-
ren mochten.

Als daher Wate zur bestimmten Zeit wiederkam, baten
sie ihn, Wieland ein weiteres Jahr bei ihnen zu lassen. Dafür erboten sie sich, ihn in alle Geheimnisse einzuweihen,
die sie selbst verstünden, ja, sie waren sogar bereit, die Mark
Goldes wieder zurückzuzahlen. Wate war das zufrieden,
nahm auch das Gold, und sie machten den Tag der Zurückkunft aus. Aber nun reute es die Zwerge, daß sie Wielands Bleiben so teuer erkauft hatten, und sie sagten zu
Wate, sie wollten das Recht haben, seinem Sohn den Kopf
abzuschlagen, wenn er ihn nicht am vereinbarten Tag hole.
Wate wunderte sich darüber; er meinte nicht, daß er den
Tag versäumen würde, und stimmte zu. Ehe er aber fortzog,
nahm er den Knaben beiseite und teilte ihm die arglistige
Absicht der Zwerge mit. Dann nahm er sein Schwert, stieß
es bis über das Heft in den sumpfigen Busch und sagte zu
Wieland: »Sollte mir irgendein Unglück zustoßen, daß ich
nicht zur rechten Zeit bei dir bin, dann suche dieses
Schwert und wehre dich männlich! Denn besser ist das, als
von zwei Zwergen ermordet zu werden!« Damit schieden
Vater und Sohn, und Riese Wate fuhr wieder heim nach
Seeland.

Wieland aber ging hinein in den Berg und lernte nun von den Zwergen noch einmal soviel wie zuvor. Er sah ihnen alle ihre Künste ab, und die Zwerge ließen sich seine Dienste wohl gefallen; doch mißgönnten sie ihm sehr, wie er so geschickt geworden war, und dachten in ihrem Sinne, er solle sich seiner Fertigkeit nicht lange freuen.

Als die zwölf Monate zu Ende gingen, machte sich Wate sehr zeitig auf, um die Frist nicht zu verfehlen; denn der Weg war weit. Er fuhr Tag und Nacht und kam drei Tage früher in Balve an. Da war der Berg noch verschlossen, und er konnte nicht hinein. Er legte sich also am Berghang nieder und wollte da warten, bis der Berg aufgeschlossen würde.

Aber von der rastlosen Fahrt und dem langen Wege war er sehr müde geworden, deshalb schlief er bald ein und schlief fest und lange. Indessen entstand ein gewaltiges Unwetter; durch den Wassersturz kam der Berghang ins Rutschen, eine Klippe löste sich, und Geröll, Bäume und Steine erschlugen und begruben den schlafenden Mann.

Als am bezeichneten Tage die Zwerge den Berg aufschlossen und herauskamen, fanden sie Wate nicht, stiegen auf die Kuppe und blickten umher. Auch Wieland schaute sich überall um; da er aber seinen Vater nirgends fand, ging er um den Berg herum, sah den gewaltigen Felssturz dort und faßte gleich den Gedanken, daß dieser seinen Vater müsse erschlagen haben. Er wußte nun, daß die Zwerge versuchen würden, ihn zu töten. Eifrig suchte er das verborgene Schwert, konnte es aber nicht finden. Endlich sah er seinen goldenen Knauf hervorblinken, riß es heraus, reinigte es, sah es dankbar an und dachte: Wen soll ich jetzt fürchten? – Nun barg er es unter dem Rock und ging zu den Zwergen, die auf der Höhe standen und ratschlagten. An den ersten trat er heran und gab ihm den Todesstreich, dann erschlug er auch den anderen. Danach ging er in den Berg hinein, nahm alle Werkzeuge und die angesammelten

Schätze, belud damit sein Pferd und sich selbst und zog fort, dem Norden zu.

Nach drei Tagen kam er an einen großen Strom, das war die Weser, da konnte er nicht hinüber. Es war aber von hier nicht mehr sehr weit bis zum Meer. Am Wasser war ein großer Wald, darin blieb Wieland einige Zeit. Er wählte sich nun einen starken Baum auf einem Hügel nahe am Fluß, den fällte er und bearbeitete ihn sauber. Dann hieb er ihn mitten voneinander, höhlte beide Teile sorgfältig aus und paßte sie wieder genau zusammen. Vor die Löcher, die im Baume waren, setzte er Gläser, die er auch wegnehmen konnte, und dichtete sie ab. So hatte er sich ein Boot gemacht, in welches das Wasser nicht eindringen konnte, selbst wenn es tauchte. Als das Fahrzeug fertig war, legte er in den schwächeren Teil sein Werkzeug und all sein Gut, in den unteren aber, der geräumiger war, tat er Speise und Trank und stieg selbst hinein. Dann verschloß er den Stamm ganz fest und dicht und wälzte ihn von innen hin und her, bis er in den Strom rollte und mit der Strömung davontrieb, hinab ins Meer. Achtzehn Tage lang schwamm der seltsame Baum mit dem verborgenen Schmied auf den Wassern.

Bei König Nidung

Die Fischer von Jütland warfen ihr Netz aus, Fische zu fangen, und als sie es einzogen, war es sehr schwer. Aber das waren nicht Fische, das war ein kunstvoll behauener Baum, und sie meinten, es möchte ein Schatz darin sein, weil er so schwer war und sorgsam verschlossen. Sie riefen den König Nidung herbei, das Wunder zu beschauen. Der hieß sie den Stamm öffnen, und sie schlugen ihre Äxte hinein. Da rief aus dem Innern die Stimme eines Menschen: »Haltet ein!« – Und sie fuhren auseinander, als wäre ein Dämon darin.

Wieland aber schloß den Stamm auf und stieg heraus, dann trat er vor den König und bat ihn um Schutz für sein Leben und Gut. Der König sah, daß es kein Unhold war, der aus dem Stamm stieg, und der Jüngling gefiel ihm, wenn er auch auf wunderliche Weise ins Land gekommen war. Er nahm ihn daher wohl auf, gewährte ihm Sicherheit und hieß ihn an seinem Hof bleiben.

Wieland ging nun hin und vergrub den Stamm samt seinen Werkzeugen und Schätzen sorgfältig in der Erde. Dann begab er sich an des Königs Hof. Es hatte ihm aber ein Mann zugesehen, der hieß Regin.

Wieland diente nun König Nidung bei Hof als Knappe und war wohlgelitten. Er hatte das Amt, drei Messer zu hüten, die blank am Platze des Königs liegen mußten, immer wenn er aß. Eines Tages nun, als Wieland schon zwölf Monde im Dienste des Königs stand, ging er wie sonst zur See, die Messer zu waschen und zu putzen. Da fiel ihm das beste ins Wasser, wo es tief war, und er konnte es nicht wiederbekommen. Traurig ging er zurück und dachte bei sich: Einen leichten Dienst hat mir der König gegeben. Er prüfte mich, ob ich zu besserem tauglich sei. Aber ich habe des kleinen schlecht gewaltet, und jedermann wird mich einen Toren schelten.

Nun stand auf dem Hof die Schmiede des Meisters Amilias, der fertigte dem König alles, was aus Eisen gemacht wird. Wieland fand sie offen und leer, denn der Schmied war mit all seinen Gesellen zum Essen gegangen. Da trat er hinein, nahm das Eisen und den Hammer und schmiedete ein Messer, das dem verlorenen in allem gleich war. Aus dem Rest des Eisens aber machte er einen dreikantigen Nagel, wie er damals noch unbekannt war, und ließ dieses Kunststück auf dem Amboß zurück. Dann ging er wieder zum Tisch des Königs und tat seinen gewohnten Dienst, als wenn nichts geschehen sei.

König Nidung nahm nun das Messer, das Brot zu schneiden, und das Messer schnitt durch das Brot hindurch und tief in den Tisch. Da wunderte sich der König, daß das Messer so scharf war, und er fragte Wieland, wer es geschmiedet hätte. »Herr«, antwortete Wieland, »wer sollte es anders geschmiedet haben als Amilias, Euer Schmied!« – Amilias hörte das und sagte: »Dieses Messer habe ich geschmiedet wie all Euer Gerät; denn Ihr habt ja sonst keinen Schmied als mich!«

Aber der König nahm die Antwort nicht an. »Nie, Amilias«, sagte er, »kam ein so gutes Messer aus deiner Hand.« Nun blickte er Wieland scharf an und fragte: »Sage, hast du dieses Messer gemacht?« – »Herr«, antwortete Wieland, »es wird wohl so sein, wie Amilias sagt.« Der König drohte ihm aber mit seinem Zorn, wenn er ihm nicht die Wahrheit bekenne. Da gestand Wieland, wie er das andere Messer verloren und dafür ein neues geschmiedet hätte. »Sieh«, rief der König, »wußt' ich's doch wohl, daß Amilias dergleichen nicht schmieden kann! Nie sah ich ein so gutes Messer wie dieses!«

Aber der Schmied Amilias begehrte auf und wollte nicht seine Ehre als Schmied antasten lassen. »Mag es sein«, sagte er, »daß Wieland dies Messer geschmiedet hat und daß es gut ist, so ist er doch niemals kunstfertiger als ich! Das will ich wohl auf die Probe stellen!« Dies sagte er, weil er Wielands Nagel noch nicht gesehen hatte.

»Meine Kunst ist gering«, antwortete Wieland, »aber ich will sie nicht leugnen. Möge denn jeder ein Probestück machen, so mag man urteilen, welches das bessere ist!« – »Wohl«, sagte Amilias, »mache du ein Schwert, so will ich die Rüstung schmieden. Und wenn dein Schwert meine Rüstung nicht durchdringt, dann will ich dir den Kopf abschlagen; andernfalls magst du mir das gleiche tun.«

Also wetteten sie, und dem Amilias bürgten sogleich zwei vornehme Ritter. Für Wieland aber wollte niemand bürgen, denn was er vermochte, war nicht bekannt. Da dachte der König an das schneidende Messer und an das kunstvolle Boot, in dem Wieland gekommen war, und bürgte für ihn. Diese Wette wurde mit Handschlag bekräftigt und sollte in zwölf Monden zum Austrag kommen.

Der Schmied Amilias ging in seine Werkstatt zurück und fand dort auf dem Amboß den dreikantigen Nagel. Er fragte alle seine Gesellen, wer diesen Nagel geschmiedet habe, aber niemand wollte sich dazu bekennen. Da merkte er wohl, daß Wieland ihn geschmiedet haben müsse, und es war ihm nicht ganz behaglich zumute. Er machte sich nun mit all seinen Gesellen gewaltig an die Arbeit. Wieland aber diente dem König wie zuvor und schmiedete nicht. So vergingen sechs Monde. Wieland war damals bald achtzehn Jahre alt.

REGIN

Eines Tages fragte ihn König Nidung, ob er nicht daran denke, seine Wette zu lösen. »Herr«, antwortete Wieland, »da Ihr es wünscht, will ich beginnen; aber, es fehlt mir ein Haus, darin zu arbeiten!« Also ließ ihm der König eine Schmiede bauen.

Wieland ging nun hin, sein Werkzeug zu holen. Als er aber nachgrub, fand er den Baum aufgebrochen und seine Habe geraubt. Das gefiel ihm sehr übel. Er erinnerte sich jetzt des Mannes, der ihm beim Eingraben zugesehen hatte, und meinte daher, den Dieb zu kennen.

Der König war sehr aufgebracht, als er erfuhr, was geschehen war. Er fragte Wieland, ob er sich zutraue, den Mann wiederzuerkennen, wenn er ihn sehe. Das sagte Wieland ohne Bedenken zu. Also rief der König das Allthing zusammen, zu dem alle Männer in Jütland erscheinen mußten. Darüber wunderte man sich im Lande, denn es war nicht üblich zu jener Zeit.

Als das Thing versammelt war, ging Wieland mit dem König durch die Reihen und sah jedem Mann ins Gesicht. Er konnte aber den rechten nicht finden. Das verdroß den König gewaltig, und er sagte voller Zorn: »Wahrhaftig, kleiner ist dein Verstand, als ich glaubte, und in Ketten gehörtest du gebunden, da du vor allem Volke mich zum Gespött gemacht hast! Alle Männer des Landes sind hier versammelt, also muß auch der rechte darunter sein, nur du findest ihn nicht! Ein Tor bist du! Und ein Tor war ich, daß ich an dir zum Bürgen wurde!« Damit löste der König das Thing wieder auf, und alle gingen nach Hause.

Wieland war sehr bekümmert, daß er nicht nur sein Gut, sondern auch die Gunst des Königs verloren hatte. Als einige Tage vergangen waren, ging er in seine Schmiede und fertigte dort ein künstliches Bildnis, das ganz und gar jenem Manne glich, auch Farben hatte und richtiges Haar, und aussah, als ob es lebte. Das stellte er, als es fertig war, heimlich im Dämmern in eine Ecke vor des Königs Saal. Dann ging er hinein und diente wie sonst bei des Königs Tisch.

Als nun der König vom Mahle aufstand, leuchtete ihm Wieland mit der Kerze voran. Da sah der König den Mann dort stehen, grüßte ihn fröhlich und sprach zu ihm: »Heil und willkommen, guter Freund Regin! Warum stehst du hier draußen? Kommst du eben zurück? Und hast du alles wohl ausgerichtet?« – Aber das Bildnis gab keine Antwort. Da sagte Wieland: »Herr, dieser Mann ist so hochmütig, daß er Euch niemals antworten wird, denn es ist nur ein Bildwerk, von mir gemacht. Aber so sah der Mann aus, der mir zusah, als ich mein Gut vergrub, und Regin ist also sein Name!«

Da wunderte sich König Nidung über die Kunstfertigkeit seines Knappen und sagte: »Diesen konntest du freilich
nicht finden, denn ich hatte ihn in wichtigen Geschäften
nach Schweden gesandt. Wahrhaftig, du bist ein kunstreicher Mann! Dein Werkzeug will ich dir schaffen und die
harten Worte sühnen, die ich dir gab!«

Als nun Regin zurückkehrte, forderte der König ihn vor
sich und fragte ihn, ob er Wielands Werkzeug und Schätze
genommen habe. Da mußte Regin es eingestehen, sagte
aber, er hätte es nur im Scherze getan. So bekam Wieland
sein Werkzeug wieder und all seine Habe. Aber auch jetzt
begann er noch nicht mit dem Schmieden, sondern diente
weiter dem König bei Tisch und tat, als hätte er nichts zu
besorgen, vier Monde lang.

WIELAND SCHMIEDET DEN MIMUNG

König Nidung wunderte sich, daß Wieland so säumig war,
und mahnte ihn, sein Schwert zu schmieden. »Hüte dich,
du hast es mit einem geschickten und bösartigen Mann zu
tun!« Wieland antwortete: »Wenn Ihr es mir auftragt, Herr,
will ich sofort beginnen!« Also ging Wieland in seine
Schmiede und fertigte dort in sieben Tagen ein Schwert,
das war groß. König Nidung kam, prüfte das Schwert und
meinte, ein besseres hätte er nie gesehen. Wieland wollte
nun sehen, wie scharf es sei. Er ging mit dem König zum
Fluß, warf eine Flocke Wolle hinein und hielt das Schwert
dagegen, als sie hinuntertrieb; da wurde die Flocke mitten
durchschnitten. König Nidung lobte die Klinge sehr und
wollte sie selber tragen. Wieland aber sagte: »Das Schwert
ist nicht besonders gut; es muß besser werden!« Er ging
wieder in die Schmiede zurück, zerfeilte das Schwert zu
lauter Spänen, mischte diese mit Milch und Mehl und gab

den Teig dann Gänsen zu fressen, die drei Tage gehungert
hatten. Später sammelte er den Kot der Vögel, schmolz alles Unreine aus dem Eisen heraus und schmiedete ein
neues Schwert, das war kleiner als das erste, feiner gearbeitet und in vierzehn Tagen fertig. Er ließ eine zwei Fuß
dicke Wollflocke dagegen schwimmen, und das Schwert
schnitt ohne Mühe hindurch. Dem König schien es un-

übertrefflich, Wieland aber sagte: »Das Schwert ist gut, doch muß es noch besser werden!«

Wieder ging er in seine Schmiede, zerfeilte das Schwert zu ganz feinen Spänen und tat damit wie das vorige Mal. Und als die dritte Woche herum war, da hatte er ein Schwert geschmiedet, das war blank wie ein Blitz, kostbar mit Gold verziert und mit wundervollem Griff. Auch war es handlich und bequem von Gewicht, nicht so lang wie die ersten beiden; denn die waren größer, als man sie damals trug. Eine drei Fuß lange und dicke Wollflocke schnitt es wie Wasser. Nie meinte der König eine bessere Waffe gesehen zu haben, lobte Wieland höchlich und rief: »In aller Welt gibt es kein Schwert wie dieses, wie weit man auch suchte. Immer, wenn ich zum Kampf fahre, will ich es führen.«

Wieland erwiderte: »Ist dies Schwert gut, so gönne ich es keinem als Euch. Doch muß ich noch Gehenk und Scheide dazu machen!« Damit war der König zufrieden und ging in seinen Saal.

Und Wieland machte Gehenk und Scheide, zugleich aber schuf er ein neues Schwert, das war dem echten an Aussehen so gleich, daß niemand sie unterscheiden konnte; doch war es nur von gewöhnlichem Stahl und nicht dreimal gehärtet. Das gute nannte er Mimung, nach seinem ersten Meister.

Dies war Wielands Meisterstück, es wurde berühmt durch alle Zeiten.

Oft hatte man gespottet und gefragt, ob wirklich durch solches Mittel ein Stahl gehärtet werden kann. Deshalb haben in unseren Tagen Männer des Eisens Wielands alten Versuch wiederholt, und sie fanden zu ihrem Staunen, daß Wieland ein Mittel gefunden hatte, ihnen noch unbekannt, Stahl ganz hart und an seiner Oberfläche unangreifbar zu machen.

DER WETTKAMPF

Inzwischen nahte die Zeit der Entscheidung. Der Schmied Amilias hatte zwölf Monde hindurch mit all seinen Gesellen fleißig geschmiedet. Als nun der verabredete Tag erschien, legte er am Morgen die Panzerhosen an und zeigte sich damit auf dem Markte. Da sagte jeder, er hätte noch nie so gute Panzerhosen gesehen. Sie waren zwiefach gewirkt und genau verschmiedet. – Als dann die Hofleute zum Frühmahl gingen, hatte Amilias den Ringpanzer angelegt. Er war doppelt gearbeitet, breit und fest und sehr sorgsam gehämmert. So ging er hin vor des Königs Tisch, und alle bewunderten seine Arbeit und lobten sie sehr. Er war hochvergnügt, seiner Sache sicher und prahlte mit seiner Kunst. Als der König eintrat, setzte er sich den Helm aufs Haupt; der war glänzend und spiegelblank, hart und dick. Er gefiel dem König Nidung noch mehr als Hosen und Brünne.

Nach der Mahlzeit trat der König mit all seinen Mannen hinaus vor die Halle, und der Wettkampf wurde verkündet. Amilias saß im Schmuck seiner Rüstung mitten im Kreis, Wieland aber eilte in seine Schmiede, und als er zurückkam, stellte er sich hinter Amilias' Sitz, den blitzenden Mimung blank in der Hand. Leicht setzte er die Klinge auf den spiegelnden Helm und fragte den Schmied, ob er es merke. Der aber rief: »Hau nur tüchtig zu und mit voller Kraft oder stich, wenn du willst! Du wirst es wohl brauchen!« Wieland drückte jetzt auf das Schwert, daß es den Helm durchschnitt und den Schädel erfaßte, und fragte Amilias, was er verspüre. Der antwortete, es sei ihm, als würde er mit Wasser übergossen. Da drückte Wieland stark auf das Schwert und zog es dabei an sich heran; zugleich rief er ihn an, er solle sich schütteln. Und als Amilias das versuchte, schnitt Mimung nieder durch Helm und Haupt,

Brünne und Leib bis zum Gürtel hinab, und der Schmied fiel in zwei Hälften vom Stuhl herunter.

Die Hofleute schauderte es, als sie das sahen, und manche sprachen: »Wer sich allzu hoch hebt, der kann allzu tief stürzen!« Aber alle bewunderten das unheimliche Schwert, und Nidung wollte es gleich besitzen. »Herr«, sagte Wieland, »ich will nur noch Gehenk und Scheide holen!« Er ging in seine Werkstatt, verbarg den echten Mimung sorgsam über den Bälgen und sprach: »Da liege nun, Mimung, wer weiß, wie bald ich deiner bedarf!« Dann nahm er das nachgeschmiedete Schwert, steckte es in die Scheide und brachte es dem König. So meinte König Nidung, das wunderbare Schwert zu besitzen, das den Amilias durchschnitten hatte, und hielt es für das größte Kleinod der Welt.

Seitdem lebte Wieland, damals kaum neunzehn Jahre alt, am Hofe König Nidungs in Ansehen und Ehren. Der König hielt ihn als seinen Freund, und Wieland schmiedete ihm in Gold und Silber, Bronze und Eisen, was er begehrte, Waffen und Kleinode, Tafel- und Spielwerk. Kein Schmied war je so berühmt wie er.

WIELAND HOLT DEN SIEGSTEIN

Nordwärts vom großen Gebirge in Schwaben herrschte in der Burg Seegard eine mächtige Königin. In ihrem Herrschaftsbereich lag, nicht allzu weit entfernt, in einem Wald ein großes Gehöft, darüber hatte sie einen Edlen gesetzt, Adalger. Er war klug und geschickt in vielen Dingen, am besten aber verstand er, Rosse zu ziehen, auserlesene Hengste und Stuten, geschwind wie Falken, stark und kühn, groß und schön, ausdauernd und sehr leicht zu lenken. So berühmt waren er und sein Stutengarten, daß er den Beinamen Studas erhielt. Von ihm bekam Wieland einen unvergleichlichen Hengst, nach seiner Farbe Schemming genannt, der wurde ihm Anlaß zu Glück und Unglück.

Eines Tages kamen zu König Nidung Boten, die meldeten, daß ein großes Heer in sein Reich eingefallen sei. Da sammelte der König all seine Mannen, dreißigtausend berittene Krieger, und zog mit ihnen den Feinden entgegen, fünf Tage weit. Am Abend, als sie die Zelte aufschlugen, merkte er, daß er den Siegstein vergessen hatte, ein Kleinod, das ihm den Sieg sichern sollte. Das schien ihm schlimm, denn der Feind war zahlreich. Also rief er die Rater und Freunde zusammen und fragte, wer von ihnen sich

zutraue, den Siegstein beizubringen vor dem kommenden
Morgen. Aber niemand hielt das für möglich, denn der
Weg war weit. Da bot der König dem, der den Stein
brächte, eine hohe Belohnung, ja zuletzt seine Tochter und
die Mitherrschaft im Reich.

Als nun alle schwiegen, wandte er sich an Wieland und
fragte ihn: »Nun, mein Freund Wieland, manches Ungewöhnliche hast du vollbracht. Willst du dich nicht auch an
dieses wagen?« – »Herr«, antwortete Wieland, »wenn Ihr
haltet, was Ihr versprecht, will ich's versuchen!« Der König
beteuerte es, und Wieland ritt.

Wie ein Falke flog Schemming hin durch die Nacht.
Um Mitternacht hielt er vor Nidungs Burg, Wieland nahm
den Siegstein und ritt zurück. Und ehe die Sonne sich erhob, hatte er den Weg zweimal gemacht, den das Heer in
fünf Tagen gezogen war. Er legte Schemming die Zügel auf
den Hals und ließ ihn verschnaufen.

Da kamen aus dem Lager sieben Männer, des Königs
Truchseß voran. Der grüßte ihn höflich, verhielt sein Roß
und redete ihn an: »Freund Wieland, hast du den Siegstein
gebracht? Du bist doch ein unvergleichlicher Mann! Gib
mir den Stein, ich will ihn dem König bringen. Dir will ich
Gold und Silber geben, soviel du verlangst, und immer
werde ich dir ein guter Freund sein!«

»Ei«, sagte Wieland, »warum rittest du nicht selbst? Willst
du den Lohn nehmen, da ich die Mühe hatte? Das dünkt
mir nicht fein!«

»Sei kein Tor!« rief der Truchseß. »Meinst du, der König
gibt seine Tochter einem unedlen Mann, da die besten Ritter vergebens um sie warben? Tu, wie ich dir sagte, und gib
mir den Stein, es soll gewiß dein Nachteil nicht sein!«

»Und bekäme ich des Königs Tochter nicht«, antwortete
Wieland, »so soll doch allenthalben kund sein, daß es Wieland war, der vermochte, den Siegstein zu holen, nicht du!«

Da schäumte der Truchseß vor Wut und rief: »Nun gut,
Wieland, gibst du nicht freiwillig her, was ich reichlich ge-
lohnt hätte, so mußt du das gegen deinen Willen geben
und mit üblem Lohn!«

Damit zog er das Schwert und sprengte mit allen Gesellen auf Wieland los. Der aber riß den Mimung heraus,
schwang ihn über den Truchseß und durchschlug ihn bis
auf den Sattelknopf, schlug einem der anderen das Haupt
weg und dem dritten den Arm mit der Schulter, daß die
übrigen entsetzt von dannen stoben.

Er aber brachte Nidung den Stein, noch ehe das Heer
zur Schlacht antrat. Da war König Nidung hocherfreut und
lobte ihn sehr. Doch als er erfuhr, was Wieland begegnet
war, brauste er auf: »Weh dir, den liebsten Freund hast du
mir und den besten Mann erschlagen! Geh aus meinen Augen, sonst laß ich dich hängen wie einen Mörder und
Dieb!«

Wieland aber entgegnete: »Wohl weiß ich, warum du
mich fortschickst, König Nidung! Du willst den Schmied
nicht zum Eidam haben. Das kümmert mich wenig. Aber
die Wege sind lang!«

Damit schied Wieland ohne Gruß und ritt fort, und
lange Zeit wußte niemand, wohin er gegangen war. Nidung aber mit seinem Siegstein schlug den Feind noch am
gleichen Tage und zog ruhmreich nach Hause.

WIELAND WIRD GELÄHMT

Unkenntlich und heimlich kam Wieland an Nidungs Hof.
Er wurde Koch in des Königs Küche, und niemand erkannte ihn.

Nun hatte Badhilde, die Königstochter, ein kunstvolles
Messer, von Zwergen gemacht, welches klang, wenn Gift in

der Speise war. Das entwendete Wieland und schmiedete
ein anderes, diesem ganz gleich. Dann bereitete er eine
Speise und tat einen Zauber hinein, daß, wer davon aß,
meinte, nicht ohne Wieland leben zu können. Diese Speise
ließ er Badhilde bringen.

Sie argwöhnte, als sie davon kostete, es wäre ein Trug
darin, doch das Messer klang nicht. Sie ließ sich schädliches
Fleisch bringen und schnitt hinein, doch das Messer blieb
stumm. Da klagte sie ihrem Vater ihr Leid: »Mein Messer,
das mich schützte, ist tot und klingt nicht; und doch muß
ein Trug in der Speise sein!« Da sah König Nidung das
Messer an, prüfte es und rief: »Das ist dein rechtes Messer
nicht, dies hat Wieland gemacht!« –

Er ließ die Tore der Königsburg sperren und allenthalben nach Wieland suchen. So entdeckten sie ihn in der
Küche und brachten ihn vor den König. Der sprach
grimmig zu ihm: »Du bist wiedergekommen, Wieland,
ohne daß ich dich rief! Und nun kommst du mir nie
mehr hinweg, wie groß deine List und Kunst auch sein
mag. Schaden wolltest du uns antun, das wird dir vergolten; aber das Leben will ich dir lassen, mir selbst zum
Nutzen!«

Er ließ ihn niederwerfen, den wehrlosen Mann, und ihm
die Sehnen an den Beinen zerschneiden, die Spann- und
die Beugesehnen beide, und sorgte, daß sie nicht wieder
verwuchsen. Nie im Leben mehr konnte Wieland gehen
und stehen. Wund lag er lange und übel gepflegt; und sein
Herz brannte.

Als seine Wunden zugeheilt waren, humpelte er auf
Krücken, und der König sprach zu ihm: »Übles habe ich dir
angetan, doch mit Gold und Silber will ich's dir sühnen. In
meiner Schmiede sollst du sitzen, nah bei mir auf dem
Werder, geehrt und bewundert, und sollst mir verfertigen,
was ich begehre!« Da neigte sich Wieland stumm vor dem

König; aber Haß fraß ihm im Herzen. Er saß am Amboß,
der kunstreiche Mann, schmiedete, was der König begehrte, und sann auf Rache.

WIELANDS RACHE

Einst kamen Nidungs Knaben zu Wieland und baten ihn,
Pfeile zur Jagd zu fertigen. Die Truhe sahen sie, voll Gold
und Geschmeide, voll bunter Dinge. Da schaute Wieland
sie an, die Söhne Nidungs, der ihn gelähmt hatte, und
antwortete ihnen: »Wollt ihr verschwiegen sein, heimlich
zur Schmiede kommen, rückwärts gehen früh vor Tag,
wenn frischer Schnee fiel, dann will ich euch schaffen,
was nützlich ist!« Sorglos lachten die Knaben und sprangen davon.

Als frischer Schnee fiel, früh vor Tag, rief einer den anderen. Leise schlichen sie hinaus. Rückwärts gehend kamen sie zur Schmiede und traten ein. Da riegelte Wieland die Tür fest zu, griff die Nichtsahnenden, erschlug
sie beide und barg die Körper in der Grube unter den
Bälgen.

Bald suchte man die Knaben; niemand wußte, wohin sie
gegangen waren. Überall suchten des Königs Boten, sie kamen auch zu Wieland. Aber die Spuren führten zur
Schmiede hinaus, und kein Verdacht fiel auf den Gelähm-
ten. Vergebens harrte König Nidung und härmte sich, die
Freude verschwand ihm, und es fror ihn im Herzen.

Wieland aber dachte der Treulosigkeit und Schmach, die
er vom König empfangen hatte, und es fehlte ihm nicht an
Grimm und Wildheit. Die Schädel der Knaben schabte er
rein, schweifte die Hirnschalen in Gold und formte daraus
zwei kunstvolle Trinkgefäße für des Königs Tisch. Aus den
Knochen fertigte er silberbeschlagene Flöten, Griffe für

Messer und Ständer für Kerzen. Wundervolle Kostbarkeiten
wären es gewesen, hätte nicht ein so beispielloser Trug
darin gesteckt. König Nidung aber schmückte mit den Ge-
räten seine Tafel, wenn fremde, vornehme Gäste kamen,
und er ahnte von solchem Unheil nichts.

Einst spielte Badhilde mit ihren Mädchen im Garten, da
zerbrach ihr der Ring. Vater und Mutter wollte sie's nicht
gestehen. Wer sollte ihn heilen? Eines ihrer Mädchen
schickte sie zu Wieland. Zornig hielt der das Kleinod in
Händen. »Ich darf nichts schmieden, ohne des Königs Auftrag; doch kommt sie selbst zu mir, allein und heimlich,
dann tue ich, was mir recht scheint, und schmiede den
Ring schöner als zuvor!«

So kam Badhilde allein zu Wieland. Er aber sagte, er
wolle erst etwas anderes schmieden! Er schloß die Türe mit
festen Riegeln. Sie konnte dem Starken nicht widerstehen.
Da liebte des Königs Tochter den lahmen Schmied, und er
wurde ihr Herr. Dann schmiedete er ihr den Ring, schöner
als vorher, und sie konnte, solange sie ihn trug, von Wieland nicht lassen.

So hatte Wieland sein Leid gerächt, und es wurde ihm
wohl in der grimmigen Seele.

EIGIL DER SCHÜTZE

Wieland wußte sehr gut, daß der König ihn töten lassen
würde, wenn er alles erführe. Deshalb hatte er einen Plan
ersonnen, wie er aus der Gewalt des Königs entkommen
könnte. Da er es aber allein nicht vermochte, sandte er
Botschaft an seinen Bruder Eigil und bat ihn zu kommen.
So trat Eigil in des Königs Dienste und brachte seinen
dreijährigen Knaben mit.

Eigil war ein vorzüglicher Bogenschütze; er rühmte sich, er könne einen Apfel auf weite Entfernung von einem Pfahl herunterschießen. Da legte König Nidung Eigils kleinem Sohn, der drei Jahre alt war, einen Apfel auf den Kopf und befahl dem Vater, ihn herunterzuschießen. Eigil weigerte sich, aber Nidung drohte ihm mit Verlust des Lebens. Da zog Eigil drei Pfeile aus seinem Köcher, strich dem einen die Federn glatt, ermahnte sein Söhnchen, nicht zu zucken, und stellte es so, daß es den Pfeil nicht sah, dann zielte er ruhig und schoß aus weitem Abstand durch den Apfel hindurch, daß er in zwei Teilen zu Boden fiel.

Alle lobten den Meisterschuß, und er wurde berühmt in der ganzen Welt. Der König aber fragte: »Sage, Eigil, warum zogst du drei Pfeile aus deinem Köcher für einen Schuß?« – »Das will ich Euch freimütig sagen«, antwortete Eigil, »hätte ich mit dem ersten meinen Knaben getroffen, so wären die beiden anderen für Euch gewesen, und ich hätte Euch nicht verfehlt!« Der König nahm das Wort wohl auf, und die anderen wunderten sich über die Kühnheit des Schützen.

WIELANDS FLUCHT

Wieland bat nun seinen Bruder, ihm Federn von allerlei Vögeln zu bringen, große und kleine. Daraus fertigte er ein Federhemd wie das Gefieder eines gewaltigen Adlers. Dann forderte Wieland seinen Bruder auf, das Federhemd zu versuchen. »Sage mir erst, wie soll ich aufsteigen, wie soll ich mich senken?« fragte Eigil. Wieland antwortete: »Gegen den Wind mußt du dich heben, mit dem Wind dich senken!«

Da stieg Eigil in die Luft und schwebte dort wie ein mächtiger Weih. Als er sich aber niederlassen wollte, stürzte er so heftig zur Erde, daß ihm das Hören und Sehen verging. »Nun«, fragte Wieland, »ist das Federhemd gut?« – »Wäre es zum Niederlassen so gut wie zum Fliegen, du hättest es nicht mehr wiederbekommen!«

»So will ich bessern, was noch daran mangelt!« sagte Wieland. Er legte nun das Federhemd an und sagte zu Eigil: »Du als Schütze solltest doch wissen, daß alle Vögel sich gegen den Wind erheben und auch gegen den Wind wieder niederlassen. Nun aber höre, was ich dir sage: Ich werde König Nidung mit Worten schwer kränken. Dann wird er dir befehlen, auf mich zu schießen. Du aber ziele mir unter den linken Arm, dahin habe ich eine Blase mit Blut gebunden. Dann wird der König meinen, ich sei getroffen, dir aber nicht feind sein.«

Damit schwang Wieland sich in die Luft und flog auf den höchsten Turm der Königsburg. Von dort her rief er laut König Nidungs Namen. Der König trat aus der Halle, sah hinauf und fragte verwundert: »Ei, Wieland, bist du ein Vogel geworden? Manches Wunder, fürwahr, verstehst du!«

Wieland aber antwortete: »Schwöre mir nun, König, bei Schiffes Bord, Schildes Rand, Rosses Bug und Schwertes Spitze, daß du Wielands Weib nicht entgelten läßt, was ich jetzt dir verkünde!«

Als König Nidung den Eid geschworen, rief Wieland ihm zu: »Einst holte ich dir den Siegstein, was sonst niemand vermochte. Da hattest du mir deine Tochter gelobt und dein halbes Reich. Doch weil ich den schlug, der mich schlagen wollte, brachst du dein Wort und lohntest mir mit Acht und Verbannung. Du fesselst mich, da ich zurückkehrte, du ließest mir die Sehnen an den Füßen zerschneiden und machtest den Mann zum hilflosen Krüppel. Das alles tatest du mir an, das alles habe ich gerächt, höre wohl: Deine Tochter ist nun des Schmiedes Weib, und das Kind, das sie trägt, ist Wielands Sohn. Deine Knaben erschlug ich,

aus ihren Schädeln trinkst du bei Tisch, aus ihren Knochen
ist dein Gerät gemacht. So hat der Geschändete seine Rache beglichen, und frei bin ich endlich durch die eigene
Kunst! Niemals zwingst du mich wieder!«

Lachend schwang Wieland sich in die Luft.

König Nidung aber schrie in rasendem Zorn: »Eigil,
schieß ihn herunter!« – »Wie, soll ich auf meinen Bruder

schießen?« – »Du bist des Todes, wenn du nur zauderst!
Schon um seinetwillen hast du das Leben verwirkt. Nur
durch den Schuß kannst du dich lösen!«

Da schoß Eigil und traf die Blutblase unter Wielands
Arm. Das Blut floß zur Erde, und alle meinten, Eigil hätte
Wieland zu Tode getroffen. Der aber flog heim zu seines
Vaters Höfen nach Seeland.

König Nidung wurde nicht mehr des Lebens froh, er
siechte hin, und bald darauf starb er. Ihm folgte Ortwin aus
des Königs Geschlecht. Der war gütig und milde und von
allen geliebt, hielt Badhilde wohl und versöhnte sich mit
Wieland. Badhilde aber bekam einen Sohn, den nannte sie
Wittig, der war stark und furchtlos und wurde später ein
mächtiger Held.

Von Wieland, seiner Kunst und seinen Listen erzählten
viele Lieder der Völker, sprechen noch heute Orte, die mit
seinem Namen verbunden sind. Er beherrschte das feurige
und das feste Element, mit seinem verschlossenen Einbaum
das flüssige, mit seinen Flügeln das luftige. Wie er das schon
gelungene Schwert zweimal wieder zerfeilte, um ein neues,
noch besseres zu machen, das ist ein Vorbild für alle Mei-
sterschaft auf der Welt.

WALTER UND HILDEGUND

alter von Wasgenstein war ein Königs-
sohn und lebte als Geisel an König Attilas
Hof. Zwölf Winter zählte er, als er kam,
und sieben Winter lang blieb er in Susat.
Von König Attila wurde er wie ein Sohn
gehalten, strebte aber nach Hause fort.
Zwei Jahre später als er kam Hildegund, eine Herzogstoch-
ter, an Attilas Hof. Sie war sieben Jahre jünger als Walter.
Beide liebten sich sehr, wußten es aber kaum, und es wurde
auch von niemand bemerkt.

Nun wurde einmal ein Fest gefeiert, Gastmahl und Tanz
im Königsgarten, und beim Reigen hielt Walter Hildegund
bei der Hand. Da sprachen sie manches miteinander, ohne
daß jemand das seltsam fand. Walter sagte: »Wie lange willst
du noch König Attilas Dienstmagd sein? Besser tätest du
wohl daran, du zögest mit mir zu meinen (Bluts-)Freunden
heim!«

Sie antwortete: »Treibe nicht Scherz mit mir, wenn ich
auch in der Fremde bin!«

Da sagte Walter sehr eindringlich: »Jungfrau, du bist ein
Herzogskind, ich ein Königssohn. Warum sollen wir König
Attila dienen? Sei so lieb, fahre heim mit mir, und wie ich
dir hold bin, so sei es mir Gott!«

Sie antwortete ihm: »Nun merke ich, was dein Wille ist,
und jetzt sollst du auch meinen Willen wissen: Ich war noch
ein Kind, damals als ich dich sah, und ich liebte dich auf den
ersten Blick. Dir will ich folgen, wohin du nur willst!«

»Komm also morgen, ehe die Sonne aufgeht, zum äuße-
ren Burgtor, und nimm so viel Gold mit, wie du in Händen tragen kannst! Du kennst ja die Kammern der Königin
Erka!«

Sie sagte ihm zu, und so führten sie's aus. Heimlich ritten sie aus der Stadt, und niemand wußte um ihre Pläne.

König Attila wurde erst spät gewahr, daß Walter und
Hildegund geflohen waren. Sogleich rief er zwölf seiner
Mannen auf, ihnen nachzusetzen: »Ihr sollt das geraubte
Gut wiederbringen, und Walters Haupt!«

Da ritten die zwölf Gesellen, unter ihnen auch Hagen,
König Aldrians Sohn, eilig den Flüchtigen nach; und bald
erspähten sie in der Ferne Walter. Er ritt auf einem starken
Hengst und hatte die Jungfrau vor sich gesetzt. Sobald er
nun die Verfolger bemerkte, sprang er vom Pferd, hob die
Jungfrau herunter und setzte sie mit ihren Schätzen ins
Gras. Dann schwang er sich wieder auf sein Roß, setzte
den Helm auf und legte den Speer ein.

Da sprach Hildegund zu ihrem jungen Ritter mit Tränen: »Herr, das ist schlimm, daß du allein mit so vielen Rittern dich schlagen sollst! Lieber reite schleunigst davon und
rette dein Leben!«

»Jungfrau«, sagte er, »weine nicht! Ich sah schon oftmals
Helme zerhauen, Schilde zersplittern, Brünnen zerreißen,
Männer hauptlos von Rossen stürzen. Es ist mir nicht zu
gefährlich noch schwer, mich jetzt mit diesen zwölf Rittern zu schlagen!«

Damit ritt er den Verfolgern entgegen, und es begann
ein gewaltiger Kampf. Den ganzen Tag über stritten sie,
und als die Dunkelheit niedersank, da hatte Walter elf Ritter erschlagen, nur Hagen allein entrann in den Wald.

Aber auch Walter war schwer verwundet. Mühsam ritt
er zum Waldrand zurück, setzte sich auf den Rasen nieder,
und Hildegund verband seine Wunden. Er aber schlug mit

dem Flintenstein Feuer, fachte eine kräftige Flamme an und briet an ihr eine Wildeberkeule. Von der speisten sie dann lange und gründlich, bis kein Fleisch mehr auf den Knochen war.

Da kam aus dem Wald heraus Hagen gesprungen, das Schwert in der Hand, und wollte Walter erschlagen. Hildegund sah ihn aber und rief Walter zu: »Hüte dich! Da kommt einer von den Feinden!«

Sofort hob Walter den Wildeberknochen und warf ihn gegen den Stürmenden; und so gewaltig war der Schwung, daß Hagen blutend zu Boden stürzte. Der Knochen hatte seine Backe zerrissen und ihm das Auge herausgeschlagen. Hastig sprang er auf und davon, warf sich flüchtend auf seinen Hengst, sprengte zu König Attila zurück und erzählte ihm, was ihm begegnet war.

Jung Walter aber mit Hildegund und den Schätzen kam unangefochten in seine Heimat zum Wasgenstein. Sein Vater nahm sie mit Freuden auf, versöhnte König Attila durch reichliche Geschenke und richtete eine festliche Hochzeit aus.

SIGFRID

Es wohnte ein Schmied, der Mime hieß, nicht weit vom Wald. Er war der beste Schmied, von dem man wußte. Er hatte eine Frau und viele Gesellen, aber er hatte kein Kind mit seiner Frau. Das machte ihm großen Kummer.

Er hatte einen Bruder, der Regin hieß. Der war beides, groß und böse, und wurde zuletzt ein Drache, der schlimmste Wurm, den es geben konnte. Er tötete jeden, den er sah, außer den eigenen Bruder; dem tat er nichts. Niemand wußte auch, wo er lag, als Mime, sein Bruder.

Eines Tages ging Mime zum Wald, Kohlen zu brennen. Sie machten dort große Feuer. Als Mime am Feuer saß, kam ein kleiner Knabe dahergelaufen. Mime setzte ihn auf sein Knie und fragte ihn, wer er wäre. Er konnte ihm keine Antwort geben, denn er konnte nicht sprechen. Mime nahm Kleidung und hüllte ihn ein, denn er war blaß. Da kam eine Hirschkuh zu Mime gelaufen und leckte dem Knaben Gesicht und Haupt. Dadurch wußte Mime, daß die Hindin das Kind gesäugt hatte. Deshalb wollte er sie nicht töten.

Er führte das Kind mit sich heim und wollte sich da einen Sohn aufziehen, weil er kein Kind hatte; er ließ ihm Namen geben und nannte ihn Sigfrid. Als der Knabe neun Jahre zählte, war er so groß und stark, daß jeder darüber sich wunderte. Nun geriet er auch so außer Rand und Band, immerfort schlug er Mimes Schmiedeburschen, und die konnten sich nicht mit ihm vertragen.

Mime hatte einen Gesellen, der Ecki hieß. Er war der
größte von den Zwölfen, die ihm dienten. Eines Tages kam
Sigfrid in die Schmiede zu Ecki. Der schlug Sigfrid mit einer Zange ans Ohr. Sigfrid griff ihm mit der Linken ins
Haar und schlug ihn zu Boden. Da liefen alle Schmiedeburschen auf Sigfrid los. Der entwich zur Tür und hielt
Ecki im Haar und zog ihn mit sich zu ihrem Hausvater hin.
Da sagte Mime zu ihm: »Übel tust du, daß du meine Burschen schlägst, die mir Nützliches schaffen sollen! Du
treibst nichts als Arges und zeigst dich jetzt ganz stark. Du
sollst nun lernen, wie gut arbeiten ist!«

Er führte ihn mit sich zur Schmiede, legte ein großes Eisen ins Feuer und gab Sigfrid einen Hammer, den größten,
den er hatte. Als das Eisen heiß war, legte er es auf den Amboß und hieß Sigfrid zuschlagen. Sigfrid schlug den ersten
Hieb: daß der Amboßklotz riß, und der Amboß ab in die
Erde fuhr; das Eisen sauste durch die Schmiede, die Zange
zerbrach und der Hammerschaft zerbrach auch. Mime sagte:
»Niemals sah ich einen schrecklicheren Schlag! Was aus dir
auch wird, in keinem Fall taugst du zum Handwerk!« – Sigfrid ging in die Stube, setzte sich nieder und schwieg.

SIGFRID ERSCHLÄGT DEN DRACHEN

Mime dachte nun allezeit, wie er den Jungen loswerden
könnte; denn er fürchtete sich vor ihm. Er ging hinaus in
den Wald zu dem Wurm, der sein Bruder war, und sagte zu
ihm: »Ich schicke dir einen jungen Burschen; sobald er
kommt, töte ihn sofort!« – Darauf ging Mime heim.

Am andern Tag trug er Sigfrid auf, in den Wald zu gehn
und Kohlen zu brennen. Sigfrid antwortete: »Willst du her-
nach so gut mit mir sein, wie du vorher warst, dann will ich
tun, was du forderst.« – Mime gab ihm Wein und Fleisch

für neun Tage als Kost und eine große Axt und wies ihn
dann zum Wald, dahin wo der Wurm lag.

Als Sigfrid in den Wald kam, zündete er ein großes
Feuer an. Dann setzte er sich dazu und aß. Er aß und trank
in einer einzigen Mahlzeit, was ihm für neun Tage zuge-
dacht war. Darauf sagte er zu sich selbst: »Nun bin ich richtig satt! Und es kommt nun wohl kaum der Mann daher,
mit dem ich mich nicht zu schlagen traute.« Da kam der
große Wurm.

Sigfrid sagte: »Mir scheint, mein Wunsch wird erhört!
Jetzt will ich meine Kraft erproben!« Er sprang zum Feuer,
nahm einen großen Brand und schlug den Wurm auf das
Haupt, daß er taumelte; dann schlug er einen Hieb nach
dem andern, bis der Wurm tot war. Darauf nahm er seine
Axt und hieb ihm das Haupt ab.

Nun setzte er sich nieder und ruhte sich aus und war da
ganz müde. Es ging bald auf Abend, so daß er nicht mehr
heimkommen konnte, und er wußte nicht, was er essen
sollte. Er hängte seinen Kessel über das Feuer und hieb ihn
voll mit dem Fleisch des Wurms. Als das gesotten war,
steckte er die Hand in den Kessel und wollte das Gesottene
schmecken. Das verbrannte ihm den Finger; er steckte die
Hand in den Mund, und die Brühe lief ihm die Kehle hinunter. Da verstand er sogleich die Vogelsprache.

Dort saßen zwei Vögel auf einem Zweig. Der eine sagte:
»Besser möchte der Mann heimfahren und Mime erschlagen; denn der schickte ihn in den Tod!«

Es war ein Tropfen vom Blut des Wurms auf seiner
Hand; den konnte er nicht wegwischen, denn er war hart
wie Horn.

Und sogleich fuhr er aus seinen Kleidern und badete sich
in dem Blut des Wurms. Ein Ahornblatt lag zwischen seinen
Schultern, deshalb kam dorthin kein Blut. Da wurde er hart
wie Horn, nur nicht dort, wo das Blatt gelegen hatte.

Darauf ging er heim und hatte das Haupt des Wurms in der Hand. Das erblickte Ecki, lief zu Mime und sagte, Sigfrid käme und hätte das Haupt des Wurms. »Und ich weiß keinen Rat als in den Wald zu laufen, wer das kann! Er ist jetzt ganz wutentbrannt! Wären wir nun auch mehr als zwölf, er würde doch unser aller Tod!«

Sie liefen alle zum Wald außer Mime allein. Der ging Sigfrid entgegen und hieß ihn willkommen. Sigfrid sagte:

»Du sollst nicht willkommen sein! Dieses Haupt sollst du abnagen wie ein Hund!«

Mime antwortete: »Ich will gerne büßen, was ich gegen dich verbrach. Ich gebe dir einen Helm, Schild und Brünne, alles Waffen, die bestens sind. Ich hatte sie gemacht für Herding, König von Nogard. Ich gebe dir einen Hengst, der Grane heißt, der stammt aus Brünhilds Gestüt, und ein Schwert will ich dir geben, das Gram heißt, das ist aller Schwerter bestes!« – Sigfrid antwortete: »Laß mich die Waffen sehn!«

Mime ging und holte die Waffen. Er gab ihm zuerst Beinwappen, dann eine Brünne. Sigfrid wappnete sich, so gut er nur konnte. Dann setzte er den Helm auf sein Haupt und hängte den Schild an seinen Hals. Darauf reichte ihm Mime das Schwert. Sigfrid zog das Schwert und gab Mime den Todesstreich.

SIGFRID BEI BRÜNHILD

Nun ging Sigfrid fort und erfragte den Weg zu der Jungfrau, die Brünhild hieß. Dort weilte der Hengst, den Mime ihm geschenkt. Er kam aus einem Wald heraus, da fand er ein Schloß vor sich. Er ging zum Tor, und das Tor war verriegelt. Er schlug das Tor ganz in Stücke und ging hinein in die Burg. Da kamen ihm sieben Torwächter entgegen und wollten ihn töten. Sigfrid zog sein Schwert und schlug sie alle zur Hel ins Totenreich. Da liefen Ritter und Knappen zusammen und wollten ihn töten.

Das bekam die stolze Brünhild zu wissen. Sie sagte: »Ich weiß, wer dieser Mann ist! Das ist Sigfrid, Sigmunds Sohn! Hätte er sieben meiner Ritter erschlagen, wie er jetzt sieben meiner Knechte erschlug, er sollte mir gleichwohl willkommen sein!« – Sie ging zu ihren Rit-

tern und Knappen und hieß sie, nicht länger mit ihm sich
zu schlagen.

Sie fragte, wer er war. »Ich heiße Sigfrid!« – Sie fragte,
aus welchem Geschlecht er stammte. Er sagte, davon wüßte
er nichts. »Weißt du mir das nicht zu sagen, so will ich dir
das sagen: Dein Vater heißt König Sigmund, deine Mutter
hieß Sisibe. Du sollst mir willkommen sein! Wohin wolltest
du?« – »Hierher!« sagte er. »Mime, mein Pflegevater, hieß
mich hier einen Hengst holen, der Grane heißt. Willst du
ihn mir lassen? Das ist mein Wunsch an dich.« – »Kannst du
ihn fangen, will ich ihn gerne dir geben und für dein Wohl
sorgen, wo ich kann.«

Sie schickte viele Leute, den Hengst zu holen, die waren
draußen einen ganzen Tag und konnten ihn nicht fassen.
Am andern Tag schickte sie zwölf, den Hengst zu holen,
die konnten ihn auch nicht fangen. Da ließ sich Sigfrid das
Zaumzeug geben. Er ging nun zu dem Hengst, der Hengst
ging auf ihn zu; dann legte er Sattel und Zaum auf den
Hengst, dankte der stolzen Brünhild und ritt davon, was er
konnte.

Sigfrid ritt bis zu dem Land, das Bertanga-Land heißt.
Dort war ein König, der Isung hieß, der hatte elf Söhne.
Sigfrid sagte ihm seine Dienste an. Der König nahm ihn in
seinen Rat auf und ließ ihn sein eigenes Banner tragen, so
oft er kämpfen wollte.

Sigfrid hat Haar und Bart golden gelockt, breites und großes Antlitz. Seine Augen sind so scharf, daß wenige wagen,
hineinzusehen, wenn er zornig ist. Er weiß wohl, mit dem
Schwert zu kämpfen, mit dem Spieß zu stoßen und den Bogen zu spannen, und allerhand Spiele versteht er gut. Er sitzt
auch fest in seinem Sattel. Er redet immer geradezu. Das war
auch seine Art, zum Heerkampf zu reiten und Gold und
Geld zu gewinnen. Dann gab er es seinen Freunden, so freigebig war er.

Sein Schild ist von roter Farbe, darin steht ein Drache, halb braun und halb rot. Das Zeichen ist auf all seiner Rüstung. Er führt darum den Drachen, weil er den großen Drachen schlug, Mimes Bruder.

Was man auch erzählte von allen Helden, es fand sich doch nie einer seinesgleichen. Sein Name wird vielerorts genannt, im Norden wie im Westen, am griechischen Meer und überall in der Welt.

Von den Niflungen

Ein König hieß Aldrian und herrschte über Niflungenland. Seine Ehefrau war König Yrians Tochter. Einmal war sie berauscht, als der König nicht daheim war in seinem Reich, und war eingeschlafen in ihrem Grasgarten. Da kam ein Mann und hatte Liebschaft mit ihr, so daß sie, als sie erwachte, dachte, das wäre Aldrian gewesen, denn auf einmal war der Mann verschwunden. Bald danach wurde die Königin schwanger; in dieser Zeit kam ein Mann zu ihr und sagte: »Mir gehört das Kind zu, mit dem du gehst, und ich bin ein Albe. Wächst das Kind auf, so sage ihm seinen Vater, doch keinem andern! Ich meine, das wird ein Knabe, und oftmals steht er in Not, ein mächtiger Mann für sich: Sooft er in Not gerät und weiß keine Hilfe sonst, dann ruf er den Vater an, der hilft ihm, wann er es braucht!« Indem verschwand der Albe wie ein Schatten.

Darnach gebar die Königin einen Knaben und nannte ihn Hagen, Sohn König Aldrians. Als er vier Jahre alt war, ging er zum Spiel mit Knaben; er war hart und stark und übel im Umgang; darum wurde er gemieden; denn er glich mehr einem Troll als einem Menschen. Darüber ergrimmte er, ging zu einem Spiegel und sah sein Abbild. Da sah er sein Antlitz garstig und bleich wie Asche, groß und grimmig. Darauf ging er zu seiner Mutter und fragte, warum er so geschaffen war. Sie sagte ihm die ganze Wahrheit, wer sein Vater war. Da stand eine Frau nah bei und hörte es, die nachmals die Freundin König Didriks von Bern wurde; die sagte ihm das im Vertrauen, und davon kam viel Streit.

Darnach hatte König Aldrian mit seiner Ehfrau drei Söhne und eine Tochter. Der älteste Sohn hieß Gunnar, der zweite Geroholt, der dritte Gisler. Ihre Schwester hieß Grimhild. Als König Aldrian starb, übernahm sein ältester Sohn Gunnar sein Reich und das Königtum.

Gunnar König hatte krauses Haar, krausen und hellen Bart, breite Schultern, war groß und stark gewachsen und der beste Ritter, mannhaft, wenn er auf seinem Pferd saß, und konnte gut umgehn mit Schild und Spieß und Schuß. Er war hitzigen Sinns und unvorsichtig, grimmig gegen seine Feinde, fröhlich und freigebig. Auf seinem Schild stand ein gekrönter Adler; den hatte er auf all seinen Waffen; denn er stammte aus Königsgeschlecht, wie der Adler König ist über alle Vögel. Deutlich war er kenntlich an seiner Ritterart.

DIDRIKS RITT INS BERTANGENLAND

König Didrik von Bern hatte zu einem Fest geladen, sich und seinen Gesellen zur Freude, und dazu aufgeboten alle, die Oberste waren in seinem Reich, Fürsten und Edle. Da wurde ihm gesagt von dem mächtigen Kämpen, der Gunnar hieß, König Aldrians Sohn. Darauf lud er ihn zu Gast und seinen Bruder Geroholt und Hagen. Die kamen dahin und wurden dort wohl empfangen.

Als sie nun froh beieinander waren, stolz auf die Tüchtigkeit aller derer, die hier auf einer Bank zusammen saßen, erfuhren sie, daß fern im Bertangenland König Isung mit

seinen elf Söhnen und sein starker Bannerträger Jung–Sigfrid ihnen an Kraft und Gewandtheit gewiß nicht nach-
stünden. Also machten sie sich sogleich auf den Weg, um
sich mit jenen im Kampf zu versuchen. König Didrik selbst
wollte sich an Jung–Sigfrid erproben.

Im Bertangenland wurden sie wohl aufgenommen, und
die Kämpfe wurden nun ausgetragen. Diese gingen aber
für die rheinischen Helden nicht glücklich aus, und nur das
treffliche Schwert Mimung, das Wieland geschmiedet hatte,
rettete sie vor der Niederlage.

König Didrik von Bern gelang es zwei Tage lang nicht,
den starken Sigfrid zu besiegen, solange er mit seinen eigenen Waffen kämpfte.

Deshalb gebrauchte er am dritten Tage eine List. Er hatte
sich von seinem Gesellen Wideke das Schwert Mimung
geliehen, stand nun da mit gezogener Klinge und hieß Sigfrid kommen. Sigfrid sagte: »Du sollst mir einen Eid
schwören, daß du nicht Widekes Schwert Mimung hast.
Gegen *das* Schwert will ich nicht kämpfen!«

König Didrik setzte das Schwert gegen seinen Rücken,
hielt es am Heft, stieß die Spitze in die Erde und schwur
einen Eid, daß er Mimungs Spitze nicht über der Erde
wüßte, noch seinen Griff in eines Mannes Hand. Damit
war Sigfrid zufrieden.

Nun gingen sie zusammen und schlugen sich. Herr Didrik hieb schnell und hart. Mit jedem Hieb erfaßte er ein
Stück von Helm, Schild oder Brünne. So empfing Sigfrid
fünf Wunden. Da kam ihm in den Sinn, daß Didrik den
Eid in täuschender Weise geschworen hatte, und er erkannte nun deutlich Mimungs Schneiden.

Da sprach er zu Herrn Didrik: »Du bist ein tüchtiger
Mann! Ich habe keine Schande davon, einem Herrn zu
dienen, wie du es bist! Das ist besser, als daß ich mein Leben lasse!« So übergab er seine Waffen. Didrik machte ihn

zu seinem Mann, und ihm schien, er hätte einen tüchtigen Helden gewonnen.

Danach schlossen König Didrik und seine Kämpen Freundschaft mit König Isung und seinen Söhnen: Sie vermählten König Isungs Tochter mit einem von Didriks Gesellen und feierten ein großes Fest.

König Didrik ritt darauf fort und Jung-Sigfrid mit ihm. Sie kamen nach Bern mit all ihren Mannen und wurden dort wohl empfangen. Darnach fuhr jeder heim in sein Reich.

König Didrik aber und die noch übrigen Kämpen ritten mit König Gunnar ins Niflungenland. Sie gaben Jung-Sigfrid Grimhild zur Ehe, die Schwester König Gunnars und Hagens, und mit ihr das halbe Niflungenland und machten Brautlauf (Hochzeit) fünf Tage lang mit großem Gepränge.

König Gunnars Brautfahrt

Da sprach Sigfrid zu König Gunnar: »Ich weiß eine Jungfrau, die weiseste und die schönste, die bis jetzt in der Welt ist; sie heißt Brünhild; sie hat ein Schloß, das Seegard heißt. Willst du um sie werben, so will ich dir den Weg dahin weisen und dir helfen, was ich kann.«

König Gunnar dankte ihm und sagte, das wäre guter Rat. Darauf rüsteten sie sich rasch und ritten los: König Didrik und König Gunnar und Hagen und Sigfrid; und nicht eher ließen sie ab, bis sie zu der stolzen Brünhild kamen. Sie hieß sie willkommen, wie ihr gebührte, alle außer Sigfrid, weil er ihr gelobt hatte, er wollte keine andere Frau haben als sie. Nun redete Sigfrid mit Brünhild und bat sie, König Gunnar gute Antwort zu geben.

Sie antwortete: »Warum hast du dein Wort mir so übel gehalten? Ich wollte auf der Welt keinen Mann als dich,

wenn ich zu wählen hätte.« – Sigfrid antwortete: »Das wird
nun bleiben, wie es geschehn ist. Du bist edel und klug;
darum komme ich mit König Gunnar hierher, damit *er*
dich erhält. Er ist ein guter Kämpe und reicher König. Und
darum nahm ich seine Schwester, weil sie so wackere Brüder hatte, und wir haben uns Brüderschaft geschworen.«

Brünhild antwortete: »Da ich dich nicht haben kann, der
mir der liebste ist von allen Menschen, will ich doch deinem Rat gern folgen!« – Darauf gingen König Didrik und
König Gunnar zu ihr und machten darüber einen Vertrag,
daß König Gunnar sich mit Brünhild verband und sogleich
den Brautlauf mit ihr machte.

Am ersten Abend, als Braut und Bräutigam zu Bett gingen, und alle waren von ihnen gegangen, nahm König
Gunnar sie in seine Arme und wollte tun, wie es alte Sitte
und Übung der Welt ist – sie wollte keinesfalls. Sie stritten
lange darum, bis sie ihren Gürtel und seinen nahm, seine
Hände und Füße band und ihn über einen Balken hängte.
Dort hing er die ganze Nacht. Als der Tag kam, löste sie ihn
und legte ihn ins Bett neben sich. Seine Mannen kamen zu
ihm; da stand er auf und ging von dannen. Er sagte keinem
Menschen, was ihm zugestoßen war.

Die zweite Nacht geschah ihm das Gleiche, die dritte
ebenso. Den vierten Tag war König Gunnar heiter, damit
niemand herausfinden sollte, was ihm begegnet war. Nun
sagte er Sigfrid, wie das mit ihm beschaffen war. Er vertraute ihm ganz, denn sie hatten einander Eide geschworen.
Sigfrid antwortete: »Sie hat diese Natur: solange sie Jungfrau ist, ist sie stärker als jeder Mann; hättest du erst ihr
Magdtum genommen, so wäre sie nicht stärker als andere
Frauen.«

Der König antwortete: »Ich vertraue keinem mehr als
dir. Ich weiß auch, daß du stark genug bist, ihr das
Magdtum zu nehmen, wenn irgendein Mann das vermag;

und ich traue dir am besten zu, daß du darüber schweigst
gegen jedermann.«

Sigfrid antwortete: »Ich will gern deinen Willen tun,
doch tragt mir keine Feindschaft nach!« – Der König antwortete: »Das soll niemals geschehn!« Darauf gingen sie zu
Tisch und waren vergnügt und gingen dann zu Bett.

Als sie ins Brauthaus kamen, löschte der König alle Lichter und wies seine Mannen zur Tür. Da kam Sigfrid herein
im Dunkeln, der König ging hinaus, und Sigfrid verschloß
die Tür. Dann legte er sich zur Braut. Sigfrid breitete Kleider über seinen Kopf, dann nahm er Brünhild in die Arme
und tat, was ihm gut schien. Nicht rang sie gegen ihn. Am
Morgen zog er einen Ring von ihrer Hand und steckte ihr
wieder einen anderen an.

Nun kam König Gunnar hereingegangen. Sigfrid stand
auf und zog sich an, und kein Mensch außer den zweien
wußte, wie es dabei zugegangen war. Sie gingen in die
Stube und waren vergnügt und tranken den Brautlauf acht
Tage lang.

Dann ritten sie von dannen. Herr Didrik ritt nach Bern
mit seinen Mannen. Sie trennten sich als gute Freunde.

König Gunnar ritt heim ins Niflungenland und seine
Ehefrau mit ihm, dazu Sigfrid und Hagen. Sie beherrschten
alle Niflungenland. Sie hatten zusammen *ein* Reich und
waren mächtige Kämpen, und keiner wagte, gegen sie zu
streiten. Sigfrid war viel stärker als jeder von ihnen. Seine
Haut war hart wie ein Hornpanzer, und keine Waffe biß
darauf ein außer an *einer* Stelle zwischen den Schultern.

DER STREIT DER KÖNIGINNEN

Eines Tages ging die Königin Brünhild, König Gunnars
Gattin, hinein in einen Saal. Dort saß schon Grimhild und

wollte nicht vor ihr aufstehn. Brünhild sagte: »Bist du so tollkühn, daß du nicht vor mir aufstehen magst, die ich Königin über dich bin?« – Grimhild antwortete: »Ich will dir sagen, warum ich das tue: Du sitzest in meines Vaters Hochsitz, in dem zu sitzen mir gebührte!« – Die Königin antwortete: »Das ist wahr, dein Vater und Mutter besaßen dieses Schloß und Land. Aber das gehört nun mir zu, nicht dir! Du kannst besser in den Wald laufen hinter Jung-Sigfrid her und ihm folgen, als Königin sein im Niflungenland!«

Grimhild antwortete: »Du wirfst mir nun das als Schande vor, wovon ich meinte, Ehre zu haben, meinen Gatten Jung-Sigfrid, und nun hebst du ein schlimmes Spiel an! Ich werde dich jetzt etwas anderes fragen: Sage mir, wer dein Magdtum nahm!« – Brünhild antwortete: »Das will ich dir sagen! Ich hoffe, das ist mir keine Schande! Das war der reiche König Gunnar, der kam zu meiner Burg. Ihm folgten Didrik von Bern und manch andre Edle und Herren, und er machte Brautlauf mit mir mit großem Ruhm. Er nahm mein Magdtum und keiner sonst!«

Grimhild antwortete: »Das logst du! Dein Magdtum nahm Jung-Sigfrid!« – Brünhild entgegnete: »Niemals wurde ich Sigfrids Weib, und nie er mein Mann!« – Grimhild antwortete: »Hier ist der Goldring, den er von deiner Hand zog, als er dein Magdtum nahm!«

Als Brünhild dies hörte und sah den Ring, da ahnte sie wohl, wie es darum bestellt war, und bitter bereute sie, daß dies ihr vorgeworfen war. Sie wurde rot wie Blut und ging hinaus, sie redete nicht ein Wort und verließ das Schloß. Draußen traf sie König Gunnar, Hagen und Geroholt. Sie ging weinend zu ihnen und zerriß ihre Kleider.

König Gunnar und seine Brüder waren im Walde gewesen auf Jagd nach Tieren. Sie fragten, was der Königin geschehn sei, und warum sie so bitter weine. Grimhild sagte zu König Gunnar: »Dir ist wohl bewußt, wie ich aufgab mein eigen Land und Schloß und meine Freunde und Blutsfreunde; darum kommt es dir zu, Unrecht zu rächen, das mir geschah. Willst du aber das nicht rächen, so räche, was dir selber geschah. Sigfrid hat dein Vertrauen getäuscht; denn er hat seiner Ehefrau die heimlichen Dinge gesagt, die zwischen uns waren. Sie warf mir heute das vor, daß nicht du mein Magdtum nahmst, und mein Kummer ist nun so groß, daß ich ihn nie überwinde!«

Hagen antwortete: »Weine nicht, Königin, tu, als ob nichts wäre, und sprich nicht mehr darüber!«

»Als Sigfrid zu uns kam«, sagte sie, »da war er wie ein Fremdling und wußte weder von Vater noch Mutter. Nun ist er so toll, daß er mehr sein will als wir alle!« – Da antwortete König Gunnar: »Weine nicht, Königin! Sigfrid soll nicht länger unser Herr sein, und nicht meine Schwester Grimhild deine Herrin!«

Sigfrids Tod

König Gunnar und seine Brüder ritten hinein zum Schloß und sprachen nicht mehr davon. Sigfrid war draußen auf Jagd; doch andern Tags abends kam er heim. König Gunnar und seine Brüder begrüßten ihn. Sie tranken am Abend kräftig und waren lustig. Die Königin Brünhild war sehr bekümmert.

Eines Tages sprach Hagen mit König Gunnar und sagte: »Willst du in den Wald zur Tierjagd reiten?« – Der König sagte: »Ja!« – Da ging Hagen zum Koch: »Mach uns früh- morgens die Mahlzeit fertig und salze, was du kannst! Das salzigste setze Sigfrid vor!« – Darauf ging er zum Schenk und sagte: »Morgen, wenn wir essen, laß uns wenig zu trin- ken bringen!« – Darüber wurde nicht mehr gesprochen.

Am Morgen früh ließ sie König Gunnar zu Tische gehn,
Hagen und seinen Bruder, da kam Sigfrid dahergegangen
und fragte: »Warum eßt ihr so früh? Wohin wollt ihr reiten?«
– Der König antwortete: »Wir wollen reiten und uns ver-

gnügen und Tiere jagen! Willst du mit uns kommen?« – Sigfrid antwortete: »Ich will dir gern folgen!« – Der König sagte:
»So geh zu Tisch und nimm dein Essen!« – Der Koch und
der Schenk aber hatten getan, wie ihnen geheißen war.

Als sie satt waren, ritten sie aus zum Wald und schlugen
ihre Hunde los.

Als Sigfrid aus der Burg ritt, ging Grimhild zu Bett und
legte sich schlafen; sie wollte mit Brünhild nichts zu tun
haben. Und Brünhild bat Hagen, ehe er fortritt, es so zu fü-
gen, daß Sigfrid nicht mehr dahin zurückkehrte, es sei
denn, er wäre an diesem Tag erschlagen; dafür wollte sie
ihm Gold und Silber geben, soviel sie vermöchte. – Hagen
antwortete: »Sigfrid ist ein so starker Kämpe, ich weiß
nicht, ob ich ihn töten kann, doch ich will es versuchen.«

Dann ritten sie in das Waldgebirge und spürten Tiere
auf, und immer war Sigfrid der rascheste, wie er allezeit
vorher gewohnt war. Hagen durchschoß mit dem Spieß einen Wildeber; dann schnitten sie das Schwein auf und gaben den Hunden das Eingeweide. Nun waren sie so heiß
und durstig, daß sie fast von Sinnen kamen. Es floß dort ein
Quellbach. König Gunnar und Hagen legten sich nieder,
um zu trinken. So kam auch Sigfrid und tat desgleichen.
Da stand Hagen auf, nahm seinen Spieß in beide Hände
und schoß ihn Sigfrid zwischen die Schultern, daß er
durchs Herz hinausfuhr.

Wie Sigfrid den Stich spürte, sagte er: »Solches erwartete
ich mir nicht von meinem Schwager, wie du mir jetzt tatest! Hätte ich auf meinen Füßen gestanden, da wäre vorher mein Schild, Brünne und Helm zerkloben worden und
meine Rüstung zerrissen und mein Schwert schartig, und
solltet ihr alle vier vor meinen Füßen liegen, ehe einer von
euch mir die Todeswunde gäb!« – So starb Sigfrid.

Da sagte Hagen: »Den ganzen Tag haben wir einen Eber
gejagt, und konnten ihn kaum alle viere fangen; nun habe

ich allein Bär und Wisent zugleich erlegt, welche die
schlimmsten sind von den Tieren allen!« – Da erwiderte
König Gunnar: »Fürwahr, du hast wohl gejagt, und nun
wollen wir unsrer Schwester Grimhild diesen Bären heim-
bringen!«

Sie führen die Leiche mit sich zur Burg. Dort oben stand
Brünhild. Sie sah ihren Gatten und seine Brüder kommen,
und sie führten den toten Sigfrid mit sich. Da ging sie hinaus ihnen entgegen und sagte, sie hätten alle männlichst gejagt, und bat sie, ihn in Grimhilds Arme zu legen: »Sie liegt
und schläft in ihrem Bett. Das haben sie nun, wie sie es ver-
dienten!«

Als sie vor Grimhilds Tür kamen, war die Tür verschlossen. Sie zerschlugen die Tür und warfen die Leiche ihr in
die Arme. Davon erwachte sie und sah Sigfrid neben sich
tot. Da sagte Grimhild: »Übel scheint mir deine Wunde!
Wie bekamst du die, während dein goldbeschlagener
Schild unzerbrochen hier steht, dein Helm unzerkloben?
Darum mußt du ermordet sein! Wüßte ich, wer das getan
hat, ich würde das einmal rächen!«

Hagen erwiderte: »Nicht ist er ermordet! Wir jagten nur
einen wilden Eber, der hieb ihm die Todeswunde.« – Grimhild antwortete: »Du selbst warst dieser Wildeber und keiner
sonst!« – und sie brach in bitteres Weinen aus. Sie gingen von
ihr in den Saal und waren froh und vergnügt; und auch
Brünbild war überaus froh. Darauf rief Grimhild ihre Mannen und ließ Sigfrids Leichnam auf das Beste bestatten.

Alle, die erfuhren, daß Sigfrid erschlagen war, sagten, daß
niemals, seit die Welt steht, einer geboren wurde, der Sigfrid gleich war an Stärke, Mannhaftigkeit, Anmut und Rit-
terlichkeit, wie an jeder Höflichkeit und Freigebigkeit, die
er allen Menschen voraus hatte. Sein Name wird nie sich
verlieren, solange die Welt steht.

DER UNTERGANG DER NIFLUNGEN

ls Attala, König von Hünenland, lange einsam gesessen und hörte, daß Sigfrid tot sei, aber Grimhild lebe, von allen Frauen die klügste und schönste, schickte er Botschaft an seinen Neffen Herzog Osid und bat ihn, zu kommen. Als der das erfuhr, zog er mit zwanzig Rittern sogleich ihm zu. Attala empfing ihn wohl und bat ihn, seine Botschaft zu bringen an Grimhild, König Gunnars Schwester, die Jung-Sigfrids Gattin gewesen war, um sie sich zum Gemahl zu erbitten. Der Herzog sagte, er fahre gern, wohin der König ihn sende, und zog mit dreißig Rittern und Knappen dorthin, wo Grimhild war, und traf König Gunnar. Sie wurden wohl empfangen und blieben dort mehrere Tage.

Eines Tages sprach Osid mit König Gunnar und seinen Brüdern und sagte zu ihnen: Attala, König von Hünenland, ließe werben um ihre Schwester Grimhild, und was sie dazu an Mitgift böten. Sie möchten ihm gleich ihre Absicht kundtun. Sie berieten darüber und wollten es gerne tun, weil Attala der mächtigste König war, von dem man wußte.

Hagen sagte: »Es würde uns große Ehre sein, wenn der reiche König Attala unsre Schwester bekäme. Doch ist sie so hochgesinnt, daß uns nicht ansteht, sie zu vergeben, wenn nicht mit ihrem freien Willen.« – Geroholt sagte: »Ich stimme dem zu!«

Da ging König Gunnar zu Grimhild und fragte, ob sie König Attala wolle. Sie antwortete: »Nicht wage ich, König

Attala abzuweisen; denn ein mächtiger König und mann-
haft ist er. Wollt es ihr, meine Brüder, so ist es auch mein
Wille.« – Sie antworteten: »Ist es dein Wille, so ist es unser
Wille!«

Nun faßten sie den Beschluß, daß es sein solle, wie König Attala wollte. König Gunnar hatte Helm und Schild,
die Sigfrid besaß, die gab er dem Sendboten. Darauf ritten
sie wieder zurück und sagten dem König die Antwort, die
sie bekommen.

Der König dankte ihnen, rüstete sich auf das allerbeste
und zog ins Niflungenland mit vierhundert Rittern und
vielen Knappen. König Didrik begleitete ihn.

Als König Gunnar davon erfuhr, ritt er aus, ihnen entgegen und hieß sie willkommen. König Didrik und Hagen
küßten sich, als sie sich fanden, als gute Freunde. Darauf ritten sie alle zur Burg ein. Da gab König Gunnar mit seinen
Brüdern seine Schwester Grimhild an König Attala, und sie
machten darauf einen köstlichen Brautlauf und trennten
sich dann. König Gunnar schenkte an Didrik Grane, Sigfrids Pferd; und das Schwert Gram gab er Markgraf Rodinger. König Attala gab an Grimhild so viel Silber, wie ihr
zustand. So schieden sie voneinander. König Attala und Didrik ritten heim in ihr Reich.

Aber Grimhild beweinte allzeit ihres Gatten Sigfrid
Tod.

GRIMHILD LÄDT IHRE BRÜDER EIN

Als Grimhild den König Attala sieben Jahre zum Gatten
gehabt, sagte sie eines Nachts zu ihm: »Herr, mich härmt
sehr, daß ich sieben Jahre meine Brüder nicht sah. Wann
willst du sie hierher laden? Ich will dir sagen, was du sonst
nicht gehört hast: daß Sigfrid, mein Gatte, der reichste Herr

war an Gold und Gut, wie kein König es jetzt ist. Das haben meine Brüder nun alles zusammen und geben es mir nicht her. Bekäme ich das, du könntest davon haben, was du willst!«

Als dies Attala hörte, wußte er, daß es Wahrheit war; von allen Menschen war er der begehrlichste; es schien ihm schlecht, den Schatz der Niflungen nicht zu besitzen, und er sagte:

»Ich weiß, Jung-Sigfrid besaß viel Gold: Erst, was er nahm von dem großen Drachen, den er erschlug; dann, was er durch Kampf und Krieg gewann; und dazu, was sein Vater König Sigmund besaß. Und nun ist es recht, deine Brüder einzuladen, wenn du das willst! Von dem, was ich habe, soll man nichts dabei sparen!«

Bald danach sandte Grimhild zwei ihrer Leute mit König Attalas Brief, welcher lautete: »König Attala wird schon recht alt, und sein Sohn Aldrian ist jetzt noch zu jung, so daß keinem eher zusteht, dies Land zu lenken, als denen, die Aldrians Mutterbrüder sind. Darum laden wir diese ein, hierherzukommen und raten zu helfen zum Besten des Landes.«

Als König Gunnar und sein Bruder Hagen und die übrigen diesen Brief vernommen hatten, antwortete Hagen: »Bruder, fährst du ins Hünenland, so kommst du niemals mehr heim, und auch keiner, der mitfährt; denn Grimhild ist klug und falsch, und ich fürchte, daß sie uns täuschen will!«

König Gunnar antwortete: »Mein Schwager König Attala hat mich freundschaftlich zu sich geladen, aber dein Rat ist, Hagen, ich soll nicht dahin kommen. Das rätst du mir jetzt, wie deine Mutter meinem Vater riet – und war jeder fernere Rat von ihr schlimmer als der vorige; doch ich bediene mich deines Rates nicht, sondern ich fahre ins Hünenland und hoffe, heil wieder heimzukommen nach meinem Willen. Und ehe ich weiche aus Hünenland, kommt das ganz in meine Gewalt! Doch du, Hagen, folge mir, wenn du willst! Wagst du nicht, mir zu folgen, so sitze daheim!«

Hagen antwortete: »Nicht sagte ich das deshalb. Ich fürchte nicht mehr um mein Leben als du um deins. Aber in Wahrheit, ich sage dir dies: Niemals kommst du aus Hünenland heraus; und fährst du dahin mit wenigen oder vielen: von allen kommt nicht einer zurück ins Niflungenland. Willst du nun fahren, so will ich daheim sein. Erinnerst du nicht, wie wir von Sigfrid uns trennten? Ich weiß da jemand im Hünenland, der erinnert das noch. Das ist Grimhild, unsere Schwester. Sie erinnert dich ganz gewiß daran, wenn du nach Susa kommst!«

König Gunnar antwortete: »Du bist bloß zu bange vor deiner Schwester, du wagst nicht, zu fahren! Aber ich will fahren!«

Es bekümmerte Hagen, daß ihm der Rat seiner Mutter so oft zum Vorwurf geriet, und er ging in den Saal zu seinem Blutsfreund Folkward und sagte zu ihm: »Willst du mit uns fahren ins Hünenland, wie König Gunnar gedenkt nach Grimhilds Botschaft? Mit uns sollen fahren all unsre Mannen, die kühn sind zu kämpfen!« Da ging Königin Oda, König Gunnars und Gislers Mutter, zum König und sagte: »Mir träumte, ich sah im Hünenland so viel Vögel tot, daß all unser Land von Vögeln leer war. Nun willst du hinfahren ins Hünenland, und ich weiß, es entsteht aus der Fahrt viel Unheil für beide, Niflungen und Hünen, und kostet manchem Manne das Leben. Darum fahr' nicht hin; denn vieles folgt nach!«

Hagen erwiderte: »König Gunnar denkt unbeirrt, diese Fahrt zu führen. Was kümmert uns dein Altweibertraum?« – Die Königin antwortete: »König Gunnar und du, ihr mögt ins Hünenland fahren, wenn ihr wollt; doch mein junger

Sohn Gisler, der soll daheim bleiben!« – Gisler antwortete:
»Fahren meine Brüder, dann muß ich mit!« und lief flugs
und wappnete sich.

Aufbruch und Überfahrt

König Gunnar sandte Botschaft über all sein Land, daß alle
seine stärksten und raschesten Mannen sich sollten fahrtbereit machen und sich rüsten, so gut sie nur könnten. So
ward König Gunnar fahrtbereit mit tausend raschen Mannen mit guter Rüstung und reisigem Pferd.

Da nahm Hagen König Gunnars Banner, das war vorn
golden, inmitten weiß, und ein Adler darin aus roter Seide
mit einer Krone, und außen war es grün.

So ritten sie zum Rhein, wo Duna und Rhein zusammenkommen. Es war breit da hinüber, und war da kein
Schiff. So blieben sie dort die Nacht in ihren Zelten. Am
Abend, als sie satt waren, bat König Gunnar Hagen, zum
Wachthalten zu schicken, wer ihm geeignet schiene. Hagen
antwortete: »Schickt aufwärts vom Heere, wen Ihr denkt;
stromab voraus am Fluß will ich selbst Wache gehen und
zusehen, ob ich ein Schiff bekomme.« Gunnar gefiel das
wohl.

Als das Volk schlafen gegangen war, nahm Hagen seine
Waffen und ging flußabwärts im hellsten Mondschein. Er
kam zu einem Wasser, das Möre hieß, und sah da irgend-
welch Volk im Wasser und sah die Kleider am Wasser liegen.
Er nahm die Kleider und versteckte sie. Es war dies kein
ander Volk, das er sah, als zwei Seefrauen, die trieben sich
an Rhein und See herum, um sich zu vergnügen.

Die Frau sagte zu Hagen: »Gib uns unsre Kleider wieder!« – Er antwortete: »Sag mir zuerst, was ich dich frage:
Kommen wir alle lebend über den Rhein zurück?« Die

Seefrau sagte: »Ihr kommt alle heil weg über den Rhein, aber nicht einer von euch kommt zurück, und dir steht große Mühsal bevor!«

Da zog Hagen sein Schwert und erschlug die Seeweiber; er hieb sie mitten durch, beide, Mutter und Tochter.

Darauf ging er am Fluß entlang abwärts. Da gewahrte er, wie ein Mann ruderte mitten im Fluß. Hagen rief ihn an und sagte: »Rudre hierher zu mir, ich gehöre zu Elsung Jarl!« – Deshalb sagte er so: er war hier in Elsungs Reich. Der Fährmann antwortete: »Ich frage nicht, wem du zugehörst. Wer mir Fährgeld gibt, den fahre ich über!«

Hagen hielt seinen Goldring hoch und sagte: »Sieh her, was ich dir geben will!« – Als der Fährmann den Goldring sah, ruderte er zum Lande, wo Hagen stand. Hagen stieg in die Fähre und stieß vom Lande. Der Fährkerl wollte flußabwärts rudern; Hagen sagte: »Du sollst flußaufwärts rudern!« – Da mußte er rudern, wie Hagen verlangte, so lange, bis sie dahin kamen, wo das Heer lag.

Hier stand König Gunnar und kleidete sich an und ließ seine Leute hinüberführen mit einem ganz kleinen Schiff – und sie hatten schon einen Teil übergesetzt. Da kam Hagen mit dem größeren Schiff. Darein stieg König Gunnar mit einem Hundert Mannen. Als sie in die Mitte des Flusses kamen, ruderte Hagen so hart, daß beide Ruderriemen zerbrachen. Er sprang auf und verfluchte den, der die Ruder gemacht, zog sein Schwert und hieb dem Fährkerl den Kopf ab.

Da sagte König Gunnar: »Warum tatest du das, Hagen? Was gabst du ihm schuld?« – Hagen antwortete: »Er soll nichts sagen von unsrer Fahrt, wo wir entlangziehn!« – König Gunnar sagte mit großem Zorn: »Du bist nur froh, wenn du Böses tust!« – Hagen antwortete: »Warum soll ich sparen, Böses zu tun, da ich weiß, es kommt von uns keiner zurück?«

Der König steuerte. Da zerbrach das Steuer. Nun trieb die Fähre quer vor der Strömung. Hagen sprang hin und hielt das Steuer und besserte, was er konnte. Als sie aber gegen das Land hinkamen, füllte sich die Fähre und kippte mit ihnen um, und sie kamen durchnäßt und nur mühsam ans Land. Sie machten das Steuer nun wieder heil und schickten die Fähre über den Fluß zu ihren Leuten zurück. Darauf ritten sie ihren Weg diesen ganzen Tag.

Beim Markgrafen Rodinger

Am Abend legte das Heer sich nieder, und Hagen hielt Wacht. Und als alle schliefen, ging Hagen allein auf Kundschaft aus, fern von der Schar. Er kam dahin, wo ein Mann lag und schlief, der war in Waffen. Er hatte sich auf sein Schwert gelegt, doch der Knauf blickte vor. Hagen faßte ihn, zog das Schwert aus und warf es fort. Er stieß den Mann mit dem Fuß in die Seite und hieß ihn erwachen. Der Mann sprang auf, suchte nach seinem Schwert, vermißte es und klagte: »Weh mir für diesen Schlaf, den ich schlief! Ich hatte gewacht drei Tage und Nächte, und darum schlief ich. Nun kam ein Heer in das Land meines Herrn, Markgraf Rodinger!«

Da sagte Hagen: »Ein wackerer Bursche bist du und bekommst dein Schwert wieder! Nicht mußt du in Furcht sein des Heeres wegen, wenn du das Land Markgraf Rodingers hütest! Er ist unser Freund. König Gunnar befiehlt über dieses Heer. Doch sage, wo weist du uns Herberge an? Und wie heißt du?«

»Ich heiße Eckehard«, sagte er, »und es wundert mich, daß du hierher fährst! Du bist Hagen, Aldrians Sohn, der meinen Herrn Jung-Sigfrid erschlug. Hüte dich, solang du im Hünenland bist! Du hast da viel Feinde! – Und ich kann nicht bessere Raststätte weisen als in Bakalar bei Markgraf Rodinger. Der ist ein guter Wirt!« — Hagen sagte: »Du wiesest uns den Weg, den wir selbst schon suchten. Reite nun heim und sage, wir kommen!«

Damit trennten sie sich. Hagen ging wieder zu seinen Mannen und berichtete alles an König Gunnar. Der hieß sie rasch aufstehn und hinreiten zur Burg. Und so taten sie.

Eckehard ritt heim; und als er zur Halle kam, hatte der Markgraf eben gespeist und gedachte zu schlafen. Da sagte ihm Eckehard, er hätte Hagen getroffen, und König Gunnar sei angekommen mit großer Schar, und sie ritten hierher. Der Markgraf stand auf und rief seine Mannen und hieß sie auf das beste sich rüsten, und so auch sein Haus. Und nun ritt der Markgraf hinaus aus der Burg. Da kam ihm König Gunnar entgegen mit seiner Heerschar. Der Markgraf hieß die Niflungen willkommen und lud sie herein. Gunnar nahm das gerne an, und Hagen sagte Eckehard Dank, daß er die Botschaft so gut bestellt hätte.

Nun kamen die Niflungen in den Hof Markgraf Rodingers und stiegen von ihren Rossen, und die Mannen des Markgrafen sorgten für sie. Der Markgraf ließ zwei Feuer entfachen draußen im Hof, denn sie waren durchnäßt. An dem einen saßen König Gunnar und Hagen mit ihren Brüdern und manche ihrer Mannen, und andere saßen am anderen Feuer. Die aber trocken waren, folgten dem Markgrafen hinein in die Halle, und er wies ihnen die Sitze an.

Als die Feuer herunterbrannten, gingen König Gunnar und Hagen hinein in die Halle und auch ihre Brüder, und sie saßen den Abend und tranken da bei bester Bewirtung. Dann gingen sie schlafen.

Der Markgraf lag bei seiner Frau Gudelinda, und sie sprachen zusammen. Da sagte der Markgraf: »Frau, was gebe ich König Gunnar und seinen Brüdern, das ihnen Ehre bringt, anzunehmen?« — Sie erwiderte: »Herr, was dir recht scheint, soll auch mein Wille sein!« – Er sagte: »Wenn es dein Wille ist, gebe ich dem Jungherrn Gisler meine Tochter als erste Gabe.« – Sie antwortete: »Es ist gut, daß du ihm unsre Tochter gibst, wenn es dazu kommt, daß er sich ihrer erfreuen kann. Die Niflungen haben hierhergeführt manch blanke Brünne und harten Helm, scharfes Schwert, neuen Schild; darum bin ich besorgt; denn Grimhild beweint noch jeden Tag ihren Gatten Jung-Sigfrid!«

Nun war lichter Tag, der Markgraf stand auf, und die Niflungen riefen nach ihren Kleidern. Der Markgraf bat sie, noch einige Tage bei ihm zu bleiben, aber die Niflungen wollten schon reisen. Da sagte der Markgraf, er wolle mit ihnen reiten samt seinen Rittern. Nun gingen sie zu Tisch, tranken guten Wein und waren höchst munter.

Jetzt ließ der Markgraf einen Helm hereintragen, mit Gold geschmückt, mit edlen Steinen besetzt, und gab ihn König Gunnar. Der dankte ihm sehr und schätzte den Helm für ein großes Kleinod. Dann nahm Markgraf Rodinger einen neuen Schild und gab ihn an Geroholt.

Darauf nahm der Markgraf seine Tochter, führte sie zu dem Jungherrn Gisler und sagte: »Guter Herr Gisler, dir will ich dies Mägdlein zur Gattin geben, wenn du sie möchtest.« – Gisler bat, sie ihm zu geben, dem Glücklichsten von allen Menschen. »Gerne«, sagte er, »nehme ich sie an!«

Und weiter sprach Markgraf Rodinger: »Sieh hier, Jungherr Gisler, dies Schwert will ich dir geben, das heißt Gram; es gehörte Jung-Sigfrid. Das wird die beste Waffe in eurer Schar sein.« – Und nochmals dankt Gisler für diese Gabe und für alle die Ehre, die er ihm antat.

Nun sagte Markgraf Rodinger zu Hagen: »Welches Kleinod kannst du hier bei mir sehen, das du gerne besäßest?« – Hagen antwortete: »Hier hängt ein Schild, ist dunkelblau, groß und stark und trägt mächtige Hiebspur; den

will ich gerne als Gastgeschenk nehmen!« – Da antwortete
der Markgraf: »Das fügt sich gut. Den Schild trug Herzog
Naudung, er litt harte Hiebe von Mimungs Schneiden
durch den starken Wideke, ehe er fiel.« Als das Frau Gudelinda hörte, weinte sie bitter um ihren Bruder Naudung.
Dieser Schild wurde nun Hagen gegeben; und sie dankten
dem Markgrafen sehr für seine Gaben und Wohltaten.

Als sie sich gesättigt hatten, holten sie ihre Rosse und
rüsteten sich, mit ihnen der Markgraf, dazu sieben seiner
tapfersten Ritter, und ritten aus der Burg, als sie fahrtbereit
waren. Da wünschte ihnen Frau Gudelinda Heil für die
Fahrt und ehrenvolle Heimkehr.

DER RITT NACH SUSA

Nun ist nichts weiter von ihrer Fahrt zu berichten, als sie
ritten einen Tag nach dem andern. Und den Tag, bevor sie
nach Susa kamen, war nasses Wetter und starker Wind, und
alle Niflungen wurden durchnäßt. Und als sie vorbeizogen
an der Burg, welche Thorta heißt, ritt ein Mann ihnen entgegen, der war Sendbote König Attalas und sollte nach Bakalar reiten, um den Markgrafen zum Fest zu laden. Der
Markgraf mit seinen Mannen ritt vor der Schar. Und als sie
sich trafen, fragte er: »Was gibts Neues in Susa?« – Der
Mann antwortete: »Das ist das Neueste, daß die Niflungen
her ins Hünenland kommen, und König Attala richtet ihnen ein Fest. Nun kann ich wieder umkehren mit euch,
denn ich habe meinen Auftrag erfüllt.« So tat er und ritt
mit dem Markgrafen mit.

Der Markgraf fragte den Sendboten: »Wie groß ist das
Aufgebot, das König Attala macht? Wie viele Männer will
er dazu laden?« – Der Sendbote antwortete: »Mir scheint,
es möchten auf eurer Fahrt hier nicht weniger sein; denn

König Attala lud manchen Mann zu dem Fest. Aber König-
gin Grimhild lud halbmal mehr ihrer Freunde, sie sammelt
Männer in all ihrem Reich, die ihr helfen wollen. Hier
wird so stark zu dem Fest gerüstet, als käme eine ganz
große Menge zusammen und sollte lange da bleiben.«

Nun hieß der Markgraf den Mann vorausreiten und König Attala melden, die Niflungen kämen vor seine Burg
und auch Markgraf Rodinger. Da schickte der König
durch die ganze Burg, daß jedes Haus sich bereiten sollte
mit Zelten und Decken, und in einigen sollte man Feuer
anzünden. Nun war große Zurüstung in der Burg Susa.
König Attala bat König Didrik, er möchte hinausreiten,
den Gästen entgegen. So tat er, und es begrüßte einer den
andern, und sie ritten gemeinsam ein in die Burg.

Königin Grimhild stand auf einem Turm und sah nach
ihren Brüdern aus, wie sie einritten in die Burg Susa. Sie
sah dort manchen neuen Schild, manche blanke Brünne.
Sie sagte: »Jetzt ist schöner grüner Sommer, und ich
denke daran, wie mich grämte die große Wunde Jung-
Sigfrids!« Dann weinte sie bitterlich, ging den Niflungen
entgegen, hieß sie willkommen und küßte sie, einen um
den andern.

Nun war die Burgstadt fast voll mit Männern und Rossen; und es gab doch auch schon vorher dort manches
Hundert an Männern.

König Attala nahm seine Schwäger wohl auf, geleitete
sie in die Hallen, die vorbereitet waren, und ließ ihnen
Feuer anzünden. Doch die Niflungen fuhren nicht aus der
Rüstung und legten ihre Waffen nicht ab.

Nun kam die Königin in die Halle, wo ihre Brüder am
Feuer waren. Sie sah, wie sie ihre Mäntel hoben, und darunter waren die blanken Brünnen.

Als Hagen seine Schwester Grimhild sah, setzten er und
Folkward die Helme auf und spannten sie fest. Da sagte
Grimhild zu Hagen: »Hast du mir nun hergebracht den
Niflungenschatz, den Jung-Sigfrid besaß?« – Hagen antwortete: »Ich bringe dir einen starken Feind, dem folgt
mein Schild und mein Helm, und meine Rüstung lege ich
nicht ab!«

König Gunnar sagte: »Schwester, geh her und setz dich zu uns!« – Da ging sie zu ihrem jüngsten Bruder Gisler und setzte sich zwischen König Gunnar und ihn und weinte bitterlich. Gisler fragte: »Was weinst du so, Schwester?« – Sie antwortete: »Ich weine jetzt um das Gleiche wie je: um die große Wunde, die ich sah zwischen Sigfrids Schultern, und war keine Scharte in seinem Schild!«

Da antwortete Hagen: »Denk nicht mehr an Jung-Sigfrid und seine Wunde, sondern habe König Attala lieber, denn er ist halbmal mächtiger und reicher als Sigfrid war! Nicht machst du Sigfrid mehr heil! Sigfrids Wunde, das wird nun bleiben, wie es geschehen ist!«

Da ging Grimhild hinaus. Und Didrik von Bern kam zu den Niflungen und bat sie zu Tisch. Ihm folgte Aldrian, König Attalas Sohn. König Gunnar nahm Aldrian in seine Arme und trug ihn hinaus. Aber König Didrik und Hagen legten einer den Arm um des anderen Hals in enger Freundschaft und geleiteten so einander hinaus, bis sie hinkamen zu des Königs Saal.

Da standen alle Türme und Zinnen voll edler Frauen und Fräulein, und alle wollten sie Hagen sehen um der großen Berühmtheit willen, die er in allen Landen besaß, seiner Mannheit wegen.

König Attala saß in seinem Hochsitz mitten vor dem Tisch und ließ setzen zu seiner rechten Hand König Gunnar, dann Gisler, dann Geroholt, dann Hagen und dann Folkward, ihren Verwandten. Zu seiner linken Hand ließ er setzen Didrik von Bern, dann Markgraf Rodinger und dann Hillebrand. Danach wurden alle die Edlen gesetzt, einer nach dem andern; und sie tranken den Abend guten Wein, wurden allerseits wohl bewirtet und machten sich sehr vergnügt.

Und nun war jedes Haus in der Burgstadt gefüllt mit Volk, und sie schliefen die Nacht in gutem Frieden.

Am Morgen, als sie aufstanden, kamen Didrik von
Bern, Hillebrand und noch andere Ritter zu ihnen und
fragten, wie sie die Nacht geschlafen hätten. Hagen antwortete: »Geschlafen haben wir alle gut; doch wie mir zu
Mut ist, kann ich nicht allzu froh gewesen sein!« – Da
sagte Didrik von Bern: »Guter Freund Hagen, gib dich
vergnügt, aber sieh dich vor, so gut du nur kannst! Du
brauchst alles zusammen, wenn du von hinnen kommen
willst! Denn Grimhild weint noch jeden Tag um Jung-
Sigfrids Tod!« Das war die erste Warnung, welche die Niflungen bekamen.

Als sie angekleidet waren, wurden sie hinaus in den Hof
geleitet. König Didrik und König Gunnar begleiteten sie,
Hillebrand und Hagen gingen einen anderen Weg zusammen und Folkward mit ihnen. Nun waren die Niflungen
alle auf den Beinen, gingen und sahen sich in der Burgstadt
um.

Da ging König Attala aus dem Saal und manche Männer
mit ihm, um der Niflungen Stolz zu sehen. Sie fragten alle,
wo Hagen wäre, seiner Mannhaftigkeit wegen; so wurde er
gerühmt. König Attala fragte, welcher er wäre, und erkannte ihn nicht; denn Hagen und Folkward waren gleich
kostbar gekleidet wie König Gunnar, auch hatten Hagen
und Folkward immer die Helme auf. Da sagte König Attala: »Nicht erkenn' ich nun Hagen; und doch schlugen wir
ihn damals zum Ritter, ich und meine Königin Erka, und
ich kannte ihn wohl, und er war da mein guter Freund!«

Nun ging Hagen mit Folkward, und führte einer den
andern rings um die Burgstadt, und sahen manche stolzen
Frauen, die nach ihnen schauten. Darum nahmen sie ihre
Helme ab und ließen sich sehen. Hagen war daran zu erkennen: Er hatte schmalen Leib, breite Brust, langes Antlitz
und bleich wie Asche, und nur ein Auge, das war ganz
schwarz. Und er war der Männlichste von ihnen allen.

Grimhild sucht Rache

Attala erkannte, daß das Volk viel war, und fände nicht alles Raum in einem Saal. Nun war schöner Sonnenschein; darum ließ er das Gastmahl in einem Garten richten.

Da ging Grimhild zu Didrik von Bern. Er empfing sie wohl und fragte, was sie wollte. Sie antwortete weinend: »Guter Freund Didrik, ich bin gekommen, um Hilfe und Rat bei dir zu suchen, und meinen größten Gram zu rächen, daß Jung-Sigfrid mir so wurde hingemordet! Das will ich rächen an Hagen, Gunnar und allen den Brüdern! Guter Herr, hilf mir, das zu rächen! Ich will dir Gold und Silber geben, soviel du willst, und dir dazu verhelfen, daß du all dein Eigenland wieder gewinnst!«

Didrik antwortete: »Frau, das kann ich auf keinen Fall tun; und wer das tut, das ist gegen meinen Rat und Willen; denn das sind meine besten Freunde! Mir steht mehr an, ihren Nutzen zu suchen als ihren Schaden!«

Grimhild antwortete nicht und ging weinend hinaus und ging zu Herzog Osid und sagte: »Willst du helfen, meinen Gram zu rächen? Mich härmt, wie die Niflungen Sigfrid erschlugen. Das will ich jetzt an ihnen rächen. Willst du mir dazu helfen? Ein großes Land will ich dir geben, wo du es wünschest!« – Osid antwortete: »Täte ich das, dann hätte ich König Attalas Feindschaft; denn er ist ihnen gut Freund!«

Da ging die Königin zu König Attala und sprach wie vorher: »Herr, wo ist das Gold und Silber, das meine Brüder dir hergebracht?« – Attala antwortete: »Sie brachten mir weder Gold noch Silber! Gleichwohl will ich sie gerne empfangen hier in meinem Heim!« – Die Königin antwortete: »Wer soll nun mein Ungemach rächen, wenn du es nicht willst? Ich vergesse ihnen niemals, wie Sigfrid ermordet wurde! Das tut mir in meinem Herzen weh! Sei so gut, Herr, und räche das! Dann bekommst du Niflungenland und den ganzen Niflun-

genschatz!« – Der König antwortete: »Schweig und schwätze
kein einziges Wort mehr! Ich will nicht meine Schwäger betrügen! Sie sind im Vertrauen hierhergekommen! Solches
sollst nicht du tun noch irgendwer sonst!«

Da ging Grimhild hinaus, weit unfroher als vorher.

Der König ging in den Apfelgarten und ließ dahin alle die
Gäste kommen. Da sagte die Königin zu den Niflungen: »Ihr
seht, alle Hünen legten die Waffen ab. Darum will ich, daß
ihr Niflungen eure Waffen mir zur Bewahrung gebt!« – Hagen antwortete: »Du bist eine Königin! Nicht schickt sich für
dich, Männerwaffen zu hüten! Mein Vater lehrte mich, da ich
jung war, niemals meine Waffen in Weibes Willkür zu legen.
Und solang ich im Hünenland bin, lege ich niemals die Waffen von mir!« – Damit band er den Helm, so fest es ging.

Da sahen alle, daß Hagen ergrimmt war, und wußten
doch nicht, was das bedeutete. Geroholt sagte: »Hagen war
niemals froh, seit er auf diese Fahrt kam, und heut bekommt
man seine Mannheit zu sehn und seine Weisheit!« – Es
schien Geroholt, als wäre Trug bei der Fahrt, und als hätte
Hagen das vorher gewußt und vor ihm verborgen. Und er
setzte den Helm auf und ging so in den Baumgarten.

Nun sah König Attala, daß er voll Zorn war und den
Helm festspannte, und fragte Didrik: »Wer sind die, welche
so grimmig ihre Helme festbinden?« – Die Königin antwortete: »Das sind Hagen und Geroholt, die sind beide
zornig!« – Der König erwiderte: »Das tun sie aus großer
Sorge.« – Didrik antwortete: »Sie sind vollendete Helden;
und geht es, wie ich denke, dann bekommst du das heut
noch zu sehen!«

König Attala stand auf und ging zu König Gunnar und
Gisler und nahm König Gunnar an seine rechte Hand und
Gisler an seine linke und rief Hagen und Geroholt und
setzte sie zu Tisch, wie vorher gesagt ist. Und waren manche Feuer im Garten und Tische ums Feuer.

Nun waren alle Niflungen im Garten mit blanken Brünnen und scharfen Schwertern und harten Helmen. Schilde
und Spieße hüteten ihre Knappen draußen vor dem Garten; und die hatten nach Hagens Rat fünfzehn ihrer Diener geschickt, die sollten ausspähn unter den Hünen, ob
Trug sich erhübe. Des Königssohns Erzieher saß neben
Folkward, und die Königin ließ ihren Stuhl grade vorn vor
den König setzen. Herzog Osid saß neben ihr.

Da ging die Königin zu einem Ritter, der Irung hieß – er
war Hauptmann über ihr Volk – und sagte zu ihm: »Guter
Freund Irung, willst du meinen Gram rächen, da König Attala nicht und nicht Didrik von Bern und keiner sonst meiner Freunde das rächen will?« – Irung antwortete: »Warum
weinst du, und was willst du rächen?« – Sie antwortete: »Ich
vergesse niemals, wie Jung-Sigfrid ermordet ward, und ihn
will ich rächen, wenn einer mir dabei hilft!« – Sie nahm seinen vergoldeten Schild und sagte zu ihm: »Rächst du meinen Gram, dann gebe ich dir Gold, soviel du darauf ausbrei-
ten kannst, und dazu meine Freundschaft auf ewig!« Irung
antwortete: »Das ist viel Gold, doch deine Freundschaft ist
besser!« – Und sogleich stand er auf und wappnete sich mit
der Hundertschaft Ritter, die ihm gehorchte, und schlug alsbald sein Banner aus. Grimhild sagte: »Schlage zuerst all ihr
Volk zur Hel, das außer dem Garten ist, so daß keiner her-
einkommt; und laß keinen nach draußen, der drinnen ist!«

Der Kampf beginnt

Die Königin ging rasch und setzte sich wieder in ihren
Stuhl. Da lief zu ihr hin ihr Sohn Aldrian und küßte sie.
Die Königin sagte: »Lieber Sohn, bist du deinen Verwandten gleich und hast du das Herz dazu, dann geh zu Hagen
und gib ihm flugs gegen sein Kinn einen kräftigen Faust-

schlag! Wagst du das, dann wirst du ein guter Held!« – Der Wicht lief stracks zu Hagen hin, und als der sich über den Tisch herbeugte, gab er ihm mit der Faust gegen sein Kinn einen Hieb, so stark, daß man ihn kaum einem Älteren zutraute, als er es war.

Da griff Hagen dem Wicht mit der Linken ins Haar und sagte: »Das hast du nicht nach dem Rat deines Vaters und nicht nach deinem eignen getan, sondern hierzu hetzte deine Mutter dich auf! Das entgiltst du nun!« – Und zog das Schwert mit der Rechten heraus und hieb dem Knaben das Haupt herunter und schlug Grimhild damit vor die Brust und rief: »Frau, da hast du den sauren Apfel! Wir trinken guten Wein hier im Garten, den werden wir nun teuer bezahlen. Nimm hier diese Zahlung für deinen Wein!« – und zugleich über Folkward hinweg hieb er auch dem Erzieher des Knaben den Kopf ab und sagte: »Und du, Ziehmeister, bekommst deinen gerechten Lohn, weil du das Bürschchen nicht besser zogst!« Da sprang König Attala auf und rief: »Alle meine Mannen, auf und erschlagt die Niflungen!« – Da sprangen alle Attala-Mannen auf zu ihren Waffen, und die Niflungen zogen ihre Schwerter.

Es hatte aber Grimhild rohe Häute auf die Erde hinbreiten lassen, daß die Niflungen fielen, wenn sie darüber liefen. Und Irung stand mit seinen Mannen davor, und sie erschlugen dort viele von ihnen.

Dafür erschlugen die Niflungen im Garten viele der Hünen, so daß manches Hundert von ihnen tot lag im Garten.

Als die Niflungen merkten, daß alle Mannen außerhalb des Gartens erschlagen wurden, wandten sie sich zurück und kämpften heftig mit denen im Garten, so daß sie alles zur Hel schlugen, was nicht zu entfliehen vermochte.

Attala stand auf einem Turm und bat all seine Leute, mannhaft zu kämpfen und die Niflungen zu schlagen. Kö-

nig Didrik ging heim in seine Herberge mit all seinen
Mannen, und es schien ihm übel, daß so viele seiner
Freunde auf beiden Seiten einander töteten. Doch die Kö-
nigin ging den ganzen Tag und gab Attalas Leuten Helme
und Brünnen, Schilde und Schwerter, versprach ihnen
Gold und trieb sie an, die Niflungen zu erschlagen.

Nun entstand ein heftiger Kampf. Die Hünen drangen
tapfer zum Garten, und die Niflungen verteidigten den
Garten. Er hieß Horngarten, und jetzt heißt er »Niflungengarten«. Da fielen manche auf beiden Seiten, aber doch
weit mehr Hünen als Niflungen.

Nun drängten alle Hünen vom Land und von den Orten herein, so daß sie halbmal mehr wurden als am Anfang
des Kampfes. Da sagte Hagen zu seinen Brüdern: »Wir haben manche von den Hünen erschlagen; doch wieviel wir
auch kämpfen, es ist, als täten wir nichts; so sehr vermehrt
sich ihr Volk vom Land und den Orten. Und die, mit denen wir kämpfen, das sind nichts als ihre Knechte. Die An-
führer stehen ganz drüben auf einer Seite und sehen dort
zu. Das ist mein Hauptkummer, daß wir nicht draußen im
Freien sind. Wären wir dort, dann wählten wir selbst, mit
wem uns zu kämpfen gelüstete. Soll das so bleiben, dann
mögen wir tunlich zusehn, wie die Niflungen fallen, denn
jene tun uns den größten Schaden mit ihren Speeren.
Könnten wir unser Schwert mit Kühnheit gebrauchen,
dann würden sie nicht den Sieg gewinnen! Versuchen wir
darum mannhaft, wo wir hinauskommen!«

Der Garten war allseits von einer Mauer umschlossen
wie eine Feste. Da sah Hagen, daß die Mauer ganz links im
Garten etwas rissig war. Dorthin liefen sie alle eifrig und
brachen sich da nach außen durch. Nun sprang Hagen hinaus und seine Brüder mit ihm und noch mehr Niflungen.
Als sie nun hinauskamen zwischen Häuser in eine enge
Gasse, da trat ihnen Osid mit seinem Banner entgegen, und

es entstand zwischen ihnen ein harter Streit. Jetzt bliesen die Hünen in ihre Hörner und ließen rufen, die Niflungen wären aus dem Garten gekommen. Da drängten sie alle dorthin und mit so vielem Volk, daß die Niflungen wieder zurück in den Garten wichen.

Draußen stand ein gemauerter Saal. Dahin kam Hagen zur Tür – die war verschlossen. Er wandte den Rücken zur Tür und hieb einen über den andern. Manche verloren die Schultern, manche die Füße und manche das Leben. Und sie drängten so dicht auf ihn, und er schlug sich so mannhaft: man mußte auf toten Männern gehn, wohl einen Armhoch über der Erde. Da hatte Hagen noch keine Wunde.

Herr Didrik stand ganz nahe dabei, oben auf einem Ausbau, mit all seinen Mannen, wohlgewappnet. Dorthin kam Geroholt, wandte den Rücken an eine Wand, wehrte sich mannhaft und erschlug manchen Mann. Die Hünen drangen dort hart auf sie ein.

Geroholt sagte zu König Didrik: »Du könntest wohl hergehn mit deinen Mannen und könntest uns helfen! Laß nicht so wenige Männer sich schlagen mit also vielen!« – Herr Didrik antwortete: »Mein guter Freund Geroholt, all dies ist mir ein großer Schmerz! Ich verliere hier manchen guten Freund und kann nichts dabei tun! Ich will mich nicht schlagen mit König Attalas Volk. Und wissentlich will ich auch euch nichts Übles antun.«

KÖNIG GUNNARS TOD

König Gunnar war im Garten. Er hörte, daß seine Brüder Beistand brauchten. Darum kam er mit seinen Mannen heraus durch die Bresche, die sie in die Mauer gebrochen hatten. Dort draußen stand Herzog Osid und viele Hünen mit ihm. König Gunnar ging tapfer gegen sie vor, so daß

keiner der Seinen stark genug war, ihm zu folgen. Er
wehrte sich mannhaft den ganzen Tag. Er hatte keine Hilfe,
sondern stand einsam mitten im Hünenheer und wurde
endlich so müde, daß er sich gefangen geben mußte. Sie
griffen ihn und banden ihn und führten ihn zu König Attala. Der ließ ihn in seinen Schlangenturm werfen, und
dort ließ König Gunnar sein Leben. Derselbe Turm steht
noch mitten in Susa.

Das hörten Hagen und Geroholt, daß ihr Bruder, König
Gunnar, gefangen worden war. Da sprang Hagen fort von
der Tür und hinaus auf die Gasse und hieb über den Haufen jeden, auf den er traf. Und da traute sich keiner, ihn zu
erwarten. Geroholt tat desgleichen und hieb zu beiden
Handen. Sein Schwert stand erst in der Erde still, auf welchen Helm er auch hieb. Und ihm folgt mutig Herr Gisler
und schlägt manchen Mann mit seinem Schwert Gram.

Nun drängten die Niflungen so ungestüm aus dem Garten, daß die Hünen vor ihre Füße stürzten; und in großen
Haufen flohen die Hünen, jeder in seine Halle.

König Attala ging auf den Turm, ließ die Türen wieder
verwahren und sorgte, daß die Niflungen nicht zu ihm kämen. Da erhoben die Niflungen lauten Heer-Ruf: Die
Hünen entflöhen! – und sagten, sie wollten ihren Schaden
rächen. Die Hünen flohen aber trotzdem. Und nun wurde
es dunkel von der Nacht. Doch die Niflungen suchten um
die ganze Burg unten und schlugen zur Hel alle, die sie da
fanden.

Markgraf Rodinger ging in Didriks Herberge und blieb
dort die Nacht über. Und Herzog Osid und Irung-Jarl gingen jeder in seine Herberge. Nun wurde die Nacht so dunkel, daß niemand sehen konnte. Da sammelten sich drinnen viele Hünen und zogen zuhauf.

Jetzt ließ Hagen die Hörner blasen und rief sein ganzes
Volk zusammen und stand auf eine Mauer, wo alle Niflun-

gen ihm nahe waren. Da fragte er Geroholt: »Zähle, wieviel wir verloren haben mit König Gunnar! Oder: wie viele haben wir noch?« Sie ordneten ihre Scharen neu, schlugen ihre Banner aus und zählten ab. Sie hatten siebenhundert behalten und dreihundert verloren.

Da sagte Hagen: »Wir haben noch wieder Volk genug, und es sollen die Hünen noch manchen Mann lassen, ehe wir alle zur Erde fallen!« Das bejauchzten die Niflungen alle.

Als sie sich eine Weile ausgeruht hatten und ihre Wunden verbunden, sagte Hagen: »Wir können hier nicht fortkommen; und warten wir diese Nacht ab, dann sammelt sich so viel Mannschaft vom Land, daß wir noch größere Mühe haben. Darum wollen wir uns Feuer verschaffen, damit wir sehen können, und die zur Hel schlagen, die zuerst hier sind! Dann ist unsere Freiheit um so größer!«

Damit lief Hagen und suchte nach Feuer und zündete ein hölzernes Kochhaus an, das dort in der Burg stand, so daß das Feuer hinleuchtete über die ganze Burg. Da ließen die Niflungen ihre Luren blasen und verhöhnten die Hünen und forderten sie heraus, sich mit ihnen zu schlagen. Aber die Hünen standen oben an den Kampfscharten, und die einen schossen auf die andern, und sie warfen auf die Niflungen, und die Niflungen warfen wieder auf sie. Aber nicht wollten die Hünen nach unten kommen, mit den Niflungen zu streiten. Doch schlugen die Niflungen manchen zur Hel in dieser Nacht.

Osids Tod

Am Morgen früh kamen die Hünen herunter, und viele waren des Nachts hereingekommen; sie ordneten ihre Spitzen aufs Neue – das Gleiche taten die Niflungen – und gingen zusammen und stritten. Grimhild bat die Hünen, hart vorzugehen, und bot ihnen Gold und Silber dafür. König Attala war dort nicht in der Nähe.

Da kamen zusammen Herzog Osid und Geroholt und kämpften lange gegeneinander. Geroholt ging höchst tapfer auf jenen los und hieb an seinen Hals, daß das Haupt wegflog. Als der Herzog tot war, freuten sich die Niflungen sehr und gingen heftig voran. Geroholt hieb zu beiden Handen. Da litten die Hünen schweren Schaden.

Als Markgraf Rodinger die Nachricht bekam, daß Herzog Osid erschlagen war, wurde er ganz wütig und befahl, sein Banner mitten ins Heer der Niflungen zu tragen, und er folgte ihm selber mit Tapferkeit und tat den Niflungen schweren Schaden.

Da ging Hagen vor mitten ins Heer und hieb nach beiden Seiten und bahnte einen Weg quer und längs durch ihr Heer; und keiner wagte, ihm so nahe zu kommen, daß sein Schwert ihn erreichte. Hagens Hände und all seine Rüstung waren voll Blut. Er kam so weit in ihr Heer hinein, daß keiner seiner Mannen ihm zu folgen oder zu helfen wagte. Darum wandte er sich zu einem gemauerten Saal, zerschlug die Tür, ging da hinein und ruhte sich eine Weile aus.

Nun drängten die Hünen hart auf die Tür, bei der Hagen war. Er wahrte die Tür gegen sie und schlug da manchen Mann. Das sah Grimhild, wie Hagen dastand und viele erschlug. Da befahl sie, den Saal in Brand zu stecken, denn das Dach war von Holz.

Irungs Fall

Nahe dabei stand Irung, er war der Königin guter Freund; darum sagte sie zu ihm: »Geh in den Saal zu Hagen und hol mir sein Haupt heraus! Dann will ich dir den Schild

ganz mit Gold füllen!« – Da sprang Irung hinein durch die
Tür und hieb auf Hagen, daß die Brünne zerbrach, und er
ihm ein Stück aus dem Schenkel schlug. Danach sprang
Irung zum Saale hinaus.

Da sagte Grimhild zu ihm: »Du bist ein vortrefflicher
Mann! Ich sehe, daß Hagen blutet. Geh nun zu ihm, dann
wirst du schnell sein Tod!« – Sie nahm zwei Goldreife,
schmückte damit seinen Helm und sagte: »Hau nun Hagen
sein Haupt ab, dann will ich dir Gold und Silber geben, wie
du es willst!« – So sprang Irung Jarl in den Saal.

Da griff Hagen eine Spießstange und stieß sie ihm unter
dem Schild her durch Brünne und Brust, daß sie bei den
Schultern herausstand, und er stürzte tot auf den Steinweg,
und der heißt heute noch »Irungs Weg«. – Hagen sagte:
»Hätte ich Grimhild ihre Bosheit vergolten, so wie ich
Irung meine Wunde vergalt, dann hätte mein Schwert
wacker gestritten im Hünenland!«

Markgraf Rodinger kämpfte tapfer und tat den Niflungen großen Schaden. Ihn traf der junge Gisler. Sie kämpften beide lange und tapfer. Gislers Schwert biß gleich gut
auf Stahl wie auf Kleider, so daß nichts vor ihm standhielt.
Da bekam der Markgraf manche Wunde, bis er stürzte und
starb durch dasselbe Schwert, das er Gisler gab.

Gisler und Geroholt gingen mannhaft vor. Sie kamen zu
dem Saal, in dem Hagen war, und gingen zu ihm hinein.
Das sah Folkward. Er drang tapfer ihnen nach und hieb einen Mann über den anderen. Er ging so zu dem Saal, daß
er nicht auf bloße Erde trat, sondern auf tote Körper. Hagen fragte: »Wer bist du, der so mannhaft voran und hierher zu mir geht?« – Folkward antwortete: »Ich bin Folkward der Spielmann, dein guter Freund. Sieh, welchen Weg
ich bahnte hierher zu dir!« – Hagen antwortete: »Hab guten Dank dafür! Darüber wird rechte Trauer im Hünenland
sein!«

Der Kampf mit Didrik von Bern

König Didrik von Bern sah, daß der Markgraf tot war. Er sagte zu seinen Mannen: »Wir können nicht länger beiseite stehn: Wir müssen Markgraf Rodingers Tod rächen und mit den Niflungen kämpfen!«

Darauf sprang er mitten auf die blutige Gasse, und da war nicht gut stehen zwischen den Niflungen und ihm. Man konnte da hören den Sang des Eckisax auf den Helmen der Niflungen; denn Herr Didrik war voller Grimm. Die Niflungen wehrten sich unverzagt. Da stürzten manche von Herrn Didriks Mannen, und Niflungen auch.

Jetzt ging Herr Didrik ganz hart vor, so daß Hagen und Geroholt, Gisler und Folkward in den Saal zurückweichen mußten. Didrik drang ihnen nach und Meister Hillebrand. Herr Didrik kam zur Tür; dort stand Folkward und wahrte die Tür vor ihm. Herr Didrik hieb auf Folkwards Hals, so daß Folkwards Haupt dem Schwert nachfolgte.

Da sprang Hagen gegen Herrn Didrik und Geroholt gegen Hillebrand. Und Hillebrand hieb gegen Geroholt so mit seinem starken Schwert Lagulf, daß Geroholt die Todeswunde empfing und ihm gleich tot vor die Füße fiel. Nun waren nur wenige Kämpen noch übrig: Didrik und Hillebrand, Hagen und Gisler. Da ging König Attala hin, wo sie sich schlugen. Hagen sagte zu König Attala: »Handle als ein Edelmann und gib diesem Jungherrn das Leben! Das ist Gisler, der kann noch ein guter Held werden; denn am Tod von Sigfrid ist er nicht schuld! Ich erschlug ihn allein! Laß das Gisler nicht entgelten! Bleibt er am Leben, dann wird er gewiß ein wackerer Mann!«

Da sagte Gisler: »Ich war erst ein Jahr alt, als sie Sigfrid erschlugen, und ich bin schuldlos an seinem Tod. Das weiß meine Schwester Grimhild. Nicht sage ich dies aus Furcht-

samkeit! Ich will mich wehren, solang ich vermag, und will mir nicht wünschen, meine Brüder zu überleben!«

Damit ging er auf Hillebrand los, und schlug einer auf den andern, und es ging aus, wie zu ahnen: daß Hillebrand Gisler so traf, daß der gleich stürzte und starb.

Da sagte Hagen zu König Didrik: »Nun sehe ich, daß unsere Freundschaft sich lösen muß, die wir bisher hielten, und ich will nun auf dein Ärgstes aus sein, so daß entweder du stirbst oder ich! Führen wir den Kampf auf mannhafte Art, und keiner erbitte sich Hilfe dabei!« – Didrik antwortete: »Ich bitte keinen, in diesem Kampf mir zu helfen, und ich will dich noch mit Kunst und mit Mannheit bezwingen!«

Sie schlugen sich lange und überaus hart, und keiner konnte vorher erkennen, wer von ihnen gewinnen würde, bis sie beide müde waren und übel wund. Jetzt wurde Didrik ganz grimmig und grobgelaunt und grollte, daß ein einzelner Mann ihm so lange standhielt. Er sagte: »Das ist mir doch eine große Schande, daß ein Eibensohn so lange vor meinen Händen besteht!« – Hagen antwortete: »Nicht übler ein Eibensohn sein als ein Teufelssohn!«

Da wurde Didrik so wütig, daß ihn Feuer durchfuhr, und Hagens Brünne, Schild und Helm wurden so heiß, daß sie ihn beinah versengten. Hagen sagte: »Jetzt bin ich ganz voll Blut und verbrannt von meinen Brünnenringen; wäre ich Fisch, so wie ich Mensch bin, ich wäre längst gar gebraten, und ein Großteil meines Körpers ist schon gebraten – man könnte mich essen! Darum gebe ich nun auf!« – Also nahm ihm Didrik sein Schwert, seinen Helm und die Brünne ab.

Grimhilds und Hagens Ende

Da griff sich Grimhild einen brennenden Brand und stieß ihn in Geroholts, ihres Bruders, Mund; doch der war schon tot. Darauf stieß sie den Brand in Gislers Mund. Der lebte noch, doch er starb von der Flamme und vom Rauch. Da sagte Herr Didrik zu Attala: »Nun siehst du, welch ein Teufel deine Ehefrau ist, wie sie ihre Brüder, die wackeren Helden, zu Tode quält! Wie mancher Mann hat sein Leben gelassen um ihretwillen, und sie sähe wohl gerne, wenn auch wir beide, du und ich, noch zu Tode kämen!«

König Attala antwortete: »Lieber Didrik, erschlage du sie, sie ist wahrhaft ein Teufel! Hättest du das vor Tagen getan, so wäre manch tüchtiger Mann noch am Leben, der jetzt tot ist!« – Da sprang König Didrik zu Grimhild und hieb sie mitten durch.

Dann ging er zu Hagen und fragte ihn, ob er sich noch länger zu leben getraue, wenn er einen guten Heilarzt bekäme. Hagen antwortete: »Noch lebe ich ein paar Tage, doch das dauert nicht lange meiner großen Wunde wegen!« – Daraufhin ließ Herr Didrik Hagen hinüber in seine Herberge bringen und seine Wunden verbinden. Herr Didrik hatte eine Verwandte, sie hieß Jungfrau Märeth, die verband Hagens Wunden.

Hagen sagte zu Herrn Didrik insgeheim: »Schaffe mir eine Frau für die Nacht, mich verlangt danach sehr!« Herr Didrik erfüllte ihm, was er erbat; sie lag bei Hagen zur Nacht. Am Morgen früh sagte Hagen zu ihr: »Du wirst einen Sohn bekommen, laß ihn Aldrian nennen! Und hier hast du die Schlüssel, die zum Siegfriedskeller gehn! Dort liegt das Gold, das man Niflungenschatz nennt! Die Schlüssel sollst du meinem Sohn übergeben, wenn er mannbar geworden ist.« Darauf starb Hagen.

Nun waren auch die meisten tot: Von Attalas und von Herrn Didriks Volk wohl viertausend Mann; Niflungen fielen im ganzen tausend. Kein Kampf war größer in alten Sagen als dieser. Nach diesem Kampf entstand solch ein Mangel an tüchtigen Männern im Hünenlande, daß zu Zeiten König Attalas nie mehr wie früher ein gleicher Mannenreichtum sich fand; denn das Volk war meist zur Hel geschlagen.

So war Wahrheit geworden, was Königin Erka, ehe sie starb, König Attala sagte: Hünenland würde Schaden nehmen, wenn der König sich eine Frau aus Niflungenland holte.

DAS NACHWORT DER SAGA

Wenn einer nach Soest kommt, kann er die Stätten sehn, wo diese ungeheuerlichen Dinge geschahen: Den Garten, der Niflungengarten heißt – und den Schlangenturm – und den Weg, den man noch Irungs-Weg nennt – und manche anderen wundersamen Dinge, die da geschahen. Darüber sind mehrere Bücher geschrieben und bewahren dies alles.

ALDRIANS RACHE

König Attala in Hünenland war zu der Zeit ein alter Mann. Er zog Aldrian auf, den Sohn Hagens von Tröia, den dieser zeugte mit der Frau, die bei ihm lag eine Nacht ehe er starb. König Attala hatte auch einen Sohn, der zwölf Jahre alt war. So alt war auch Aldrian Hagens-Sohn. Seiner Mutter Mutter zog beide auf.

Es war eines Abends, König Attala saß bei Tisch. Vor ihm stand Aldrian Hagens-Sohn und hielt die Fackel vor ihm.

Da fiel ein Brand von der Fackel auf Aldrians Fuß und brannte durch den Schuh und nieder in den Fuß. Davon merkte Aldrian nichts. Da sprach der König zu ihm: »Was denkst du, Aldrian? Merkst du nicht, daß das Feuer dich brennt?«

Aldrian antwortete: »Ich sah, daß vor dir gut Weizenbrot liegt und köstliche Speise, und du trinkst guten Wein. Da dachte ich, der Tag würde kommen, daß du Schwarzbrot äßest und tränkst Wasser danach, wenn du es bekämest.«

König Attala antwortete: »Warum denkst du, ich würde Schwarzbrot essen oder Wasser trinken? Das geschah mir oft auf Heerfahrt in meiner Jugend, daß ich beides tat, hungerte und durstete. Doch nun bin ich so alt, daß ich nie öfter in solche Not komme.«

Nun sprachen sie nicht weiter davon; und Aldrian dachte ständig darauf, wie er seinen Vater rächen sollte und weitere seiner Verwandten.

Es war ein Tag, daß König Attala in den Wald ritt, sich zu ergötzen und Tiere zu jagen; da verirrten sich all seine Leute von ihm außer Aldrian Hagens-Sohn. Aldrian sagte zu Attala: »Wieviel Gold und Silber besaß Jung-Sigfrid?« – Attala antwortete: »Was man Niflungenschatz nennt, ist das meiste Gold, das ich auf einer Stelle weiß.«

Aldrian fragte: »Wer verwahrt das Gold?« – Attala antwortete: »Ich weiß nicht, wer es verwahrt. Ich meine, das verwahrt kein Mensch, sondern es ist in der Erde vergraben.« – Aldrian antwortete: »Was gibst du dem Mann, der dir den Niflungenschatz zeigt?« – Der König antwortete: »Ich mache ihn reicher als irgendeinen in meinem Reich!«

Da sagte Aldrian: »Hältst du dein Wort, dann weise ich dir den Niflungenschatz.« – Der König bat, ihm den zu weisen. »Dann wollen wir reiten, wir zwei allein, so daß keiner uns folgt!« – Der König antwortete: »Das kann wohl werden!« – Aldrian sagte: »Reiten wir heim im Dämmern, wenn Ihr wollt! Dann will auch ich Euch folgen.« – Und so taten sie.

Ein paar Tage darnach ritten sie fort in den Wald, König Attala und Aldrian. Ihnen begegnete keiner, und keiner vermochte zu folgen.

Sie kamen zu einem Berg. Da nahm Aldrian Schlüssel und schloß drei Türen auf. Er ging mit König Attala hinein und sagte: »Sieh nun hier den Niflungenschatz! Hier ist das Gold, das Jung-Sigfrid besaß und König Gunnar und Hagen von Tröia!«

König Attala stand lange und sah auf das Niflungen-Gold und war ganz vergnügt und meinte, er wäre jetzt der reichste König, den es gab. Da sprang Aldrian zu den Türen hinaus und schloß alle drei Türen wieder zu.

König Attala sagte: »Mein guter Freund Aldrian, komm herein zu mir! Das Gold und das Silber ist alles dein!« – Aldrian antwortete: »Du magst nun Gold haben und Silber zum Todestag! Doch ich habe lange mit Armut gelebt. Nun reite ich in den Wald und verlustige mich!«

Darauf schloß er alle drei Türen noch einmal ab und wälzte großen Berg und Steine darauf. Da kam Attala in den Sinn, daß der Knabe vorhatte, seinen Vater zu rächen und weitere Niflungen.

Drei Tage darnach kam Aldrian wieder. Da hatte der König eine Tür zerschlagen und rief Aldrian zu: »Laß mich hinaus! Ich will dir Gold und Silber geben und mache dich zum König von Hünenland! Damit büße ich dir deines Vaters Tod. Darum sollst du auch haben alles, was Gold hier im Berg ist, und mehr noch dazu; und niemals will ich das rächen an dir, was du jetzt an mir tatest!«

Aldrian antwortete: »Du begehrtest stets den Niflungenschatz, als mein Vater lebte. Nun erhältst du die Gnade von Gott, daß du nun das Gold und Silber besitzest, das viele Könige und Herren zusammenbrachten. Ich meine, der

Tag ist jetzt gekommen, daß du gern Schwarzbrot äßest und Wasser tränkst.«

Attala antwortete: »Weiß Gott, das wäre nun süße Speise, Schwarzbrot essen und Wasser trinken!« – Aldrian antwortete: »Du warst allezeit mehr darauf aus, Gold und Silber zu trinken und zu essen. Hiernach hat dich lange gehungert!« – Dann trug er Steine und Soden vor die Türen, damit der König dort niemals lebendig herauskäme.

Hierauf stieg er zu Pferd und ritt ins Niflungenland zu Königin Brünhild, König Gunnars Witwe, und sagte ihr von seiner Fahrt, wie er Hagen, seinen Vater, gerächt und König Gunnar und andre Niflungen. Sie dankte ihm sehr, rief ihr Volk zusammen und machte ihm bekannt, wie sich alles dies zugetragen. Dann gab sie Aldrian viele Ritter und Dienstmannen.

So ritt er aus mit viel Volk und Heer, gewann ein groß Teil von Niflungenland und wurde König darüber, solange er lebte. König Attala starb im Berge. Seitdem ward der Niflungenschatz niemals gefunden; denn Aldrian kam nie mehr in den Berg zu König Attala.

SAGEN
CHRISTLICHER ZEIT

Bruder Martin

ls König Konstantin, erst noch ein Heide, das Römische Reich zu beherrschen begann, das damals die halbe Welt umfaßte, da wurde in Ungarn, dem Lande Pannonien, ein Knabe geboren, der später um seines friedfertigen Mutes willen hoch gefeiert wurde und der noch heute als der heilige Martin weithin verehrt und besungen wird.

Sein Vater war Ritter im kaiserlichen Heer, ein hoher, begüterter Offizier; er befehligte eine Truppe von vierhundert Soldaten, hatte mit ihr in verschiedenen Ländern gedient und kam schließlich nach Pavia in Italien.

Martins Eltern waren Heiden; denn damals glaubten die Völker des Römischen Reiches an viele Götter, und die Christen lebten noch im Verborgenen und wurden vielfach und grausam verfolgt. Aber wenn sie auch nur erst wenige waren, so breiteten sie sich doch immer mehr aus, und oftmals half ihnen die Mutter des Kaisers, die eine heimliche Christin war.

Nun zog es den jungen Martin von Jugend auf zu den Christen und ihrer Lehre, und es war sein heißester Wunsch, einmal als ein heiliger Mann ganz der Andacht und guten Werken zu leben, wie es die ehrwürdigen Mönche taten, die ihn oft unterwiesen. So stark waren seine Sehnsucht und sein Verlangen, daß er in seinem zehnten Jahre das Haus seiner Eltern heimlich verließ und sich zu den Christen begab, um bei ihnen zu leben.

Aber Flucht und Sehnsucht schützten den Knaben vor
Kriegsdienst nicht. Söhne der Offiziere mußten nach dem
Gesetz in das Heer eintreten, und Martin, wohlgewachsen
und stark, wie er war, schien dafür wie geschaffen. So
wurde er zurückgeholt und diente, als er das Alter erreicht
hatte, im Heere des Kaisers als Fähnrich und Ritter.

Während nun seine adligen Freunde sich des Kriegs-
dienstes freuten, im Schmuck ihrer Rüstung prangten, mit
zahlreichen Dienern sich prächtig umgaben, fehlte Martin
ganz aller kriegerische Stolz, ja, dem Burschen, der ihm
zum Dienste bestimmt war, diente er selbst und zog ihm
die Schuhe ab. Obwohl ein Ritter, blieb er mildtätig zu jeder Zeit und nahm sich auch ferner das Leben der Gott
dienenden Mönche zum Vorbild.

Einst in der Fremde im grimmigen Winter ritt er im
Schwarm seiner ritterlichen Gefährten durchs Tor von
Amiens, da saß vor ihm auf vereistem Stein am Weg ein
Bettler, durch dessen Lumpen schneidend der Wind fuhr.
Niemand gab ihm Almosen oder Kleid, und die jugendli-
chen Reiter würdigten den Erbärmlichen keines Blicks;
Martin aber sah ihn an, als wäre er ihm von Gott gesandt.
Sein Geld war schon an die Armen vergeben, da griff er
seinen roten, kostbaren Mantel, schlug ihn mit dem
Schwert mitten auseinander, hängte die eine Hälfte dem
Frierenden um und ritt, nur mit der anderen Hälfte beklei-
det, schweigend den adligen Freunden nach, die ihn la-
chend und spottend empfingen.

In der folgenden Nacht aber erschien ihm im Traum der
Heiland-Christ als ein Bettelmann, mit seinem Reiterman-
tel bekleidet, und eine Stimme war ihm vernehmbar, die
sprach zu Engeln: »Martin hat mich, da ich als Bettelmann
fror, mit dem Mantel bekleidet!«

Damals war Martin kaum achtzehn Jahre alt, tief bewegte ihn der Traum, und so ließ er sich taufen. Als dann

nach zwei Jahren seine Dienstzeit zu Ende war, legte er
seine Waffen nieder und begann das Leben eines dienenden
Bruders.

Aber so leicht entging er dem Kriege nicht; denn eben
damals brachen die Feinde ins Land, und der Kaiser rief alle
Ritter zu Kampf und Abwehr. Als nun die Boten zu Martin kamen, sagte er zu ihnen: »Ich bin nicht mehr des Kaisers, sondern Christi Soldat, und Streit mit den Waffen ist
mir nicht mehr erlaubt!«

Das hörte der Kaiser, er forderte ihn zornig vor sich und
sprach: »Du fliehst den Kampf nicht um Christi willen,
sondern aus Feigheit und Furcht vor Wunden und vor
Tod!«

Ihm erwiderte Martin ganz furchtlos: »Daß keine Feigheit mich hindert, das will ich beweisen! Allem Heere
voran will ich reiten auf weißem Pferd, daß alle mich sehn,
ohne Waffen und Wehr, und das Kreuz wird mich schützen,
besser als Helm und Schild!«

Da wunderte sich der Kaiser, wie kühn Martin war, und
war es zufrieden. Als Martin nun vor der Schlachtreihe
hinritt, meinten die Feinde, ein Himmlischer lenke des
Kaisers Heer, und sie verzagten und baten um Frieden. Da
hatte der Kaiser durch den Waffenlosen gesiegt.

Martin empfing nun Urlaub für immer, nahm Abschied
von seinen Eltern und zog nach Pictavia (Poitiers) zu dem
Bischof Hilarius. Das war ein hochgebildeter Mann, hinrei-
ßend in seiner Beredsamkeit, von unbeugsamem Willen,
ein Fels im schwankenden Kampf der Parteien. Er nahm
sich des jungen Mannes an, liebte ihn wie ein Vater, machte
ihn sich zum allernächsten Helfer, zu seinem Evangeliar
und Diakon. Martin wurde sein Schüler und Freund, und
alle liebten ihn wegen seiner Freundlichkeit und Güte.
Niemals ließ er sich zu einer Lüge herab, Furcht kannte er
nicht, und er freute sich am Guttun.

Einst verlangte es ihn zu seinen Eltern zurück, und Hilarius ehrte die Sohnesliebe und erlaubte ihm zu gehen.
Martin wußte vorher, daß ihm auf dieser Reise Unheil begegnen werde, aber das hielt ihn nicht ab. Wirklich, in den
Waldalpen fiel er Räubern in die Hände, wurde seiner wenigen Habe beraubt, und einer der wilden Gesellen zückte
schon, da er Geld nicht fand, die Axt, ihn zu erschlagen;
aber ein anderer, der bewundernd Martins Unerschrocken-
heit sah, sprang dazwischen und rettete ihn. Nun wurden
ihm die Hände auf dem Rücken gefesselt, er wurde in die
verborgene Höhle gebracht und einem aus der Bande zur
Bewachung übergeben.

Als sie allein waren, fragte ihn der: »Hattest du nicht
Furcht, du allein unter so vielen? Leicht hätten sie dich erschlagen.« – Aber Martin erwiderte: »Furcht hatte ich keine,
nie war ich so sicher; denn in Not und Versuchung ist Gott
ganz nahe!«

Da wunderte sich der Räuber zum zweitenmal und
fragte ihn vieles; und Martin erzählte von seinem Leben,
pries die Güte Gottes und die Liebe Christi und wandelte
mit seinen Worten die Seele des wilden Gesellen um. Der
löste ihm die Fesseln, führte ihn auf den rechten Weg und
entließ ihn voll Ehrfurcht, er selbst aber wandte sich recht-
schaffenem Leben zu.

Martin indessen, da er wieder in Freiheit war, fand ein
Goldstück in seiner Kutte, seit langen Zeiten darin vernäht,
das hatte er vergessen, und es fiel ihm schwer auf die Seele,
daß er's den Räubern unwissend verhohlen. Er kehrte zu
ihnen zurück, fand sie, kniete vor ihnen nieder und bat um
Vergebung. Da wurde den harten Männern gewaltig das
Gewissen geregt; denn sie gedachten, welch Urteil einst
über ihr Handeln der leuchtende Richter sprechen werde,
wenn er so kleine Lüge mißbilligte. So baten sie Martin um
Hilfe und Fürsprache, hörten seinen Rat, folgten seiner

Weisung, ließen ihr schlechtes Handwerk fahren und ver-
wandelten ihr Leben.

In seiner Heimat bekehrte Martin die Mutter, nicht seinen Vater; und als er bei den Bürgern der Stadt predigte,
peitschten sie ihn mit Ruten und jagten ihn fort; denn es
war damals eine Zeit der Kämpfe und Wirren, einer haßte
den anderen um seines Glaubens willen, und Verfolgung
jagte durch alle Lande. Damals wurde auch Bischof Hilarius aus Poitiers verbannt; aber er ertrug Nachstellungen,
Gefangenschaft und Marter mit kühnem Mut, ließ nicht
von seinem Glauben und wurde nach elenden Jahren wieder in sein Bischofsamt eingesetzt. Da eilte Martin zu ihm
zurück, begrüßte ihn voll Freuden und waltete nun in der
Nähe der Bischofsstadt über das Kloster Ligugé, das für das
älteste von ganz Frankreich gehalten wird. So war der
Traum seiner Knabenzeit endlich erfüllt. Er war ein Mönch
und heiliger Mann geworden, und seine Liebes- und Wunderkraft lockte schnell zahlreiche Schüler an, die gleich
ihm ein einfaches Leben führten, der Lehre lauschten und
ihren Mitmenschen dienten.

Einmal war Martin über Land gegangen und erfuhr bei
seiner Zurückkunft, daß einer seiner Lehrschüler eben ver-
storben war. Da nahm er ihn in seine Arme, trug ihn in
seine Zelle, bettete ihn auf sein Lager, warf sich über ihn,
betete und rief ihn mit solcher Inbrunst und Kraft des
Wortes ins Leben zurück, daß er wieder zu atmen begann,
die Augen aufschlug und sich erhob. Dieser Schüler erzählte später, was er in jenen Stunden erlebte. Da war das
Urteil ihm schon gesprochen, und er wurde an einen
dunklen Ort gebracht. Aber zwei Engel riefen dem Richt-
herrn zu: »Halt ein! Dieser ist's, für den Martin, dein Bruder, so inbrünstig bittet!« Sogleich gab der Herr des Gerichts ihn frei, und die Engel nahmen ihn und führten ihn
behutsam zu dem Bruder Martin zurück.

Zu der Zeit starb Gregor, Bischof von Tours. Da erbaten sich die Bürger den Bruder Martin als Bischof. Er
aber wollte nicht und weigerte sich, ein so öffentliches
und vornehmes Amt zu übernehmen, denn er liebte das
einfache Leben des Mönchs, er war ein Naturkind, ging
ärmlich gekleidet, und das Haar war ihm verstrobelt.
Auch einige unter den Bischöfen widerstrebten seiner
Wahl, der Name des eifrigsten unter ihnen bedeutete
»Widersacher«. Als nun die geistlichen Herren zu Tische
gingen, ergriff einer den Psalter, schlug auf und las: »Aus
dem Munde der Unmündigen und Einfältigen hast du dir
Lob geschaffen und zerstörst den Feind und Widersacher.« Das war ihnen wie ein Zeichen, die Gegner gaben
den Widerstand auf, und Martin wurde einstimmig zum
Bischof gewählt.

Er aber wollte die Wahl nicht annehmen und verließ
sein Kloster nicht. Also ging einer der Bürger zu ihm hinein und bat ihn zu seiner siechen Frau, damit er sie heile.
Das glaubte der gewissenhafte Bruder nicht verweigern zu
dürfen und ging mit ihm hin. Da ergriffen ihn die Bürger
von Tours und trugen ihn im Triumph zu seiner Einset-
zung als Bischof.

Man erzählte aber auch, daß Martin flüchtete und, als sie
ihn suchten, sich zuletzt in einem Gänsestall versteckte. Da
hätten nun die Gänse ein so fürchterliches Geschrei erhoben, daß man dem Grund nachforschte und den Bruder
Martin entdeckte. Seitdem haben Martins Freunde einen
Zorn auf die Gänse; und jährlich an seinem Namenstag
müssen Gänse ihr Leben lassen.

Auch als Bischof blieb Bruder Martin so einfach, wie er
war. Um dem Mönchsleben, das er so liebte, nicht fremd zu
werden, gründete er zwei Meilen von Tours entfernt ein
neues Kloster, wo er bald wieder mit achtzig Lehrschülern
in großer Kargheit und Einfachheit lebte. Eigentum hatte

keiner von ihnen, sondern was sie besaßen, war ihnen gemeinsam. Weiche Kleider und weiches Lager waren dort unbekannt, die Speise war einfach, und Wein, den man in Frankreich sonst täglich trinkt, gab es dort nur als Arznei.

Heilungen und Sinneswandlungen aber mehrten sich in Martins Kloster von Jahr zu Jahr. Je älter der gute Bruder wurde, desto mehr ging eine Kraft von ihm aus, die vielen unbegreiflich und wunderbar schien. Das war jene geheime Kraft, die verborgen in jedem Menschen schlummert, aber erst offenbar wird durch die Hingabe an die göttliche Kraft und Liebe.

Einmal, an hohem Feiertag, als Martin zur Kirche ging, Messe zu halten, folgte ihm ein Armer, der war fast nackt. Daher trug Martin dem Kämmerer auf, den Armen zu kleiden. Der Kämmerer war ein sparsamer Mann und verweigerte das. Also nahm Martin den Armen mit in die Sakristei, legte den Mantel ab, zog seinen Rock aus, gab ihn dem Armen mit seinem Segen und hängte sich wieder den Mantel um. Dankend zog der Glückliche fort. Als nun der Kämmerer kam und Martin mahnte, die Feier zu beginnen, antwortete dieser: »Messe kann ich nicht halten, solange dem Armen der Rock fehlt!« Mit dem Armen meinte er aber sich selbst. Der Kämmerer verstand ihn nicht, weil der Mantel seine Blöße deckte, sah auch den Bedürftigen nirgends mehr und meinte: »Es ist kein Armer vorhanden!« – Da öffnete Martin den Mantel und sagte: »Mir mußt du den Rock beschaffen, dann ist kein Armer mehr zu bekleiden!« Jetzt gingen dem Kämmerer die Augen auf; er geriet in heillosen Zorn, daß er getäuscht war, lief auf den Markt, kaufte für wenig Geld einen schlechten, kleinen Rock, griff ihn und warf ihn dem Bischof vor die Füße. Das mochte er wagen, weil Martin niemals in Zorn geriet. Dieser nahm den Rock, zog ihn stille an, ging so in die Kirche und las die Messe mit tiefem Ernst, während ihm die Arme bis zu den Ellenbogen heraussahen und die Beine bis zu den Knien. Und da war es, als er die Messe las, als strahlte ein feuriger Glanz um sein Haupt, und er schien den Andächtigen einem Apostel gleich.

Von seinem Tod wird manches erzählt. Er wußte ihn
vorher und tröstete seine Brüder. Er fürchtete sich nicht
und vertraute darauf, daß der Widersacher nichts an ihm
finden werde.

Als nun Bischof Martin gestorben war, bestatteten ihn
die Bürger von Tours mit großer Liebe und Trauer draußen
vor der Stadt bei dem von ihm gegründeten Kloster. Zu
seinem Grab pilgerten bald viele Kranke und Bedrückte,
und es geschah ihnen oft, wenn sie inbrünstig beteten, daß
die Krankheit von ihnen abfiel und Furcht und Kummer
sie verließen. So kam das Grab des Bruders Martin in den
Ruf großer Wunderkraft und wurde als Wallfahrtsort weit-
berühmt.

Die Herren von Tours aber berieten darüber, wie solche
Wallfahrt der Stadt selbst zu Ruhm und Nutzen gereichen
könne, und so beschlossen sie, den Leichnam des Wunder-
tätigen auszugraben und im Dom von Tours mit Ehren
wieder beizusetzen. Dies wurde festgelegt, und es kam der
Tag, an dem der Sarg des Bischofs Martin in feierlichem
Zug durch die Stadt getragen wurde. Damals hatten an der
Brücke von Tours zwei Bettler ihren Platz, von denen der
eine blind, der andere lahm war. Lebten sie auch elend genug, so waren sie doch nicht unzufrieden; denn ohne daß
sie arbeiteten, gaben mitleidige Menschen ihnen ausrei-
chende Spenden.

Diese beiden lagen nun an der steinernen Brücke und
hörten von fern das Singen der Priester und das Brausen
des Volkes, welches den Zug des heiligen Martin begleitete,
und sie wußten, was das bedeutete. Da sie nun sehr in
Sorge waren, der Zug würde bei ihnen vorbeikommen und
sie könnten durch unverhoffte Genesung ihre einträgliche
Pfründe verlieren, so wurden sie unruhig und beratschlag-
ten, was zu tun wäre. Und aus Furcht vor der Ankunft des
heiligen Martin beschlossen sie, daß der Blinde, da er gehen

konnte, den Lahmen auf seine Schultern nehme, der
Lahme aber, da er sehen konnte, ihm sorgsam den rechten
Weg wiese. So taten sie und zogen vorsichtig von ihrem
gefährdeten Platz fort. Inzwischen wurde das Singen und
Rumoren des Volkes so laut und vernehmlich, daß sie ei-
ligst in eine Gasse einbogen, die klein und krumm war.
Aber man trug den Heiligen damals gerade auch durch die
kleinen Gassen, damit auch die Armen an seinen Wohltaten
teilnehmen könnten; und so fanden sich die beiden Bettler
plötzlich von der Menge des Volks umschlossen, konnten
nicht vor- und nicht rückwärts und mußten dulden, daß
der Zug feierlich an ihnen entlangzog und der volle Segen
des freundlichen Bruders hilfreich über sie niederregnete.
Als sie sich nun recht besahen und befühlten, da begannen
dem einen die Augen, dem anderen die Beine gesund zu
werden. Voller Verwunderung versuchten und erprobten sie
ihre neugewonnenen Glieder, und da sie sie brauchbar und
tüchtig fanden, fielen sie sich in die Arme und vollführten
hinter dem entschwindenden Zug einen unbeholfenen
Freudentanz. Es scheint aber, daß auch in ihren trübseligen
Geist ein Lichtblick gefallen war und daß sie ahnten, welch
köstlicher Schatz gesunde Glieder sind, und wie sie mit ihnen – wenn auch mit einiger Mühe – einen redlicheren
und fröhlicheren Verdienst gewinnen könnten als mit untä-
tig empfangenen Almosen.

So wirkte der Segen des Bruders Martin noch lange
nach seinem Tode fort. Und bis zum heutigen Tag zieht am
zehnten November das Volk mit Laternen und Liedern
umher, reitet er selbst auf weißem Pferd durch Straßen und
Gassen, erwärmt er die Herzen von jung und alt.

ROLANDS TOD

er Franken König Karl, den man später den Großen nannte, hatte lange in der spanischen Mark Krieg geführt. Er hatte die Heere der Sarazenen geschlagen, ihre Städte gestürmt, das Hochland erobert. Nur die Stadt Saragossa am Ebrofluß widerstand seiner Macht. Dort herrschte Marsilies, ein König der Heiden.

Aber voll Sorge war König Marsilies, und er rief die Getreuen zum Rat zusammen: »Sagt mir, wie sollen wir Karl begegnen? Keine Stadt kann ihm trotzen, kein Heer widerstehen! Wie retten wir vor dem Christenhund Spanien und das schöne Saragossa?«

Da sprach der weise Blancadrin: »Wem die Macht fehlt, dem hilft die List! Heucheln wir Freundschaft und Frieden mit Karl, senden wir ihm reiche Gaben und Geiseln, geloben wir ihm, nach Aachen zu kommen und christlichen Glauben anzunehmen, so möchte er wohl unser Land verlassen. Ist er erst übers Gebirge fort, dann mag er lange vergeblich warten! Läßt er unsere Geiseln enthaupten, so gehen sie ein ins Paradies; aber befreit von den Ungläubigen ist dann das herrliche Spanien!« –

Dies schien den Edlen ein guter Rat, sie alle stimmten dem Alten zu, bezeichneten die Geiseln, wählten die Geschenke und sandten Boten an den mächtigen König Karl.

Im Lager der Christen traten die Gesandten des Marsilies vor den Herrscher der Franken, neigten sich bis zur Erde, legten die Ölzweige vor ihm nieder und brachten

ihre Botschaft vor. Ruhig hörte Karl sie an; dann hieß er sie
warten. Am anderen Morgen hielt er Rat mit den Großen.
Da waren Erzbischof Turpin, Herzog Naimes von Bayern,
Herr Walter von Leon, Graf Berengar, Gerin und Gerer,
Herr Oliver, Graf Ganelon und sein Stiefsohn Roland, Kö-
nig Karls Neffe.

Im Rat sprach Graf Ganelon: »Leichter als so könnt ihr
Spanien niemals gewinnen! Nehmt des Marsilies Botschaft
an, so können wir mit Ehren nach Hause zurückkehren!«

Dagegen rief der junge Roland: »Wie wolltet ihr wohl
dem Heiden trauen? Er hat sich schon oft als Verräter gezeigt! Seid ihr erst fort und übers Gebirge, sind die
Schwüre vergessen! Richtet also die Banner auf und laßt
uns nach Saragossa ziehen!«

Herzog Naimes aber riet, einen Edlen nach Saragossa zu
senden, um alles zu prüfen. Dazu erboten sich viele, doch
Ganelon wich zurück. Er fürchtete den Verrat und die
Treulosigkeit der Sarazenen; hatten sie doch erst unlängst
zwei Boten Karls erschlagen.

Als nun Roland den Rat gab: »Sendet Graf Ganelon,
keinen Besseren könnt ihr finden! Hat er uns doch die
Treue der Heiden gerühmt!« Da hätte Ganelon gern wi-
dersprochen; doch er mochte seine Furcht nicht gestehen.
So wurde er von Karl für die Botschaft bestimmt.

Sobald aber der Rat zu Ende war, fuhr er Roland mit
zornroten Augen an: »Übel hast du dieses geraten, mein
Stiefsohn Roland! Gibt mir Gott, daß ich wiederkehre, so
will ich dir das gründlich vergelten!«

Darüber lachte der junge Roland nur: »Ihr habt doch
nicht Furcht, Graf Ganelon? Sonst laßt mich hinfahren!«
Der aber antwortete mit giftigem Grimm: »Ich werde fahren! Du wirst an mich denken!«

So ritt Graf Ganelon fort mit den Heiden, und manche
seiner Freunde bedauerten ihn, als ritte er zu Grab.

Unterm Ölbaum traf er den Blancadrin, des Königs Marsilies Rat. Der neigte sich tief vor ihm und sprach: »Einen edlen Mann hat Herr Karl uns gesandt; aber unguten Zuspruch hat er empfangen, daß er so schlecht unseren Worten traut!«

»Wahrhaftig«, sagte Graf Ganelon, »das ist allein nur Rolands Schuld! Immerfort ruft er zu Hader und Streit! Ihm täte wohl eine Lehre not!«

Da merkte der Blancadrin, daß Ganelon Haß gegen Roland hegte, und er beschloß, das auszunutzen. Er schmeichelte ihm, und er lockte ihn, und ihm schien, er hätte den Mann gefunden, der den eigenen Herrn zu verraten bereit war. So ritt er mit ihm nach Saragossa zum Hofe der Heiden.

Vor Marsilies richtete Ganelon seine Botschaft aus: »Euch entbietet der große Karl: Wollt Ihr den Christenglauben empfangen, so will er Euch mit halb Spanien belehnen. Verweigert Ihr aber solche Umkehr, so will er Euch gebunden nach Aachen führen. Nun mögt Ihr wählen!«

König Marsilies ergrimmte so furchtbar über diesen Spruch, daß er den Boten am liebsten in Stücke gehauen hätte. Blancadrin aber sprach ihm heimlich zu und wandelte seinen Sinn.

Als nun der König sich im Garten erging, führte ihm Blancadrin Ganelon zu. Da wurde zwischen den dreien manches besprochen und beispielloser Verrat geschmiedet. Ganelon sollte dem König Karl die Unterwerfung der Mauren melden. Wenn dann das Heer übers Gebirge zurückzog, sollte Roland die Führung der Nachhut bekommen. Die sollte dann von den Mauren vernichtet werden. So verriet Graf Ganelon seinen Stiefsohn Roland, seine Freunde und Mitkämpfer, den König, seinen Herrn. Mit kostbaren Gaben überhäuft, kam er zum christlichen Heer zurück.

Die Schlüssel Saragossas auf samtenem Kissen brachte Ganelon dem König und die Unterwerfung des Königs Marsilies. Vor dem Herbst noch versprach Marsilies den Franken nach Aachen zu folgen und christlichen Glauben anzunehmen. Aber alles war Trug.

Während die Franken voll Freude zum Aufbruch rüsteten, hatte ihr König sorgenvolle Träume. Am Morgen rief er die Großen zusammen: »Die Pässe sind eng, und die Wege sind schlecht und die Feinde gefährlich. Starke Nachhut muß uns das Heer schützen. Wer soll Führer der Nachhut sein?«

Da rief Graf Ganelon schnell: »Keinen Kühneren habt ihr als meinen Stiefsohn Roland!« Alle stimmten ihm gerne zu, und so schwang Roland sich auf sein Streitroß, mit ihm sein treuer Kampfgenoß Oliver, andere Edle und starke Kampfscharen schlossen sich an, den Übergang des Heeres über die Berge zu decken.

Nun zog König Karl mit dem Haupteer voran, wieder dem Frankenreich zu. Ihm zur Seite ritt Herzog Naimes, und hinter ihm folgte Graf Ganelon. Ganelons Gebaren mißfiel König Karl sehr, aber er wußte den Grund nicht und sah unmutig drein. Als Herr Naimes ihn fragte, was ihn bedrücke, antwortete er, ihm ahne Unheil. Aber Herr Naimes erwiderte: »Sorgt nicht um Roland, er ist ein herrlicher Held! Und er hat das Horn Olifant! Ist er in Not, so wird er uns rufen!« – Rolands Horn Olifant war in Silber gefaßt, und blies er mit aller Macht darauf, so gab es einen Ton, der meilenweit hallte. Aber niemand auf der ganzen Erde vermochte das Horn zu blasen als Roland allein.

Indessen hatte der König Marsilies ein riesiges Heer vor Saragossa versammelt. »Ronceval!« war der Schlachtruf: »Nach Ronceval! Dort wollen wir Rolands Stolz bezähmen!« Sie legten die Panzer an, dreifach, gedoppelt, schnallten die Helme fest, gürteten sich mit den Schwertern. Im

Winde flogen die bunten Banner, blau, weiß und grün, und in der Sonne blitzten die Rüstungen. So zogen sie in eiligem Ritt dem Gebirge zu, bis sie Tal Ronceval nahe kamen.

Roland und Oliver hörten Getöse, Rossegetrappel, vielstimmigen Hörnerschall. Oliver sprang einen Hügel hinauf und sah den unendlichen Zug im Tal: »Bruder Roland, die Heiden kommen! Nun blase dein Horn, Freund, blase dein Wunderhorn, der König ist nah und kommt schnell zurück!«

Da lachte der starke Roland und sprach: »Erst schwing ich mein Schwert, den Durandart, seine Klinge soll manchen bekehren!«

Bald sahen alle am Eingang des Tals die Schilde leuchten, die Helme glühen, die Lanzen blitzen, und Oliver rief den Franken zu: »Jetzt kommt die Stunde der Heldenschlacht! Gott möge euch stärken!«

Da riefen die Franken: »Schande, wer flieht! Ging's auch zum Tod, keiner wird fehlen!«

Unten bedeckten sich alle Wege und Hänge mit den reitenden Scharen der Sarazenen. Und wieder rief Oliver dem Roland zu: »Blase, Freund, blase den Olifant! Der König ist nah und kommt uns zu Hilfe!«

Aber Roland sprach: »Das wolle Gott nicht, daß wir aus Furcht um Hilfe rufen! Leichter trag' ich den Tod als den Vorwurf der Feigheit!« Und Roland blies nicht.

Nun neigte es sich zur furchtbaren Schlacht. Erzbischof Turpin trat vor das Heer hin. Da sprangen die Franken gewappnet aus den Bügeln, knieten und empfingen den Segen Gottes. Und Roland ritt die Reihen entlang auf Vaillantif, seinem schnellen Roß, und den weißen Wimpel an seiner Lanze schwang er empor. Damit gab er das Zeichen; und nun brausten die Franken in die Feinde hinein.

Gewaltig tobte die große Schlacht. Roland war riesig und bärenstark. Mit dem Speer durchstieß er die Reihen der Feinde, bis der Schaft an feindlicher Rüstung zersprang. Da zog er sein Schwert, die stahlharte Klinge, den herrlichen Durandart, damit bahnte er eine Gasse mitten durch die Massen, und der Arm wurde ihm rot vom vergossenen Blut.

So schlugen die Franken die Vorhut zusammen, und reitende Boten meldeten an Marsilies: »Herr König, die Franken reiten scharf! Kommt uns zu Hilfe! Unsere Vorhut ist zerschlagen!«

Da bliesen tausend Hörner aus allen Schluchten, und überall quollen die Massen der Feinde hervor. Wohin die Franken sich wandten, fanden sie sich umstellt, aber vor ihrem Ansturm wichen die Feinde. Hier kämpfte der riesige Roland mit seinen Scharen, da drüben wehte das Banner des tapferen Oliver, dort stand der Erzbischof wie ein Turm in der Schlacht. »Bei ihm ist der Krummstab in wackeren Händen!« sagten die Franken.

Immer wieder wurden die Mauren geworfen. Marsilies schäumte vor Wut darüber, daß die Seinen nicht endlich den Sieg errangen, und schickte neue Scharen vor. So schmolz die Mannschaft der mutigen Franken, wenn sie auch nicht wich und gewaltig sich wehrte, immer stärker zusammen und verblutete am ewig neuen Ansturm der Feinde. »Blase, Freund Roland, blase den Olifant!« rief Oliver zum drittenmal. »Jetzt kann uns König Karl nicht mehr retten, aber rächen kann er uns noch, und er erkennt den Verrat des Ganelon!«

Da hob Roland das Horn und blies mit Macht, daß Berge und Täler widerhallten.

König Karl war schon weit, und sein Heerzug war lang; doch sie vernahmen den fernen Schall. Sie fuhren empor, und der König rief: »Das ist Rolands Horn! Jetzt kämpfen die Franken!«

Aber Ganelon sprach: »Warum Rolands Horn? Das mag auch der Ruf des Waldkauzes sein!«

Da tönte das Horn zum zweitenmal. Es hörte es der König, es hörten es alle Franken. »Das ist Rolands Horn!« sprach König Karl. »Er bläst es niemals außer in der Not!«

Doch Ganelon sprach mit frecher Stirn: »Was sollen wir säumen? Die Heimat liegt vor uns! Bläst Roland, so bläst er aus Übermut!« König Karl aber zürnte gewaltig über Ganelons Wort.

Da blies Roland zum drittenmal. Er blies so gewaltig, daß ihm Blut aus dem Mund und den Schläfen sprang. Und Olifants Ruf zog über die Berge, acht Meilen weit, daß alle ihn hörten. Da rief Herzog Naimes: »Jetzt ist Roland in Not!« Und indem er das Schwert aus der Scheide riß und auf Ganelon zuritt, schrie er: »Der ist ein Schuft, der das leugnen will!« Bei diesen Worten wurde Ganelon blaß.

König Karl ließ alle Heerhörner blasen, und der Heerzug stand und wandte sich um. Jetzt war Ganelon als Verräter erkannt. König Karl ließ ihn gefesselt auf ein Maultier binden, und nur mühsam hielt er die Franken zurück, ihn augenblicks zu töten. Roland aber, nachdem er geblasen hatte, warf sich noch einmal hinein in die Schlacht und stürmte gegen die Mauren an, die unter des Marsilies Führung heranrückten. Er drang voll Zorn gegen den Heidenkönig vor und schlug ihm einen gewaltigen Schlag, traf aber statt des Vaters den Sohn, der sich ihm vor die Klinge warf und den Todesstreich auffing. Dem Marsilies aber, der seinen Sohn zu rächen suchte, schlug er die treulose Schwurhand ab, so daß er in wilder Flucht davonjagte.

Doch der Kampf war damit noch nicht zu Ende. Neue Scharen drangen auf die geschwächten Ritter ein. Zu Tode verwundet, sank Oliver nieder, und rasend kämpfte Roland um den Leib des Freundes und beklagte seinen Verlust.

Als die Nacht niedersank, waren die Franken fast alle gefallen, nur Erzbischof Turpin und Herr Walter von Leon kämpften noch gegen die Übermacht. Da stieß Roland noch einmal ins Horn. Er blies so gewaltig, daß ihm das Blut von der Schläfe sprang. König Karl und die Franken hörten den Ton, ihre Hörner gaben das Echo zurück, und mit Entsetzen erkannten die Heiden, wie nahe Karl war. Noch einmal stürmten sie wild heran, erschlugen Roland das Pferd unterm Leib; aber sie flohen vor seinen furchtbaren Hieben und stoben in heilloser Flucht davon.

Herr Walter von Leon war gefallen, Erzbischof Turpin auf den Tod verwundet; Roland aus vielen Wunden blutend, durchirrte allein das Feld. Er suchte die toten Helden und trug sie auf seinen Armen zum Erzbischof Turpin. Er fand Gerin und Gerer, Otes und Graf Berengar, Oliver und Herrn Walter. Er bettete sie in langer Reihe, jeden auf seinen Schild, und der Erzbischof hob sterbend die Hand und segnete sie.

Tot waren nun die Franken alle, tot Oliver, tot Turpin. An einer Fichte lehnte Roland, auch er todwund. Er sah auf Durandart, sein Schwert. Keine Scharte hatte der gute Stahl. Der sollte nicht in die Hände der Feinde fallen!

Auf einen Marmorblock schlug er die herrliche Waffe. Aber die Klinge brach nicht, sondern der Stein sprang entzwei. »O Durandart, du so blank und hart, du Sieger in hundert Kämpfen!«

Er legte es auf die Erde, sich selbst darauf, faltete die Hände und ließ sein Blut verrinnen. So starb Roland, König Karls Paladin, ungebrochen und unbesiegt, der Übermacht preisgegeben durch den Verrat des Ganelon.

Als König Karl mit dem Vortrab des Heeres in Ronceval ankam und das Schlachtfeld beschaute, brannte ihm das Herz. Da lagen seine Getreuen in langer Reihe, von Scharen erschlagener Feinde umgeben, Roland darunter wie der Sieger der Schlacht. Karl ließ sie aufheben und zur Heimat zurückführen; dabei fand und bewahrte er den Durandart.

Über den treulosen Ganelon wurde ein scharfes Gericht gehalten. Er leugnete; aber ein Gottesurteil offenbarte seine Schuld. Darauf wurde er von vier Pferden zerrissen.

DER CID

er hatte den Königen des stolzen Kastilien so treu gedient wie Ruy Diaz von Bivar? Wer hatte ihnen so ruhmreiche Schlachten geschlagen? Vor ihm zitterten die Mauren, die arabischen Fürsten und Könige in Spanien, ob sie auch damals, kurz nach dem Jahre 1000, zwei Drittel des Landes in ihrem Besitz hatten, und sie nannten ihn »el mio Cid – mein Herr«. Er aber fürchtete sich nie, der kraftvolle Mann mit dem breiten Bart. Ernst und würdig war er, schnell und unbeugsam in seinen Entschlüssen, gütig gegen die Besiegten, seinen Getreuen ein guter Freund.

Aber Erfolg und Ruhm des Cid ließen seine Gegner nicht schlafen. Mißgunst und Neid trieben sie immerfort an; und hatten sie bei den früheren Königen nichts gegen ihn vermocht, so fanden sie endlich bei König Alfons ein offenes Ohr. Ihm flüsterten sie zu, daß der Cid den besten Teil der erbeuteten Schätze für sich behalte, daß er unersättlich sei nach Ruhm und Beute, keinem Willen sich beugen wolle, ja danach strebe, seine Macht über die Könige Kastiliens zu erhöhen. Seine Redlichkeit nannten sie Trotz, seine Vorsicht Verschlagenheit, seinen Mut Übermut, seine Treue Schmeichelei. Und weil König Alfons zu aufmerksam ihrem Flüstern lauschte, mußte es ihm erscheinen, als nähre er mit seiner Gunst den gefährlichsten Feind und schlimmsten Verräter. Da kochte in ihm der Zorn, und in all seine Lande gingen seine Briefe: »Verbannt sei Ruy

Diaz, genannt der Cid, aus den Grenzen Kastiliens, seine Habe verfallen, sein Vermögen dem König eigen. Frist sei ihm gesetzt, das Land zu verlassen, neun Tage, nicht mehr, danach möge ihn schlagen, wer da will, mit Schwert oder Lanze, ungestraft! Wer aber ihm hilft, soll es büßen mit seiner Habe, an seinen Augen, an seinem Leben!«

Er aber, Ruy Diaz, mein Cid, rief seine Vasallen zusammen, die mit ihm die großen Schlachten geschlagen hatten, und sprach: »Ihr meine Getreuen: Wollt ihr hier bleiben in dem edlen Kastilien, so empfangt euern Sold! Wollt ihr aber mit mir ziehen in die gefährliche Fremde, zu Kampf und Sieg, so soll Gott es euch lohnen!«

Da rief Alvar Fañez Minaya, sein treuester Kampffreund: »Mit euch, mein Cid, ziehn wir in Gefahr und in Kampf, euch dienen wir als treue Vasallen!«

Da winkte der Cid, und sie hoben die Fähnlein und ritten nach Norden. Dabei flogen die Krähen links als ein übles Zeichen. Und als er in seine Heimat kam nach Bivar vor sein Schloß, da fand er es geplündert, seine Habe geraubt, seine Pferde verschwunden, seine Falken entflogen, und er weinte vor Zorn und Scham: »Das haben meine üblen Feinde getan! Wie soll ich jetzt meine Getreuen lohnen?« – Doch bezwang er den Schmerz und sprach: »Du Herr in der Höhe lenkst unsere Wege! Reiten wir weiter nach der guten Stadt Burgos!«

Und weiter ritten sie bis vor die stolzen Türme von Burgos, und diesmal flogen die Krähen rechts als ein gutes Zeichen.

In Burgos liebten sie den Cid, und gerne hätten sie ihm geholfen, doch sie wagten es nicht aus Furcht vor König Alfons. Sie standen an den Fenstern, Männer und Frauen, sahen ihm nach und weinten um ihn: »Ruy Diaz, mein Cid, welch ein guter Vasall! Hätte er nur einen guten Herrn!«

Aber Martin Antolinez, ein Edler aus Burgos, ritt dem Kämpen entgegen. Er fürchtete sich nicht vor des Königs Zorn. Wegzehrung brachte er, soviel er vermochte. Da rief der Cid: »Martin Antolinez, du leuchtende Lanze, das will ich euch danken! Nun helft mir, das nötige Geld zu beschaffen!« – »Mein Cid, wer gibt Geld ohne sicheres Pfand?« – Da lachte der Kämpe: »Ist der Cid nicht reich? Hat er nicht einen Goldschatz? Kommt, helft ihn mir heben!«

Sie nahmen zwei rote, silberbeschlagene Truhen, füllten sie mit Sand und verschlossen sie fest. »Antolinez, das ist der Schatz des Cid! Darauf wollen wir leihen!« –

Als es Nacht war, ging Antolinez nach Burgos hinein zu zwei reichen Juden, heimlich, daß kein Auge ihn sah: »Rachel und Vidas, ihr meine guten Freunde! Gebt mir die Hand, ihr verratet mich nicht! Ihr wißt, der Cid muß das Land verlassen, dabei kann er den Goldschatz nicht mit sich nehmen. Ihr sollt ihn zu treuen Händen empfangen, ihn auf bessere Zeiten verwahren, aber nicht an ihn rühren, ehe ein Jahr um ist. Dafür sollt ihr ihm Bargeld leihen, soviel er bedarf! Es soll euer Schade nicht sein!«

Rachel und Vidas sahen sich an, sie kannten den Cid, seine Macht, seinen Reichtum, seinen rechtlichen Sinn. Sie nickten und sagten: »Ist gut! Aber erst werden wir sehen, dann werden wir geben!« – Sie kamen zum Cid, verneigten sich tief und küßten ihm die Hände; dann besahen sie die Truhen, prüften sie und fanden sie schwer genug; darauf schrieben sie den Schuldschein. »Aber schwört mir, Rachel und Vidas, daß ihr die Truhen nicht öffnet vor Jahresfrist! Sonst erhaltet ihr nichts!«

Sie schwuren den Eid, hoben die Truhen und führten sie mit Martin Antolinez heimlich nach Burgos hinein. Dreihundert Pfund Silber zahlten sie ihm aus und dreihundert Pfund Gold. Da sprach Antolinez: »Rachel und Vidas, in eurer Hand ist der Schatz des Cid. Ich habe es vermittelt; was ist nun mein Anteil?« – Einen goldbestickten Mantel gaben sie ihm, einen Pelz und dreißig Pfund Silber. Damit kam er zum Cid: »Für Euch sechshundert, für mich noch einmal dreißig!« – Da breitete der Cid die Arme aus: »Martin Antolinez, mein treuer Vasall! Nun besorge, was not ist! Und dann komm eilends nach Sankt Peter von Cardeña, denn die Frist läuft ab!«

In Sankt Peter von Cardeña wohnte Doña Ximena, die Gattin des Cid, eine Frau aus fürstlichem Geschlecht. Sie sprach unter Tränen: »Ich bleibe verlassen, und unsere Töchter sind klein! Was soll aus uns werden?« – Da tröstete sie der Cid und gab sie in die Obhut des Abtes von Sankt Peter. Am Abend kam Martin Antolinez mit vielen Reitern – da war die Frist um.

Mit dreihundert Lanzen, dreihundert edlen kastilianischen Rittern zog der Cid über die Grenze in das feindliche Maurenland. Sie ritten die ganze Nacht hindurch, bis der Morgen graute. Über der Stadt Castejón (sprich: Kastechón) ging glänzend die Sonne auf. Die Tore öffneten sich, die Landleute zogen zur Arbeit hinaus, und sorglos plänkelten die Wachen am Tor. Da kam der Cid mit seinen Reitern über die Hügel herangebraust mit geschwungenen Degen; sie warfen die Wachen über den Haufen, preschten durch die Gassen, besetzten die Feste. Kein Widerstand war möglich, Castejón war genommen! Und reiche Beute: Gefangene, Korn, Schafherden, Rinder. Mein Cid, noch gestern ein landloser Flüchtling, war nun Herr einer Stadt! Und er teilte seinen Getreuen aus!

Aber Castejón lag zu nahe der Grenze, und er wollte keinen Streit mit König Alfons, seinem Herrn. Darum drängte er fort. Was sollten ihm nun Vieh, Korn und Gefangene? Er schickte in die Orte umher, bot die Beute zu billigen Preisen an, und die Bauern kauften sie gern. Hundert Mauren und hundert Maurinnen gab er frei, und sie segneten ihn.

Der Schrecken seines Namens lief vor ihm her und verschloß alle Tore. Fünfzehn Wochen lang lag er vergebens
vor der Stadt Alcocer. Da versuchte er es mit List. Er brach
die Zelte ab bis auf eines und ritt mit entfalteten Fähnchen
fort. Die Bürger strömten voll Glück aus den Mauern, um
im verlassenen Lager nach Beute zu suchen – plötzlich kam
er zurück, schnitt die Neugierigen ab, besetzte die Tore, gab
keinen Pardon, und Per Vermudoz steckte sein Banner auf
die höchste Zinne. Die Gefangenen ließ er ledig, damit sie
ihm dienten, dafür küßten sie ihm die Hände.

Jetzt fiel Furcht auf die Orte ringsum, auf Terrer und auf
Calatayuth, und sie schickten um Hilfe zu dem König von
Valencia. Der sandte seine Feldherrn Fariz und Galve mit
3000 Mauren, die schlossen den Cid in Alcocer ein.

Drei Wochen lang lagen sie vor der Stadt, bis dem Cid
das Wasser mangelte und das Brot. Da rief er die Seinen
zum Ausbruch zusammen: »Heute reiten wir, alle! Es bleibt
niemand zurück! Nur zwei Fähnlein bewachen das Tor! Per
Vermudoz, Ihr tragt das Banner! Doch niemand greift an,
ehe ich es befehle!«

So brachen sie in die Feldschlacht hinaus. Vom Geschrei
der Wachen tönte die Erde, überall war Aufruhr, Erregung,
Hast. Die Mauren sammelten sich in drei großen Haufen.
Da ließ Per Vermudoz sich nicht mehr halten: »Ich trage
das Banner hinein in die Feinde! Kavaliere, wer das Herz
hat, holt es heraus!« Und er brauste davon. Vergeblich rief
ihn der Cid zurück. Die Mauren umringten ihn, der
Kampf begann. Da hob der Cid seinen Degen und rief:
»Voran, Kavaliere! Ich bin Ruy Diaz, der Cid, der Kämpe
von Bivar!« – Sie hoben die Schilde, senkten die Wimpel,
spornten die Pferde. Dreihundert Lanzen, jede traf ihren
Feind; da wurden die weißen Wimpel rot.

Sie zersprengten den ersten Haufen und warfen sich auf
den nächsten. Alvar Fañez Minaya faßte zugleich die Feinde

im Rücken. »Mahomet, Mahomet!« schallte es dort, »Sankt
Jakob!« hier. Bald waren die Mauren in wilder Flucht, von
den Kastilianern verfolgt; Fariz warf sich verwundet nach
Terrer, Galve nach Calatayuth. Fünfzehn Christen waren gefallen, 1300 Heiden. Der Sieg war gewonnen, die Beute gewaltig, und sie wurde streng nach der Regel verteilt. Auf den
Fünfteil des Cid kamen hundert Pferde.

Da berief der Cid den gewandtesten seiner Vasallen, Alvar Fañez Minaya, einen sehr klugen Kopf, und schickte
ihn nach Kastilien zu König Alfons, seinem angestammten
Herrn, ihm ein würdiges Geschenk zu bringen. Auch
sandte er Gaben für den Abt von Sankt Peter, für Doña Ximena und die Juden von Burgos – und seine Gefährten gaben tausend Grüße für die Heimat mit.

Dreißig edle arabische Rosse, wohlgesattelt und reichge-
zäumt, brachte Minaya mit der Siegesbotschaft dem König
Alfons. Dieser war erfreut und gerührt von der Treue des
Cid. Er stellte seinen Kavalieren frei, in allen Ehren zum
Cid zu ziehen. Zweihundert kastilianische Ritter führte
Minaya dem Kämpen zu und überbrachte die Grüße von
Doña Ximena und dem Abt von Sankt Peter. Cid umarmte
den Boten aus teurer Heimat und küßte ihm den Mund
und die Augen, und seine Mannen jubelten ihm zu.

Nun war der Cid stärker als zuvor, und niemand wagte,
ihn anzugreifen. Aber das Land war ihm zu eng, er strebte
nach Größerem. Als der Frühling kam, verkaufte er Alcocer an seine Feinde, und sie waren glücklich, ihn loszuwer-
den. Aber die Mauren von Alcocer, Männer wie Frauen,
weinten bei seinem Auszug.

Hin und her zog der Cid, umgeben von Feinden, Heiden
wie Christen, aber sie zwangen ihn nicht. Denn unwider-
stehlich war er in der Feldschlacht. Vom König von Barce-
lona gewann er in diesen Kämpfen eine berühmte Waffe, den

Degen Colada. Seine Vasallen hielten ihm unverbrüchliche
Treue, und er lohnte sie gut. Er aber wollte das große Valencia gewinnen, die weiße Stadt am Meer. Alle christlichen
Könige rief er auf und ihre Vasallen, und neue Scharen zogen
ihm zu. So zog er mit 4000 Lanzen hinab und setzte sich fest
auf einem Hügel über der See. Vor den Mauern von Valencia
stand er nun und sah hin auf die leuchtende Stadt, ihre Gärten, das Meer. Aus den Gärten von Valencia ließ er durch
seine Reiter die Ernte einsammeln und versperrte alle Zu-
gänge der Stadt, so daß Hungersnot eintrat. Mit großem Geschrei wurde die Vorstadt gestürmt. Da baten die Mauren um
Frieden. Der Cid gab ihnen Frist, sich Hilfe zu holen, doch
sie kam zu spät. So zog er an der Spitze seiner Scharen ein
und pflanzte sein Banner auf die Zinnen des Alcazar, der
Burg von Valencia. Jetzt besaß mein Cid eine mächtige Stadt,
eine der reichsten von Spanien, die hatte er den Mauren entrissen, den Christen gewonnen. Einen fränkischen Bischof
setzte er ein, um den Glauben zu pflegen, Hieronymus, einen
kraftvollen Kämpfer mit Kreuz und Schwert. Dann verschloß er die Stadt; denn mit riesigem Heer nahten die Mauren zum Entsatz heran. Sorglos durch ihre achtfache Übermacht, zerstreuten sie sich in die Gärten und Flecken vor
den Toren, zehn Tage lang. Am elften aber fuhr der Cid über
sie, schlug die Überraschten vollständig und machte riesige
Beute. Da wurden seine Vasallen reich. Jeder Fußknecht hatte
fortan ein Pferd; und die alten Gefährten bekamen Häuser
und Vermögen.

Wieder schickte er Minaya zu König Alfons mit hundert
prächtig geschirrten Pferden. Mit Freude empfing sie der
König, und mit Verwunderung hörte er, daß der Cid den
Heiden Valencia entrissen und einen christlichen Bischof
eingesetzt hatte. »Der Cid dient mir weit besser als Ihr!«
sagte er zu dem Grafen Garcia Ordoñez, der die Taten des
Cid verkleinern wollte. Er gestattete nun, daß Doña Ximena

und ihre Töchter sich zum Cid begäben. Er gab ihnen Schutz bis zur Grenze seines Reiches, von da an geleitete sie der arabische Freund des Cid, der edle Maure Avengalvon. Der Cid selbst, durch Eilboten benachrichtigt, ritt hinaus den Frauen entgegen in der Kraft seiner Männlichkeit, geschmückt mit seinem langen Bart, auf Bavieca, dem mächtigen Streitroß. So traf er seine Töchter und Doña Ximena. Diese warf sich zu seinen Füßen und dankte ihm, daß er sie aus Schande befreit habe, er aber küßte und umarmte sie alle. Er führte sie auf die Zinne des Alcazar und zeigte ihnen das schöne Valencia, die weiße Stadt, das blaue Meer, die blühenden Gärten.

Es bekümmerte Jussuf, den Sultan von Marokko, daß der Cid in den maurischen Ländern saß, denn die Mauren in Spanien und die Mauren und Sarazenen in Marokko waren miteinander verwandt. Mit 50000 Mann kam er über das Meer und schlug um Valencia seine Zelte auf. Da erschrak Doña Ximena vor der Menge der Feinde. Mein Cid aber freute sich, daß Frau und Töchter ihn nun kämpfen sehen sollten. »Jetzt erfahrt ihr, wie man sein Brot verdient! Reichtum und Ehre bringen sie uns, unsern Töchtern zur Mitgift!« Er ließ sich nicht in Schrecken setzen. Durch Kühnheit und List zersprengte und verjagte er die zwölffache Übermacht. Von der riesigen Beute bestimmte er für König Alfons das kostbare Sultanszelt und zweihundert Pferde.

König Alfons, der mit seinen Kavalieren Minaya entgegenritt, bekreuzigte sich, als er den Reichtum sah. »Wann werde ich ihm dies danken können?« – Er wünschte den Cid zu sehen und zu sprechen.

In des Königs Gefolge befanden sich die Infanten von Carrion, Grafen aus vornehmstem Prinzengeschlecht. Sie sahen den riesigen Reichtum des Cid und hätten gern daran teilgehabt. Sie baten daher den König, für sie um die Töchter des Cid zu werben.

Glücklich war der Cid, daß er den König sehen sollte. Orejas am Tajo wurde als Ort für das Treffen vereinbart. Weniger behagte dem Cid der Wunsch der Infanten. »Sie sind stolz und vornehm!« sagte er; doch wollte er dem König nicht widersprechen.

Farbig leuchteten die baumlosen Ufer des Tajo, als König Alfons mit großem Gefolge an Herren und Damen sein Lager dort aufschlug.

Auch der Cid zog mit all seinen Getreuen stolz gerüstet und prächtig heran. Valencia ließ er im Schutz seiner Ritter. Sie durften die Tore der Stadt nicht öffnen, weder bei Tag noch bei Nacht.

Als der Cid des Königs ansichtig wurde, sprang er vom Pferd, warf sich auf die Erde, biß das Gras mit den Zähnen, demütigte sich und weinte. »Steht auf, mein Cid! Küßt mir die Hände, doch nicht die Füße!« – Aber Cid blieb liegen und rief zu ihm auf: »Ich erbitte mir Gnade von meinem Herrn vor allen Edlen Kastiliens. Schenket mir Eure Liebe wieder!« Da sprach König Alfons: »Ich verzeihe Euch, mein Cid, und schenke Euch meine Liebe wieder und gebe Euch alle Eure Rechte zurück!« –

Jetzt erhob sich der Cid und küßte des Königs Hände, sprang auf und küßte ihm den Mund. Alle, nur nicht die Feinde, waren ergriffen von Freude und bestaunten den Mann mit dem mächtigen Bart.

»Herr!« sprach der Cid. »Ihr sollt heute mein Gast sein!« – »Nein, Cid, Ihr seid heute der meine! Morgen, wie's Euch gefällt!« – Am nächsten Tag ließ der Cid zurüsten und speiste die ganze Versammlung, wie man drei Jahre so gut nicht gegessen hatte.

Als Bischof Hieronymus die Messe gehalten hatte, bat der König den Cid, seine Töchter Doña Elvira und Doña

Sol den Infanten von Carrion zu geben. Ihm antwortete
der Cid: »Sehr vornehm sind die Infanten von Carrion,
und meine Töchter sind jung. Aber ich gebe sie Euch zu
treuen Händen, Ihr mögt sie geben, wem Ihr wollt!« – König Alfons sprach nun den Infanten die Töchter zu und
stiftete selbst ein reiches Geschenk. Die Infanten küßten
dem Cid die Hände und tauschten mit ihm die Degen aus.
Er aber bat den König, einen Stellvertreter zu ernennen,
der die Töchter an Königs Statt den Infanten übergebe.
Dafür wählte der König Alvar Fañez Minaya aus.

Zum Abschied beschenkte mein Cid die Kavaliere und
lud sie zur Hochzeit nach Valencia ein. Viele erbaten vom
König die Erlaubnis, und so wuchs der Haufen des Cid, der
des Königs schmolz. Sechzig wohlgezäumte Zelter und
Rosse ließ der Cid dem König als Gabe zurück.

In Valencia wurde die Hochzeit mit Pracht gefeiert, und
Minaya übergab an Königs Statt Doña Elvira und Doña Sol
den Infanten von Carrion. Mit reichen Geschenken fuhren
die Kavaliere nach Kastilien zurück.

Während die Infanten noch als Gäste in Valencia weilten und
im Alcazar wohnten, brach eines Morgens der große Löwe
aus seinem Käfig aus. Da sah man die Infanten vor Furcht
beben. Fernando verkroch sich unter ein Bett, Diago im Stall
hinter die Kelter. Man weckte den Cid, er erhob sich gelassen und ging geradeswegs auf den Löwen zu. Dieser senkte
den Kopf. Cid packte ihn an der Mähne und führte ihn in
den Käfig zurück. Jetzt kamen die Infanten aus ihren Ver-
stecken hervor, beschmutzt und befleckt. Der Cid aber befahl, ihre Feigheit nicht bekanntwerden zu lassen.

In dieser Zeit kam auch Bukar, der König von Marokko,
mit großer Macht herüber, um Valencia zurückzuerobern.
50000 Zelte schlug er ringsherum auf. Die Infanten sahen
das riesige Heer mit Grausen: »Wir werden Carrion nicht

wiedersehen, unsere Frauen werden Witwen sein!« – Der Cid aber freute sich auf den Kampf. Schon am nächsten Tag führte er seine Kastilianer zur Feldschlacht hinaus. Die Infanten wagten hier ihre Furcht nicht zu zeigen, ja Fernando bat um den ersten Schlag. Als er aber, während die Truppen sich ordneten, gegen einen Mauren anritt, griff dieser ihn an. Da warf Fernando sein Pferd herum und flüchtete. Per Vermudoz kam ihm zu Hilfe, schlug den Mauren zusammen und brachte dessen Pferd dem Infanten als Beute. Fernando rühmte sich nun des Sieges, und der Cid war stolz auf den Schwiegersohn. Per Vermudoz aber schwieg.

Nun ritt Bischof Hieronymus vorauf. Er trug das Feldzeichen in den Feind und stritt gewaltig; der Cid spornte sein Roß Bavieca und stürmte vor, zugleich griff Minaya von der Seite her an. Überall erfaßte die Sarazenen der Schrecken. Sie wurden zersprengt, ihr Lager gestürmt, die Zelte eingestürzt, und stundenweit setzten die Reiter des Cid ihnen nach.

Cid selbst verfolgte in wilder Jagd den König Bukar: »Hierher, Bukar! Du kamst übers Meer, den bärtigen Cid zu besuchen! Komm, wir wollen uns begrüßen und Freundschaft schließen!« – Aber Bukar rief zurück: »Du spornst dein Roß und schwingst deinen Degen. Mir scheint, du willst ihn an mir versuchen! Doch strauchelt mein Pferd nicht und wirft mich nicht ab, so wirst du mich nicht mehr am Ufer erreichen!« – »Du irrst, Bukar!« – Cid spornte Bavieca und erreichte den Mauren drei Längen vorm Meer. Er schlug ihm den Todesstreich, daß die Edelsteine vom Helme spritzten, und gewann das edle Schwert Tizon, eine Waffe, die Goldes wert war.

Nach diesen Geschehnissen hatten die Infanten keine Sehnsucht mehr, länger in Valencia zu bleiben. Sie drängten zur Reise. Zum Abschied gab der Cid seinen Töchtern kostbare

Stoffe und reichen Schmuck, den Infanten einen Schatz an
Silber und Gold und die herrlichen Schwerter Tizon und
Colada. Auch schickte er Felez Muñoz mit, damit er sähe,
wie in Carrion die Frauen gehalten würden. Dann nahm er
mit Umarmungen Abschied. In Molina empfing der mauri-
sche Freund des Cid, Avengalvon, die Reisenden mit großer
Gastlichkeit. Er geleitete sie mit zweihundert Reitern und
gab ihnen große Geschenke zum Abschied. Als aber die Infanten sahen, wie reich er war, besprachen sie sich heimlich,
wie sie diesen Ungläubigen töten und sich seiner Habe be-
mächtigen könnten. Dieses Gespräch wurde Avengalvon
hinterbracht. Sofort umringte er mit seinen Reitern die Nie-
derträchtigen, riß das Schwert heraus und sprach zu ihnen,
die vor Furcht bebten: »Was tat ich euch Übles, Infanten von
Carrion? Als meine Gäste nahm ich euch auf, bewirtete
euch, gab euch Geleit und Geschenk; ihr aber dachtet, mich
tückisch zu morden! Wäre der Cid nicht mein Freund, ich
wollte euch tun, daß die Welt davon spräche!« – Damit warf
er das Schwert in die Scheide und preschte mit seinen Reitern davon.

So im Angesicht ihrer Frauen gedemütigt, ritten die Infanten weiter bis in die wilden Berge von Robredo de
Corpes, wo Raubvögel kreisten und Raubtiere hausten.
Hier schlugen sie die Zelte auf. Am Morgen schickten sie
ihre Begleitung vorauf und blieben allein mit den Frauen
zurück; und nun mit dem Rufe: »Rache für den Löwen
von Valencia!« rissen sie ihnen die Kleider herunter, banden
sie fest, peitschten sie im Wetteifer, ohne an ihre Bitten und
ihr Flehen sich zu kehren, und ließen sie in blutigen Hemden für tot dort liegen. Dann eilten sie ihrer Begleitung
nach, um auch Felez Muñoz stumm zu machen.

Felez Muñoz war hinter der Schar der anderen zurück-
geblieben und wartete in Unruhe auf die ihm anvertrauten
Frauen. Er schöpfte Argwohn, verbarg sich im Walde und

erwartete den Vorbeizug der Infanten. Als diese allein dahergeritten kamen, warf er sein Pferd herum, sprengte zurück, rief und fand endlich die jungen Frauen wehklagend
und zerschunden. »Sähe dies der Cid!« rief er aus. – Sie öffneten die Augen und verlangten zu trinken. Er holte Wasser in seinem Hut, tränkte und wusch sie, setzte sie auf sein
Pferd, deckte sie mit dem Mantel zu und führte sie aus der
gefährlichen Wildnis fort. – Ein Gefolgsmann Minayas
wohnte unweit in San Esteban de Gormaz. Dieser nahm
die Töchter des Cid in Treuen auf, kleidete sie und pflegte
sie gesund. Indessen lief die Kunde von der Untat der Infanten durchs ganze Land. König Alfons betrübte sich tief.
Der Cid saß eine lange Stunde und sann. Dann stand er auf,
faßte an seinen Bart und sprach voll Ruhe: »Die Infanten
werden ihre Schandtat nicht genießen! Ich werde meine
Töchter ehrenvoll verheiraten!« – Er schickte Minaya, Vermudoz und Antolinez, seine tüchtigsten Kämpen, mit
zweihundert Reitern, die Töchter zu holen. Sie ritten Tag
und Nacht und fanden die Frauen in San Esteban de Gormaz. Alle weinten. Nach reichlichen Dankesgaben brachten die Männer beide Frauen im Geleit nach Valencia zurück. Der Cid ritt ihnen entgegen, umarmte und küßte sie
und lächelte. »Seid ihr wiedergekommen, meine Töchter?
Besser will ich euch vermählen, als es diesmal geschah!«

An König Alfons schickte der Cid diese Botschaft: »Die
Tat der Infanten muß den König bekümmern; denn *er* hat
meine Töchter vermählt. Doch jene haben mein Gut genommen. Möge der König einen Hoftag ansetzen, auf dem
ich meine Klage erhebe, mein Recht erstreite!« – Lange
dachte König Alfons nach, dann sprach er: »Ich will dem
Cid zu seinem Recht verhelfen!« Er berief alle Großen und
die Ritter des Landes in Frist von sieben Wochen nach Toledo am Tajo. Die Infanten baten, sie von diesem Hoftag zu
befreien, aber der König wies ihre Bitte ab: »Wer nicht auf

meinem Hoftag erscheint, verfällt der Acht und wird aus
dem Reich verstoßen!«

In Toledo am tiefeinschneidenden Tajo trafen sich auf dem
Hoftag alle Kavaliere Kastiliens. Da waren Graf Henric und
Graf Reymond, die Grafen Fróila und Birbon, Cids alter
Feind Garcia Ordoñez, die Infanten von Carrion mit zahl-
reichem Anhang und die Menge der Ritterschaft. Der Kö-
nig ritt mit seinem Gefolge dem Cid entgegen: »Wolle
Gott, Cid, daß der Hoftag Eure Ehre herstelle!« – »Amen!«
antwortete der Cid.

Am anderen Morgen vor Sonnenaufgang hörte der Cid
in San Servan die Messe; dann überschritt er den Tajo und
betrat, stolz gekleidet, im Schmuck der Waffen, den Hoftag.
Der König erhob sich mit all seinen Kavalieren – nicht
wollten sich erheben Graf Garcia Ordonez und die Sippe
der Infanten von Carrion –, aber den Platz an der Seite des
Königs wies der Cid dankend zurück.

König Alfons eröffnete den Hoftag und sprach: »Meine
Kavaliere, Gott segne euch! Ich habe euch zusammengerufen meinem Cid zuliebe, damit er sein Recht erhalte gegenüber den Infanten von Carrion. Großen Schimpf, wie
wir alle wissen, haben sie seinem Haus angetan. Zu Richtern ernenne ich Graf Henric und Graf Reymond. Recht
sollt Ihr schützen und Unrecht bestrafen! Frieden verkünde ich und schwöre bei San Esidre: Wer unserer Ordnung sich widersetzt, der wird verbannt aus dem Reich
und verliert meine Gunst! Jetzt klage, mein Cid!«

Da erhob sich der Cid und sprach: »Ich klage gegen die
Infanten von Carrion. Daß sie meine Töchter verstießen,
dafür habe nicht ich die Unehre. Ihr, König, verheiratetet
sie, und Ihr werdet wissen, was heute zu tun ist. Aber als die
Infanten meine Töchter aus Valencia führten, liebte ich sie
mit Herz und Seele und gab ihnen zwei kostbare Schwer-

ter mit, Tizon und Colada, die ich im Kampf gewonnen hatte. Damit sollten sie Euch in Ehren dienen. Da sie meine Töchter verstießen, wollten sie nichts mit mir mehr gemeinsam haben und verloren meine Liebe. Mögen sie mir also die Schwerter zurückgeben, da sie meine Schwiegersöhne nicht mehr sind!« – Diese Forderung erklärten die Richter für gerecht.

Da besprachen sich die Infanten mit ihren Sippenfreunden und sagten: »Ein Glück, daß Cid nicht wegen der Töchter klagt! Jetzt haben wir nichts mehr zu befürchten! Geben wir ihm die Schwerter!« – Denn damals war es Sitte, daß ein Kläger nur einmal klagen durfte, wenn er nicht die besondere Erlaubnis des Königs bekam. – Sie übergaben also die Schwerter dem König, und dieser gab sie dem Cid. Der Cid zog sie aus der Scheide und prüfte sie; da wurde es in der Runde hell. Er schenkte sie seinen treuen Gefährten Per Vermudoz und Martin Antolinez.

Jetzt erhob sich der Cid zum zweitenmal und sprach: »Eine weitere Klage erhebe ich gegen die Infanten von Carrion: Als sie aus Valencia meine Töchter wegführten, gab ich ihnen Gold und Silber an dreitausend Pfund. So handelte ich nach meiner Weise, sie handelten nachher auf ihre Weise. Mögen sie mir mein Gut wiedergeben!«

Hier sah man die Infanten sich heftig beschweren: Üblich sei es, nur einmal zu klagen. Sie hätten deshalb die Schwerter gegeben, damit der Cid nichts weiter mehr fordere. Graf Reymond fragte darauf den König, ob er die zweite Klage zulasse. Der König bejahte es. Die Infanten, welche schon vieles vergeudet hatten, versuchten, die Herausgabe zu verweigern oder zu verzögern, aber die Richter sprachen das Vermögen dem Cid zu, und zwar sofort. So mußten die Infanten zurückgeben, was sie hatten, dazu an Stelle des Fehlenden ihre besten Pferde und Waffen, und verloren dadurch all ihren Reichtum.

Danach erhob sich der Cid zum drittenmal: »Die größte Schmach darf ich nicht verschweigen. Die Infanten von Carrion, die mich so entehrten, kann ich nicht ungezügelt lassen. Sagt mir, wie verdiente ich das um euch? Tat ich euch unrecht, so will ich es hier vor dem Hoftag gutmachen. Als ihr fort von Valencia zogt, gab ich euch meine Töchter mit unendlichem Gut. Wenn ihr sie nicht wolltet, ihr hündischen Verräter, warum nahmt ihr sie samt dem Vermögen mit, warum schlugt ihr sie wund mit Riemen und Sporen, ließt sie allein, fast mit nichts bekleidet, den wilden Tieren und Vögeln zum Fraß? Ja, übel handeltet ihr, und riesig ist eure Schande! Ihr werdet mir Genugtuung geben, sonst urteile dieser Hof!«

Ihm antwortete Fernando: »Ihr habt Euer Gut, Cid, nun laßt Eure Klage! Wir Grafen von Carrion sind so hohen Geblüts, daß uns Töchter von Königen und Kaisern anstünden!« – Und Diago fügte hinzu: »Wir bereuen nicht, daß wir Eure Töchter verstießen! Wir haben uns dadurch nur selbst geehrt! Unebenbürtig waren sie uns, und die Spuren werden sie nicht vergessen!«

Da sprang Per Vermudoz auf und rief: »Infanten von Carrion, ihr lügt, wenn ihr meint, ihr wäret von besonderem Wert! Mut und Rechttun, der Adel des Mannes, wo sind die bei euch? Deine Künste, Fernando, will ich erzählen, daß alle es hören! Als wir um das große Valencia kämpften, da batest du um den ersten Hieb. Du sahst einen Mauren und wolltest ihn angreifen; aber du flohst, als er dir entgegenritt. Ich besiegte ihn und gab dir sein Pferd, du aber rühmtest dich des Sieges vor dem Cid und den anderen, welche die Wahrheit nicht wußten! Du hübscher Junge, du Zunge ohne Faust, wie wagst du hier zu reden? Ich fordere dich als einen Lügner und Feigling! Im Kampf wird man sehen, was dein Adel wert ist!«

Hierauf erhob sich Martin Antolinez und sprach: »Diago von Carrion, vergaßest du den Löwen? Du verkrochst dich im Stall, bargst dich hinter der Kelter ohne Mantel und beschmutztest dir den Rock! Wo war da dein Adel? Ein Feigling bist du! Ich fordere dich vor diese Klinge! Da wirst du bekennen, daß die Töchter des Cid mehr wert sind als du!«

König Alfons entschied, daß die Paare kämpfen sollten und die Klage des Cid beendet sei. Auf Bitten der Infanten wurde der Kampf um drei Wochen verschoben.

Kurz nachdem der Richterspruch ergangen war, erschienen am Hofe Gesandte der Könige von Navarra und von Aragon. Sie küßten König Alfons die Hände und baten für ihre Herren um die Töchter des Cid, damit sie rechtmäßige Königinnen in ihren Ländern seien. Da sprach der Cid, nachdem er die Gesandten begrüßt hatte, unter dem Schweigen des Hofes zu König Alfons: »Das danke ich dem Schöpfer, daß man mich um die Hand meiner Töchter bittet für die Könige von Navarra und Aragon. Aber Ihr seid mein Herr, in Eure Hände habe ich meine Töchter gegeben, und nichts werde ich tun ohne Euren Willen!«

Jetzt erhob sich König Alfons und bestätigte die erbetene Heirat in feierlicher Weise. Mit Vertrag und Siegel wurde sie fest beschlossen, allen zur Freude, nur nicht der Sippe von Carrion.

Zum Abschied umarmte der Cid die Grafen Henric und Reymond, die ihm zu seinem Recht verholfen hatten, und gab ihnen reiche Geschenke, ebenso den Gesandten der Könige. Seine drei Kavaliere ließ er in des Königs Schutz. Dieser geleitete ihn noch über den Tajo hinüber, als er davonzog.

Drei Wochen später wurde in Carrion der Kampfplatz abgesteckt. Die Infanten kamen verspätet und mit großem Gefolge in der Hoffnung, die Kämpen des Cid umzubrin-

gen; aber der König wachte über sie. Vergebens baten sie
auch, den Gebrauch der guten Schwerter Tizon und Colada zu verbieten – der König verweigerte die Bitte, und
der Kampf begann.

Per Vermudoz traf den Infanten Fernando mit der Lanze
am Schild vorbei, durchbohrte zwei der drei Schuppenpanzer, die er übereinander trug, und stieß ihm den dritten
samt dem Hemd in die Brust, daß ihm das Blut aus dem
Munde sprang, die Riemen rissen und er über den
Schwanz seines Pferdes hinab in den Sand rollte. Als er den
Tizon über sich sah, bekannte er sich als besiegt.

Martin Antolinez und Diago zerbrachen ihre Lanzen im
Anritt. Als nun Martin Antolinez das Schwert Colada zog,
leuchtete der Platz. Mit einem Schräghieb schlug er Diago
die Helmzier samt Helmtuch und Haaren weg. Diago rettete sich vor der geschwungenen Klinge durch einen
Sprung aus den Schranken und verlor damit sein Recht
und seine Ehre. So waren die Verräter bestraft. Stolz kehrten die siegreichen Vasallen zum Cid zurück. »Wo gibt es
solche Kerle wie euch?« rief er aus.

Seinen Töchtern und den Prinzen von Navarra und
Aragon richtete der Cid eine Hochzeit aus, welche die frühere weit übertraf. Durch sie kam sein Blut in die königlichen Geschlechter, und spätere Herrscher rühmten sich ihrer Abkunft vom Cid. Sicher saß er jetzt in den eroberten
Landen, von seinen Freunden geliebt und geehrt, von seinen Feinden gefürchtet. Pfingsten 1099 ist er gestorben.

Wenige Jahre später räumten die Christen Valencia. Den
Leichnam des Cid nahmen sie mit sich und begruben ihn
zu Sankt Peter von Cardeña. Was ein einzelner Mann erobert und behauptet hatte, konnte das ganze Abendland
nicht bewahren.

DAS IGORLIED

ies ist das Lied von Igor, dem Fürsten, der furchtlos ausritt, siegte und unterlag, doch nicht verzagte, Unglück zu Glück zwang, dem Feind entwich und nach Hause zurückkam, ein Haupt seiner Heimat. So sang es der Sänger in den Hallen der Fürsten, an den Tischen der Mannen:

Ist es nicht recht und rühmlich, Brüder, anzuheben nach alter Weise die harmvolle Mär von der Heerfahrt Igors, der seine Seele mit Tatkraft füllte, der kampfbegierig die kühnen Scharen zur Feldschlacht führte, zum Ringen gegen die Polowzen um das russische Land? Wie es geschah, so sollt ihr's vernehmen, das Gute – das Schlimme!

IGORS AUSRITT

Er sah hinauf, wie der Falke späht zur blinkenden Sonne. Aber Finsternis hüllte die Sonne ein, und finster blickend warnte sie ihn: »Hüte dich, Igor! Düster ist die Stunde! Unheil wohnt bei unrechter Zeit!«

Doch Igor achtete nicht der warnenden Zeichen, ihn rief die Sehnsucht nach blauer Ferne: »Steigt mir rasch, meine tapferen Russen, auf die tanzenden Pferde, daß wir den blauen Don gewinnen, Wasser des Stroms mit den Helmen schöpfen, Lanzen brechen in der Polowzen Land, siegen oder kühn kämpfend das Leben lassen!«

Da wieherten die Rosse, da tönten von den Türmen
weithin die Glocken, da schmetterte das Schlachthorn von
Nowgorod – und sie brausten davon. Aber entgegen war
ihnen der Wind, und schwarze Dohlen zogen in dunklen
Wolken zum Don.

Im Feld vor Putil sitzt Igor ab, wartet unter knatternden
Fahnen. Und da braust er im Trupp seiner Reiter heran,
der Fürstherr von Kursk, sein junger Bruder, Wsewolod,
der wilde Ur, sprengt vor ihn hin, blitzt ihm in seine hellen
Augen und ruft laut, ihm entgegen: »*Ein* Licht nur flammt
über meinem Leben, einen Bruder nur weiß ich, dich, Igor,
den Falken! Nun laß die reisigen Rosse satteln! Gerüstet
zum Kampf stehen meine Krieger vor Kursk! Und die
Kursker Reiter sind rasche Kämpfer, unterm Hornruf geboren, im Helme gebettet, vertraut mit allen Wegen des
Kriegs! Hell singen an ihren Bogen die Seiten, und ihre
Pfeile sind nadelspitz!«

Und Fürst Igor hebt sich im goldenen Stegreif und
winkt. Da steigen die Fahnen, da bäumen sich die schar-
renden Rosse, und die reisigen Scharen reiten hinaus ins
Feld.

DER RITT GEGEN DEN FEIND

Sie reiten die Tage, oft auch die Nacht. Immer ferner versin-
ken die Hügel der Heimat, immer näher rückt die Fremde,
der Feind. Doch düstere Zeichen wirft auf den Weg die ver-
hüllte Sonne, die Nacht weckt Scharen schreiender Vögel
auf, und Raubtiere heulen durch die düstere Steppe.

Zum rauschenden Don führt Igor die Scharen, die Reiter von Nowgorod und die Krieger von Kursk. Nach Süden reiten sie, den Polowzen entgegen, den alten Feinden
drunten am blauen Südmeer. O du Sehnsucht zur Ferne,

du Durst nach Ruhm! Warum lockst du die Falken fort aus dem sicheren Horst?

Aber jenseits des Don, auf finsteren Pfaden, auf den unbefahrenen, spurlosen Straßen, hasten die feindlichen Horden heran, keucht es mit knarrenden, rasselnden Rädern im Schutz des Dunkels zum nächtlichen Don. Nun huschen im Laub schon die hungrigen Vögel, rufen die Adler das Raubzeug zur Atzung, schleichen die Wölfe, bellen die Füchse; keine Nachtigall schlägt, nur kreischen die Krähen. –

Einen Freitag im Frührot, da kommt es zum Kampf. Besät wird das Feld mit sausenden Pfeilen, und dann stürmen sie vor, hauen die Schwerter in berstende Helme, zermalmen die Heiden, zersprengen, zerstäuben sie, erspringen die Wagen – und ihr eigen ist alles.

Sie schleppen die Mädchen lachend ins Lager, fassen die Beute: Leuchtendes Gold! Knisternde Seide! Schweren Brokat! Hin auf die Heide wird Seide gebreitet, über den Sand das schimmernde Leinen, silbergestickt, goldfadendurchwirkt. Und Beute greift jeder. Doch Igor nimmt einen roten Helmbusch, den schweren, silberbeschlagenen Speer und das Purpurbanner mit weißflatterndem Band.

So sind die verruchten Polowzen zersprengt, die schwarzen Raben! Der Schwertsieg gelang, der Don ist bezwungen! Und süß nach dem Kampfe schlummern sie nun, die kühnen Falken aus Olegs Horst, auf sorglosem Lager; weit flogen sie aus.

Aber nicht schlummern die Feinde wie sie. Einem grauen Wolf gleich stürmt Gsak durch die Steppe, Kontschak folgt ihm dicht auf den Spuren, und hinter ihnen die reitenden Horden: »Zum Don! Zum Don!« Den aufkommenden Tag kündet blutroter Brand, nachtschwarze Wolken vom südlichen Meer, von Blitzen durchzuckt, von Verhängnis erfüllt. Nun sind sie heran; und es huscht und es wispert. Und dann schüttet es Pfeile am rauschenden Don, wie Hagel prasselnd.

Wolken von Pfeilen wehn auf die Igorstreiter, Staub wirbelt auf, Fahnen rauschen. Von allen Seiten in dichten Scharen rücken die heidnischen Haufen heran, umringen im Kreis die russischen Krieger. Von der Höllenbrut kommt wildes Geheul. Doch aus roten Schilden errichten die Russen einen schimmernden Wall, daran brandet der Sturm an. Und da steht er, der junge, im wildesten Kampf wie ein wütender Ur, der kühne Wsewolod, im blinkenden Goldhelm, schießt in die Feinde seine sausenden Pfeile. Und wieder hämmern die Schwerter auf Helme, stürzen von den Schlägen der Klingen die Häupter der Heiden zu Haufen in Staub. Der Ur zerschlägt Helme wie brechende Späne, spürt die brennenden Wunden nicht. Er schlürft den Kampf wie berauschenden Wein; und alles vergißt er: des Ruhmes Leuchten, des Lebens Lust, die stolzen Türme der fernen Heimat, des Vaters hochragenden Fürstenthron, ja den heißersehnten, lächelnden Gruß der wartenden Braut.

Vom Sonnenaufgang bis zum sinkenden Abend, von Mitternacht bis zur Morgenröte schwirren die Pfeile, hämmern auf Helme stählerne Klingen, splittern Speere fern im Polowzenland. Schaudernd verschlingt die schwarze Erde menschliche Leiber, und mit Strömen von Blut wird die Saat gedüngt.

DIE RUSSEN ERLIEGEN DER ÜBERMACHT

Es tönt ein Rauschen, es schallt ein Klingen im Morgenschein. Seine tapferen Krieger ordnet Igor zu frischem Angriff. Neu wird der Kampf. Einen Tag widerstanden die Starken der Übermacht, nun noch den zweiten. Am dritten um Mittag sinken die Fahnen Igors.

Verbraucht ist er ganz, der feurige Blutwein, die tapferen Russen heben die Tafel auf. Sie hatten die Hochzeitsgäste bewirtet und waren selber zu Boden gesunken. Nun rollt russisches Gold in die Steppe, und das Glück versinkt im Polowzenstrom. Da trennen die Brüder sich traurigen Herzens. Und aus goldgesticktem Fürstensattel steigt Igor herab, sitzt nun nieder in den Sattel des Knechts. Fünfzehn nur flüchten auf schnellen Pferden, bringen die Kunde, die Kummerbotschaft zur Heimat zurück. Da stehen in trüber Trauer die Städte, und im russischen Land verstummt die Lust.

Die Klage des Grossfürsten

In dieser Nacht in der Fürstburg zu Kiew sah Igors Ohm Swjatoslaw einen dunklen Traum: »Man hüllte mich schweigend in schwarze Tücher, auf eichenem Bett, da der Mond anbrach. Man bot mir blauen Wein im Becher, mit tödlichem Gift tückisch gemischt. Man schüttete höhnisch in meinen Schoß Perlen aus leeren Polowzenköchern. Es brachen die Balken am Goldpalast, und die ganze Nacht durch riefen die Raben. Auf den Wiesen von Plensk zerbebte der Boden, und die Kämpfer von Kiew zogen zum Meer. Wer deutet den Traum? Wer weiß, was geschah?«

Da sprachen die Räte: »Gewaltiger Fürst: Tödliche Trauer fiel über das Land. Vom Goldthron des Vaters flogen zwei Falken aus, Igor und Wsewolod, nach Tmutorakan am Ausgang des Asowmeers, kühne Tat zu vollbringen. Nun sind den Falken die Flügel gestutzt durch die Säbel der Feinde, mit stählernen Banden sind sie gefesselt! Dunkelheit deckt das russische Land, wo gestern noch hell zwei Sonnen leuchteten. Dunkel ist an den Grenzen, und wie Wolfsrudel rennen durch die Lande die Polowzen. Die Gotenmädchen am blauen Südmeer singen laut und klingeln lachend mit russischem Gold!«

Da weinte Fürst Swjatoslaw auf und rief: »O meine Söhne Igor und Wsewolod, warum tatet ihr dies meinem Silberhaar an? Was risset ihr voll Ruhmsucht das Schwert aus der Scheide und wecktet neu das Polowzenland, das ich eben erst dämpfte? Ihr wolltet der Väter Ruhm überstrahlen, Lob der Zukunft gewinnen. Doch vergeblich war der Sieg, vergeblich umschloßt ihr die starken Herzen mit hartem Stahl, vergosset in Strömen der Heiden Blut. Unheil und Schaden nur bringt uns euer Untergang! Wo sind nun alle die stolzen Scharen, die Recken von Tschernigow, Reiter von Nowgorod, Kämpfer von Kursk, ihre Kraft und ihr Ruhm?

Einmal noch möchte ich jung sein, ihr Brüder! Einmal noch auffahren, wie in der Mauser der Falke auffährt, daß die Vögel zerstieben, die das Nest ihm beschmutzten!

Aber gewendet hat sich die Zeit! Niemand mehr unter den Fürsten gibt mir jetzt Beistand!

O ihr Fürsten Rußlands in alter Zeit, ihr Sprossen Ruriks, des starken Herrschers! Wie kannte eure Macht keine Grenzen! Wie flogt ihr zum Kampfe, schicktet ins Land eure lebenden Lanzen, die siegesglühenden Söhne des Gleb, sperrtet mit euren eisernen Heeren die Feinde von den Feldern der Heimat ab. Unter euch beugten sich die Häupter der Polowzen, und ihr, weise Richter, waltetet bis an die Grenzen der Länder!

Aber die Sonne ist trübe geworden, und der Baum läßt trauernd die Blätter fallen. Uneinig wurden die Fürsten Rußlands! An der Ros und der Sula würfeln im Siegesrausch fremde Räuber um russische Städte, und Igors Mannen erwachen nicht mehr!«

So klagte voll Kummer der Großfürst von Kiew, Swjatoslaw der Alte, um Igors Fall.

DAS GEBET DER BRAUT

Kunde des Unglücks kam auch nach Putil. Und klagend tönt von den Zinnen Putils eine junge Stimme in der Morgenstunde:

»Wär' ich ein Vogel, ich flöge zum Donfluß, wollte da waschen mit weichem Flügel, mit Wasser vom Don die blutigen Wunden Igor dem Tapfern!«

Klagend tönt von den Zinnen Putils der Jungfürstin Stimme in der Morgenstunde: »Wind von Osten, warum hast du getrieben schwirrende Pfeile auf die Schar des Geliebten? Schiffe magst du im Meere schaukeln, weiße Wolken am Himmel wiegen! Mußt du mir ihn, der mir lieb ist, schrecken, hemmen den Helden im Riedgras der Steppe?

Helle, du dreimal helle Sonne! Allen scheinst du hilfreich und warm. Warum hast du so heiße Strahlen auf meines Tapferen Mannen gegossen, hast in der weiten, staubigen Wüste die Bogen mit brennendem Durst gebunden und die Köcher der Feinde geschlossen?«

Bittend tönt von den Zinnen Putils liebende Stimme in der Morgenstunde: »Ruhmvoller Don! Im Polowzenland brachst du dir Bahn durch steinerne Berge, trugst du des Swjatoslaw Schiffe hin zu den Heeren des Heiden Kobjak: So trag auch, du Strom, meinen Trauten heimwärts, daß ich nicht Tränen mehr sende ans Südmeer, Tränen um ihn in der Morgenröte!«

So sang, so klang von den Zinnen Putils der Jungherrin Stimme, klagend und bittend; weit trug sie der Wind.

IGORS FLUCHT UND HEIMKEHR

Im Land der Polowzen liegt Igor gefangen, am Ufer des Don, von den Seinen getrennt. Aber helfende Hände gewann sich der Kühne. Den Heimweg aus Knechtschaft zur russischen Erde, zu des Vaters goldenem Fürstenthron weist Gott dem Falken.

Um Mitternacht rauscht das blaue Meer. Im Schlaf liegt alles. Nur Igor wacht und mißt in Gedanken die Weite des Wegs vom Don zum Donez. Ein leiser Pfiff schallt drüben vom Ufer: Owlur steht mit den Rossen bereit.

Igor hört nicht; er träumt in die Ferne. Da schreit der Genosse, wie ein Falke schreit – leis hallt der Boden, rauschen die Halme, beben die Zelte.

Igor hört ihn, den Falkenschrei. Und leise und schnell wie ein Wiesel schleicht er, springt er zum Ufer durch schwankendes Schilfrohr, kommt ans Wasser, taucht ein wie die Ente, schwimmt hinüber, wirft sich auf das wartende Roß, und sie sausen davon, fliegen durch die Wiesen am Ufer, über das flachweite Land, die schweigende Steppe, streichen wie Falken durch Morgennebel. Blaß tropft unter den Hufen der Tau. Gans und Schwan, wenn sie flüchtig rasten, schlagen sie sich zu Frühkost und Nachtmahl. Sie reiten und reiten – und reiten die reisigen Rosse lahm.

Das ist der Donez! Und es singt der Donez ihnen entgegen: »Heil dir, Igor, du Fürst der russischen Erde! Ruhm gewinnst du, deinen Feinden entrannst du, dem Kontschak zum Ärger, dem russischen Land zu Jubel und Lust!«

Und Igor singt dem Donez entgegen: »Heil dir, du Strom der russischen Erde, der du den Fürsten wiegst auf silberner Welle, auf grünem Rasen zur Ruhe bettest, mit dem Schatten der Bäume ihn schützend umhüllst, mit Nebeln ihn zudeckst, ihn treulich bewachst! Freundlich bist du, nicht wie dein Bruder, der tückische Stugna, der mir den Vetter zur Tiefe riß!«

Schallt ein Schrei aufschreckender Elstern? Das ist kein Vogel: Mannes Ruf! Gsak keucht mit Kontschak auf der

Fährte des Falken. Wohin entwich er? Verstummt sind die
Raben, der hungrigen Krähen unheimliches Krächzen ist
still. Spechte nur laufen die Bäume entlang, weisen häm-
mernd den Weg zum Wasser, und die Nachtigall grüßt aus
grünem Busch mit frohlockenden Liedern das aufflam-
mende Licht. »Igor der Falke ist uns entflogen!« knurrt
Gsak. »Aber er ließ uns den Nestling, den Jungen! Mit goldenen Pfeilen wollen wir ihn treffen, den Bruder des Igor!«

»Nicht doch!« sagt Kontschak. »Wir lassen ihn leben, uns
selber zum Nutzen! Schönes Mägdlein soll das Netz um
ihn werfen, den Falken mit seidenen Bändern binden!« –
»Und am Ende fliegen uns beide davon, der Falk und das
Mädchen!« knurrt Gsak voll Grimm. Und er ahnt schon
den Tag, da auch Wsewolod, dem Kühnen, die Flucht gelingt. Und das ist bald.

Es lacht der Himmel, es leuchtet die Sonne. Ins russische
Land reitet Igor müde, der kampfstarke Falke. Am Donez-
strande singen die Mädchen mit heller Stimme, der Wind
weht den Klang bis zur Burg von Kiew. Über Boritschew
hin auf russischer Erde reitet Igor der Heimat entgegen, zur
Mutter Gottes von Pirogostscha. Da jubelt das Land, und es
jauchzen die Städte.

Parzival

Dies ist die Geschichte von Parzival, der den Gral fand und verlor, der das Heil suchte und errang. Er war ein Ritter der Tafelrunde des Königs Artus, einer der berühmten, und nie wurde er besiegt.

In den Wäldern und an den Küsten von Wales und Cornwall spielt ursprünglich diese Geschichte, an bekannten Orten, die es heute noch gibt, und an unbekannten, aber auch wohl an solchen, die es niemals und nirgends auf der Erde gegeben hat und die doch überall jederzeit Wirklichkeit sind.

So ist es auch mit der Sage vom Gral. Nicht auf dem herrlichen Berg Montserrat, wie manche meinten – nicht in Spanien und Frankreich, war der Gral zu finden; und die beschriebene Burg in Wales war nur Bild und Sinnbild vergangener und künftiger Geheimnisse. Darum ist sie auch nicht vergangen, noch heute wird sie gesucht und nicht gefunden, wird sie unvermutet gefunden und schließt ihre Wunder wieder zu, und nur wenigen bleibt sie zugänglicher Ort.

Im Wald von Valdone

Parzival, der Knabe, wuchs auf im Wald von Valdone. Er war zäh und kraftvoll, kühn und behende, und sein Auge war hell und scharf. Den wilden Junker nannten ihn die

Leute der Königin. Was er sich vornahm, führte er aus, kein Hindernis hielt ihn. Mit den Knaben der Hirten tollte er im Schildkampf, sein Pfeil traf den Vogel im Flug und sein Wurfspieß den Hirsch im Wettlauf, nie unterlag er, immer blieb er den anderen voran, der erste von allen. Aber töricht war er in allem Wissen der Welt.

Wild und groß war der Wald von Valdone. Meilenweit in der Runde gab es nicht Dorf noch Haus. Einsam lag der Hof am Hang des Berges, die geschnitzte Halle, das Haus des Gesindes, die Speicher und Ställe. Ein Bach floß klar aus dem Wald heraus, stark genug, eine Mühle zu treiben, schlang sich durch Wiesen und Fruchtland in die unbewohnte Heide hinein.

Parzival wußte nicht, daß seine Mutter eine Königin war; denn sie wohnten dort ohne Pracht, mit geringem Gefolge, von einfachem Landvolk umgeben, abgeschlossen und fern von dem hastenden Treiben der Menschen. Nicht ohne Grund hatte die Königin sich von den Freuden der Welt getrennt. König Gahmuret, ihr Gemahl, war einer der kühnsten und herrlichsten Ritter gewesen, hatte auf weiten Fahrten im Morgenland Ruhm und Reichtum und auf dem Turnier zu Kanvoleis als erster aller Kämpfer den Siegeskranz und die Hand der jungen Königin gewonnen. Aber nach kurzem Liebesglück hatte es ihn wieder fort in die Fremde gezogen, zu Abenteuer und ritterlichem Kampf. Als seine Boten heimkehrten mit dem ledigen Roß, dem zerspellten Helm und einem fremden Sarazenenspeer, wußte Frau Herzeleide um den Tod ihres Gatten.

Vor solchem Schicksal ihren Knaben zu schützen, den sie allzusehr liebte, hatte sie ihr Gesinde zusammengerufen, ihre Edelfrauen, den Vogt mit seinen erwachsenen Kindern, die Knechte und Mägde, und hatte sie unter Tränen gebeten, niemals vor ihrem Kinde ein Wort von Ritterschaft zu

sagen; denn wenn er davon erführe, würde das wilde Blut
seines Vaters in ihm erwachen, und er würde hinausstreben
zu Sieg und Ruhm und frühen Tod finden. Und sie alle, die
mit ihr in die Einsamkeit gezogen waren, die sie liebten
und ehrten, versprachen ihr in die Hand, ihren Jungherrn
zu schützen und von Ritterschaft nicht zu sprechen.

So wuchs Parzival auf in dem einsamen Bergtal. Nichts
erfuhr er von Glanz und Ehre des Rittertums, nichts wußte
er von der bunten Welt draußen, von ihren Städten und
Burgen, von ihren Strömen und Meeren.

Einmal, als er mit seinem kurzen Wurfspieß in den Wald
hinauswollte, um zu jagen, sagte die Mutter zu ihm: »Lieber, töte nicht ohne Not! Sieh, Gott hat alle Tiere gemacht!« Da stand der Knabe still, zog die Brauen zusammen, sah sie fest an und fragte: »Mutter, wer ist das, Gott?
Ist das ein Herr? Ist er stark und schön? Hat er Land und
Haus?«

»Sieh«, sagte sie, »Gott ist herrlich und stark, leuchtend
wie die Sonne, daß man ihn fast nicht ansehen kann. Lichte
Engel sind seine Begleiter. Alles vermag er, alles auf Erden
hat er gemacht: den Wald und die Wolken, den Bach und
das Korn, die Tiere alle und den Menschen nach seinem eigenen Bild. Ihn sollen wir lieben und ehren. Aber es gibt
auch den schwarzen Herrn, den Fürsten der Hölle, Satan,
den Bösen. Dem sollen wir wehren, daß er nicht Macht
über uns gewinnt!«

»Mutter«, rief Parzival, »wenn ich ihn treffe, ich erschieß'
ihn mit meinem Speer!« Sie küßte ihn und sagte: »Möge
Gott dich auf deinen Wegen begleiten, mein Kind!« – »Ich
finde ihn gewiß, Mutter!« Damit stürmte er hinaus in den
Wald.

Die Rede der Mutter aber schlug Wurzel in seinem
Herzen.

DER RITTER

Es war um die Zeit, als die Vögel früh sangen, die Bäume blühten und der Morgen voll Licht war. Da erhob sich der Sohn der Witwe im einsamen Waldtal, sattelte sein Jagdpferd, nahm drei Speere zur Hand, verließ das Haus seiner Mutter und ritt fort durch den jungen Wald, der in lichtgrünen Flammen stand. An den Pflügern ritt er vorbei, welche die Felder seiner Mutter bestellten, weiter hinaus bis dahin, wo der Wald in die unbetretene Heide überging. Hier ließ er das Pferd im frischen Gras weiden und begann mit dem Speer zu werfen, hierhin und dorthin, hoch und tief.

Auf einmal hörte er ein Getrappel von Hufen, ein Klirren und Rasseln, das er nicht kannte. Hei, dachte er, wenn das der böse Satan ist, den will ich treffen, daß er nicht wieder aufsteht! – Er faßte die Speere fest und spähte scharf nach den Kommenden aus.

Aber es war der böse Satan nicht, es waren Ritter, die eine geraubte Jungfrau suchten. Ihre Helme blitzten, ihre Wappenfarben leuchteten, die Rüstung ihres Anführers funkelte in der Sonne.

Parzival hatte das nie gesehen, ihm schienen es überirdische Wesen zu sein. Engel sind das gewiß! dachte er. Meine Mutter hat es mir nach der Wahrheit gesagt! Der Lichte muß aber Gott selber sein!

Die Ritter sprengten heran. »Junker!« riefen sie. »Sahst du zwei Männer, die eine Jungfrau entführten?«

Parzival kniete nieder und sah den Ritter an: »Du bist Gott der Lichte!« sagte er. »Du hast die Erde, Tiere und Menschen gemacht nach deinem Bilde!«

»Steh auf, Junker! Ich bin nicht Gott! Gib mir Antwort!« Parzival sprang auf: »Ihr seid nicht Gott? Wer seid Ihr dann?« – »Ich bin ein Ritter! Aber nun sage mir schnell: Wohin ritten die Räuber?«

Der wilde Junker gab keine Antwort. Verwundert griff er die Lanze des Ritters an: »Was für ein großer Speer?« fragte er. »Werft Ihr damit auf Hirsche und Rehe?«

»Das, Junker? Das ist ein Kampfspeer! Man legt ihn ein und reitet den Feind an, ihn vom Roß zu stechen!«

»Viel besser ist da mein Wurfspieß!« rief Parzival. »Damit treff' ich von ferne, was ich nur will! Aber was habt ihr da für ein Brett, schön geschnitzt und bemalt?«

»Herr, laßt doch diesen Waliser gehn!« drängte der eine der Begleiter. »Man weiß doch, sie sind dumm wie das Vieh im Stall!«

Aber der Ritter fand Gefallen an dem schönen Junker, wenn er ihn auch für töricht hielt. »Dies ist mein Schild«, antwortete er, »der deckt mich beim Kampf gegen Speerstoß und Schwertschlag. Aber nun sage mir, wohin ritten die drei?«

»Eure Haut ist von Silber wie bei den Fischen im Bach! Ist die Euch so gewachsen?« fragte Parzival und befühlte den glänzenden Schuppenpanzer des Ritters.

»Junker, das ist ein Streithemd von Stahl! Hieb und Wurf dringt da nicht hindurch!«

»Da bin ich nur froh«, rief Parzival, »daß nicht auch Hirsche und Rehe mit solchen Hemden bekleidet sind! – Aber was hängt Euch an der Seite, das so blinkt und glänzt?« Damit faßte er nach dem kostbar gearbeiteten Griff des Schwertes.

»Das, Junker? Das ist mein Schwert, blank und scharf, jeden damit zu schlagen, der mich angreift und kränkt!« Er zog es aus der Scheide, daß die Klinge blitzend in die Luft fuhr.

»Hei«, rief Parzival, »eine silberne Schlange! Das will ich auch! Ich will wie Ihr ein Ritter sein!«

»So zieh nach Karduel zu König Artus, er macht Knappen zu Rittern. Aber nun sage mir endlich: Hast du die Räuber mit der Jungfrau gesehen?«

Parzival zeigte auf die Felder vorm Wald, wo die Leute seiner Mutter den Hafer eineggten: »Die werden's Euch sagen!«

»Gebe Gott dir Verstand, wie er dir Schönheit gegeben hat!« rief der Ritter aus. Damit winkte er seinen Begleitern, und sie ritten in schnellem Trab hinüber. Parzival aber griff seine Speere, warf sich auf sein Jagdpferd und stürmte nach Hause.

DER ABSCHIED

Mit Schrecken hatten die Pflügenden gesehen, wem ihr Jungherr begegnet war. Wohl hatten sie eilig einen Boten zur Königin geschickt, aber ehe er noch mit umständlichen Worten das Geschehene gemeldet hatte, stürmte schon Parzival herein: »Mutter, ich will ein Ritter sein!« Kühn und stark stand der wilde Junker vor der Königin, und seine Augen brannten. Aber wie ein Schwert fuhr ihr sein Wort durchs Herz. All ihre Vorsorge war vergeblich gewesen. Die Welt, der sie den Knaben entzogen hatte, rief den Jüngling zurück.

Noch einmal wehrte sie sich mit all ihrer Kraft: »Lieber, zieh nicht von hier fort! Böses wird man dir antun, wenn du unter die Menschen kommst!«

»Mutter, wer soll mir Böses tun? Einen Schild werde ich tragen, ein Hemd von Stahl, das kein Eisen hindurchläßt!«

»O Sohn, schon mancher fand den Tod, ob er auch gute Rüstung trug! Ist doch auch dein Vater im Kampf gefallen, der gewiß der herrlichste Ritter war!«

»Wer soll mir schaden? Ich werde ein Schwert haben, jeden damit zu schlagen, der mich angreift und kränkt!« – »Guter, der Feind ist gewandt und stark!«

»Stark bin ich auch! Niemanden fürchte ich! Der Beste
von allen will ich sein!« – »Und wenn ich dich bitte, bleibst
du nicht?«

»Mutter, ich kann nicht! Erst muß ich zu König Artus
ziehn! Hat er mich dann zum Ritter gemacht, komm' ich
gewiß zu dir zurück!« –

Als die Mutter sah, daß sie ihn nicht zum Bleiben bewegen konnte, machte sie ihm Kleider aus Hirschleder und
Hanf, wie sie die einfachen Burschen trugen, und dachte:
Die Leute werden ihn verspotten, und er kehrt schnell zu
mir zurück. – Als sie ihn aber bekleidet hatte und sein ju-
gendliches Gesicht aus der ledernen Kappe hervorsah,
wunderten sie sich alle; denn wie Michael der Erzengel erschien er ihnen, voller Schönheit und Willenskraft.

Guten Rat und viele Lehren gab die Mutter ihm mit.
»Grüße freundlich, wen du triffst«, sagte sie, »aber an Edle
und Weise schließe dich an! Sie helfen dir ohne Eigennutz.
Frage nach ihrem Namen, denn am Namen kann man den
Mann erkennen! Schwache sollst du beschirmen und die
Frauen schützen. Edler Frauen Liebe bringt hohes Glück.
Freue dich, wenn du ihren Ring und Kuß erlangen kannst!
Diene Gott treu und geh gern in sein Haus! – Lieber, was
ich dir sagte, nimm es wohl zu Herzen!«

»Mutter, nun muß ich fort. Länger kann ich nicht bleiben!«

Drei Wurfspieße hielt Parzival, zwei ließ die Mutter
ihm wieder wegnehmen. Sie weinte und küßte ihn viele
Male und flehte zu Gott, er möge ihn schützen. Bis ans
Tor ging sie mit ihm, bis an den Pfeiler der Brücke, und
alles Gesinde folgte ihr. Der wilde Junker trug den Wurfspieß in der Linken, eine Gerte in der Rechten, damit
trieb er sein Jagdpferd, und das Jagdpferd war gut. Als er
zurücksah aus Steinwurfweite, sank die Mutter am Pfeiler
nieder.

So zog er aus, der Sohn der Witwe, auf Wegen, die er nicht kannte, zu Zielen, die er nicht wußte. Einfältig trat er in die Welt. Aber die unsichtbare Weisheit, die ihn lenkte, führte ihn sicher durch alle Wirrnis hindurch.

Den ganzen Tag über bis an den Abend ritt er unverdrossen im Gebirge fort und verbrachte die Nacht im Wald. Am Morgen, als die Vögel sangen, ritt er weiter und traf bald auf ein schmales Wasser, das führte ihn schließlich zu einer Quelle hinauf, die sprudelnd auf grüner Wiese entsprang. Da stand, von Laubhütten umgeben, ein kostbares Zelt, grün und rot, mit Schnüren gespannt, mit Gold verziert. Nie hatte Parzival etwas so Prächtiges gesehen. »Das ist sicher Gottes Haus!« sagte er bei sich selbst. »Ich will hineingehen, wie mir meine Mutter gesagt hat, und Gott bitten, daß er mir zu essen gibt!« Damit trat er in das offene Zelt hinein. Er fand darin eine Dame schlafend, ganz allein, in seidenen Decken, an der Hand einen Goldring mit einem Smaragd. Es war die schöne Gemahlin des mächtigen Herzogs Orgellus von der Heide, der ein jähzorniger und gewalttätiger Mann war. Als Parzival den Ring sah, dachte er an den Rat seiner Mutter, edler Frauen Ring und Kuß zu nehmen, wie er es eben bei seiner Einfalt verstand. Also ging er auf die Schlafende zu, umfaßte sie mit den Armen und küßte sie fest auf den Mund. Sie wachte erschrocken auf und sah den wilden Junker über sich. »Knappe«, sagte sie, »eil dich, flieh fort, daß mein Herr dich nicht hier findet!«

»Wahrhaftig«, sagte Parzival, »viel besser schmecken Eure Lippen als die der Kammerfrauen in meiner Mutter Haus! Nun gebt mir den Ring!«

»Welchen Ring?« – »Den Ihr da an der Hand tragt!«

Wahnsinnig mußte er ihr erscheinen, wie er da vor ihr stand, in der bäurischen Kleidung, mit den lachenden Augen, so schön er auch war: »Niemals, Knappe, bekommst du den Ring!«

Aber der Junker war stark, ihr half kein Wehren. Er zwang ihr den Ring ab, und es kümmerte ihn nicht, daß sie weinte und drohte.

Als er sich nun in dem Zelt umsah, stand da ein Tischchen, kostbar gedeckt: Drei Rehpasteten und roter Wein. »Ha!« rief er. »Gott hat mir doch recht beschert, worum ich ihn bat!« Und zu der Dame: »Kommt nur! Eßt mit! Es ist genug für uns beide da!« Er setzte sich an den Tisch, aß mit großem Eifer und trank dazu.

Die Dame, welche den Zorn ihres Gemahls sehr fürchtete, bat ihn mit dringenden Worten noch einmal: »Lieber Knappe, gib mir den Ring zurück! Gib ihn mir gleich! Unheil schaffst du sonst dir und mir, wenn der Herzog zurückkommt!«

»Nun, grämt Euch nicht um den Ring!« sagte er. »Ich will ihn Euch wohl vergüten, wenn ich nur erst ein Ritter bin!« Er schmauste fort, bis er ganz gesättigt war; dann nahm er schnell Abschied und ritt unbeschwert fort, während die schöne Herzogin in Angst und Tränen zurückblieb. –

Von Zorn und Eifersucht brannte der Herzog, als er alles erfuhr. Gleich an den verwirrten Schnüren und an den Spuren im Gras hatte er den fremden Besuch erspürt. »O du Falschheit der Frauen!« rief er aus. »Kaum kehre ich nur den Rücken, spielt Ihr mit fremden Knappen! Schwer sollt Ihr das büßen!« Damit riß er der edlen Frau die Gewänder vom Leibe, warf ihr einen härenen Rock zu, ging hinaus, wo ihr Pferd stand, stieß den samtenen Sattel hinunter, legte einen Sack auf, löste die Zügel ab und band statt ihrer Stricke daran: »So sollt Ihr hinter mir herreiten, in Regen und Wind, in Sonne und Schnee, kein anderes Kleid tragen, keine warme Speise essen – bis ich den gestraft habe, den ihr freventlich einließt!« Er war so voll Zorn, er wollte den törichten Knappen erschlagen, wenn er ihn

fände. Er war ganz von Sinnen und glaubte der Unschuld
der Frau nicht. Weinend ritt sie ganz demütig hinter ihm
her; aber es war der falsche Weg, den er einschlug, und er
entfernte sich von dem Verfolgten nur immer mehr.

AM ARTUSHOF

Parzival ritt rüstig im Walde fort, bis er auf einen einsamen
Köhler traf, der führte ihn aus dem Walde auf den rechten
Weg, und nicht lange, so sah er ein Schloß vor sich liegen,
stattlich und stark, dicht am Ufer des Meeres.

Am runden Tor hielt ein Ritter, ganz rot, in der rechten
Hand einen goldenen Becher. Rot war sein Helm, rot seine
Rüstung, rot waren Schwert und Lanze, und auch die
Decke des Pferdes war rot. Herrlich schien Parzival diese
Rüstung zu sein. Nichts begehrte er außer ihr.

Als er durchs Tor ritt, hielt der rote Ritter ihn an: »Junker«, sagte er, »kommst du an Artus' Hof, so melde dem
schlechten König, daß mein die Burg ist und mein das
Land. Wo ist der Ritter, der wagt, es mir zu entreißen? Auf
Antwort wartet der, welcher den goldenen Becher nahm!«

Parzival hörte die Rede des Ritters kaum. Gerade ritt er
den Burgweg hinauf, durch den Burghof hindurch auf die
Halle zu, die mit Marmor gepflastert war. Sie war breit und
lang. Ihr Tor stand offen, drinnen sah man die Edlen an der
Tafelrunde sitzen.

Zur Tafelrunde gehörten die kühnsten und erlesensten
Ritter. Sie versammelten sich um eine runde Tafel, so daß
keiner von ihnen bevorzugt war. Hier sah man Gawan, die
Blume der Ritterschaft, Lanzelot vom See, den wilden Segramors, den schnellen Erek, den träumerischen Lanval,
den groben Seneschall Keie. Einige der Ritter waren von
Kämpfen verwundet, Knappen bedienten und edle Frauen

pflegten sie. Alle waren in lebhaftem Gespräch, nur König
Artus saß am Ende des Saales, hatte den Kopf in die Hand
gestützt und war in schwere Gedanken versunken.

Parzival ritt ohne Umstände in den Saal hinein. Aber
hier erschienen ihm alle so vornehm, daß er nicht wußte,
wen er als König grüßen sollte. Da kam ein Knappe vorbei, der zwei Messer trug. Er war flink und höflich und
wies ihm den König, der träumend dasaß. Parzival ritt un-
verweilt auf ihn zu und grüßte ihn, wie es seine Art war;
aber der König hörte nicht. Er grüßte ein zweites Mal,
aber der König saß tief in Gedanken und antwortete ihm
kein Wort.

»Bei Gott, will das ein König sein?« rief Parzival aus.
»Wie will er Ritter machen, wenn er kein Wort hervor-
bringt?« Er wendete sein Pferd, aber so unwirsch, daß er
den König unsanft anstieß. Dieser erwachte aus seinem
Sinnen und sah den fremden Junker mit Erstaunen an. Ungewöhnlich und edel erschien er ihm auch in der seltsamen
Tracht. »Lieber Bruder«, begrüßte er den Ankömmling,
»seid mir sehr willkommen! Entschuldigt, wenn ich erst
schwieg! In Kummer bin ich wegen des roten Ritters aus
dem Walde von Kinkerloi, der mir mein Land entreißen
will, da er mir doch verwandt ist. Meinen goldenen Becher
nahm er so wild weg, daß er den Wein auf die Königin
schüttete, roten Wein auf ihr weißes Kleid!«

Parzival kümmerten die Worte des Königs wenig. »Herr
König, ich will ein Ritter sein!« rief er. Hell und lachend
waren die Augen des wilden Junkers. Alle sahen sie auf ihn
hin, und Bewegung entstand unter den Rittern.

»Lieber Freund«, antwortete der König, »steigt ab und
gebt Euer Pferd dem Knappen, er wird es Euch pflegen!«

»Der stieg nicht ab, der über die Heide geritten kam,
und, bei meinem Haupt, auch ich steige nicht ab!« — »Ein
kecker Bursch!« riefen die Herren. »Ein toller Wicht!«

»Freund«, sagte der König, »von edler Art scheint Ihr mir
zu sein! Zu Eurem Nutzen will ich es tun und zu meiner
Ehre: Ihr sollt ein Ritter sein, wie Ihr erbittet!«

»Guter König, nicht nur ein Ritter: Ich will ein *roter*
Ritter sein! Gebt mir die Waffen dessen, der unten am Tore
hält!«

Da lachten die Ritter der Tafelrunde. Herr Keie aber, der
Seneschall, der über die Ordnung am Hofe wachte, ergrimmte über die Reden des tölpischen Junkers und rief
spottend hinüber: »Recht habt Ihr, Freund, Ihr geht gerade
ins Ziel! Reitet nur hin und zieht dem Ritter die Rüstung
aus!«

Unwillig war der König über die spöttischen Worte des
Seneschalls: »Leichtfertig, Herr Keie, spielt Ihr mit dem Leben des Junkers! Wer darf versprechen, was er nicht geben
kann?« – Parzival aber glaubte, der König hätte ihm seine
Bitte erfüllt, und er jubelte laut.

In diesem Augenblick trat eine Jungfrau in den Saal, die
lange Jahre traurig und stumm gewesen war, von unbe-
kanntem Kummer bedrückt. Das war Kunneware von La-
lande, die Schwester des zornmütigen Herzogs Orgellus. Es
hieß von ihr, sie würde erst wieder lachen, wenn sie dem
begegnete, der den höchsten Preis der Ritterschaft verdiente. Als sie nun den wilden Junker erblickte, so edel und
schön, so sorglos und kühn, hoch zu Roß in der tölpischen
Kleidung, öffnete sie die Hände und sah ihn verzaubert an.
Er grüßte sie, sie grüßte ihn. Sie lachte ihm zu, und mit la-
chendem Munde rief sie: »Ist das ein Mann? Ist das ein
Kind? Ohne Falsch, geradezu! Der wird gewiß den höchsten Preis erringen!«

Das gab einen Aufruhr unter den Rittern! »Kunneware
hat gelacht!« riefen sie sich über die Tafel hin zu, »Kunneware hat gelacht!« Herr Keie aber, dunkelrot im Gesicht,
stürzte, trotz einer Wunde am Bein auf die lachende Jung-

frau zu, packte sie an den Haaren und gab ihr einen Schlag
in das zarte Gesicht, daß sie zu Boden stürzte, ehe die anderen Ritter sie schützen konnten. »Fünfhundertmal soll
der verflucht sein«, schrie er, »der so der Ordnung und Ehre
spottet! Zehn Jahre bald habt Ihr nicht gelacht, da die besten Ritter an der Tafelrunde waren, und wollt jetzt mit
Eurem Gelächter diesen Toren zum Meister über uns machen?«

Als der kleine Narr, der beim König gehockt und sich
bis dahin an seinen eigenen Späßen vergnügt hatte, dies sah
und hörte, sprang er auf, stemmte sich vor den Herrn Keie
hin und zischte ihm ins Gesicht: »Wartet, Herr Keie, das
wird gerächt! Eh noch drei Monde um sind, ist Euch der
Arm an der Achsel zerspellt, daß Ihr ihn ein halbes Jahr in
der Binde tragen müßt!«

»O du fünfhundertmal verfluchter Narr!« schrie der zor-
nige Herr Keie, »willst du die Vernünftigen lehren?« Damit
gab er ihm einen Tritt, daß er ins Feuer fuhr, sich den Fuß
verbrannte und jaulend hinausschlich. Herr Keie hätte ihm
gerne noch mehr getan, wenn nicht der König und die anderen Ritter sehr zornig auf ihn gewesen wären.

Parzival hatte dies alles mit angesehen, und es schien ihm
eine große Schande zu sein. Voll Zorn gegen Herrn Keie
wandte er heftig sein Pferd, ritt aus dem Saal hinaus und
durch den Burghof hinunter zum runden Tor, wo der rote
Ritter schon auf ihn wartete. »Herr Ritter«, rief er ihm zu,
»legt Eure Waffen ab! Der König hat sie mir geschenkt!«

Der rote Ritter verstand ihn nicht. Er hatte den goldenen Becher auf eine Rampe von grauem Stein gestellt.
»Bringst du mir Kunde von König Artus?« Parzival ritt
dicht an ihn heran: »Zieht eilig meine Waffen aus!« sagte er.
»Das befehle ich Euch!«

»Ich frage dich, Knappe, ob du meine Botschaft bestellt
hast? Schickt der König einen Ritter, mit mir zu kämpfen?«

»Ist das Spott, Herr Ritter«, rief Parzival, »daß Ihr die
Waffen nicht abtut? Macht schnell, sonst nehme ich sie!«
Damit griff er das rote Roß am Zügel. Herr Ither von Ga-
hevies aus dem Walde von Kinkerloi war ein berühmter
und vornehmer Ritter. Er hatte die Reden des wilden Junkers als Torheiten überhört.

Nun aber geriet er in Zorn, packte seine Lanze mit beiden Händen und gab Parzival einen Schlag, der ihn auf den
Hals seines Pferdes niederbeugte. Parzival richtete sich
blitzschnell wieder auf, packte seinen Wurfspieß mit solchem Grimm, daß ihm das Blut unter den Nägeln hervor-
drang, zielte und schoß ihn dem roten Ritter mit aller
Kraft ins Visier. Diesem blieb vor plötzlichem Schmerz das
Herz stehen, er schwankte im Sattel und fiel tot vom Pferd.

Parzival sprang zu Boden, kniete bei dem Toten nieder
und versuchte, seine Waffen zu lösen. Aber sie waren wie
festgewachsen, und er vermochte nur den Schild vom
Halse zu heben.

Da sprang der Knappe Yonet herbei. Er war auf heimlichem Pfad gefolgt und hatte den schnellen Kampf gesehen.
Nun löste er Stück für Stück von der Rüstung, um sie Parzival anzulegen. Aber Parzival trug noch das Lederkleid seiner Mutter und wollte es nicht tauschen gegen einen Rock
aus gefütterter Seide, den der Ritter unter der Rüstung
trug. »Der ist bestimmt nicht klug und wacker«, sagte er,
»der Gutes gegen Schlechtes tauscht!« So mußte Yonet ihm
die Waffen über die Lederkleidung schnallen und den
Helm über die Mütze. Yonet lehrte ihn, das Schwert locker
zu gürten; dann legte er ihm die Sporen an, setzte ihm den
Fuß in den Steigbügel und hieß ihn aufsitzen. Zuletzt gab
er ihm den Schild und die Lanze und zeigte ihm, wie er sie
halten müsse.

Herrlich sah Parzival aus, als er zu Pferde saß: Sein junges Gesicht leuchtete aus den roten Waffen. »Nimm dir

mein Jagdpferd«, sagte er zu Yonet, »es ist gut und schnell!
Grüße den König und gib ihm den goldenen Becher zurück! Und sage der Jungfrau, die um meinetwillen geschlagen wurde, daß ich die Schande rächen will, die man ihr
antat!« – Damit nahm er Abschied von Yonet.

So ritt Parzival, nun ein roter Ritter, vom Hofe des Königs Artus fort. Er wußte nicht, was er tat, als er den edlen
Ither, seinen nahen Verwandten, unrühmlich erschlug. Er,
der seinen Vater nicht kannte, der Recht und Unrecht
nicht schied, ritt einem Vater entgegen, der ihn das Rechte
lehrte, der ihm das Schlechte verwies.

Yonet der Knappe aber deckte den Toten mit Blumen zu
und brachte Becher und Botschaft an König Artus' Hof.

IN GURNEMANNS' BURG

Parzival ritt durch die Uferwälder, unbekümmert und
unbeschwert, und kam endlich an eine offene Ebene, die
ein Fluß begrenzte. Dieser strömte, einen Bogenschuß
breit, stark und rauschend unter großen grauen Felsen-
wänden hin. Auf ihnen, wo sie zum Meere hin abfielen,
erhob sich ein stattliches, festes Schloß. Einen Haupt-
turm hatte es und kräftige Türmchen an den vier Ecken.
Dem Junker, der durch Wiesen darauf zuritt, schien es
eben erst aus dem Boden zu wachsen. Eine Brücke führte
auf runden Bogen hinüber, wohlbefestigt mit einem Tor-
turm, dessen Zugbrücke niedergelassen war. Vor der Burg
stand ein Edelmann in einem Mantel von Hermelin, hinter ihm zwei Knappen mit offenen Haaren. Der Edelmann sah verwundert auf den Ritter, der über die
Brücke kam; seine Rüstung schien ihm bekannt, aber der
Schild hing schief, und die Lanze lag über den Knien.
Parzival ritt an den Edelmann heran und grüßte ihn: »Ed-

len Mannes Rat soll ich suchen, lehrte mich die Mutter!«
sagte er.

Der Edelmann erwiderte den Gruß freundlich: »Geseg-
net sei die Mutter, die Euch so Gutes gesagt hat! Woher
kommt Ihr heute, lieber Bruder?«

»König Artus hat mich zum roten Ritter gemacht!«

»Gab Euch der König die Rüstung selbst?«

»Ich nahm sie; denn der wehrte sich, der sie trug! Mit
meinem Wurfspieß schoß ich ihn vom Pferde herunter!«

»Hartes Ende für einen so edlen Held! Bleibt also bei
mir als Gast!«

»Sagt mir erst, Herr, wie Ihr Euch nennt; denn am Namen kann man den Mann erkennen!«

Der Edelmann fand Gefallen an dem ritterlichen Junker,
dessen ungezügelte Kraft einen erfahrenen Lehrmeister so
dringend brauchte wie ein edles Pferd den geschulten Reiter: »Gurnemanns heiße ich, mein Freund, Edler von Gelbort! Wollt Ihr meinem Rat und Wort folgen, so will ich
Euch lehren; denn Ihr seid noch jung, wie ich sehe, und
wenig in der Welt erfahren!« –

»Lehrt mich alles, was zur Ritterschaft nötig ist!« rief
Parzival, »und gerne will ich Euch folgen und gehorchen!«

»Gut!« sagte Gurnemanns. »Es gilt!« Er winkte den beiden Knappen, sie sprangen ins Schloß und kamen bald mit
einem gesattelten Pferd und frischen Waffen zurück.

»Versuchen wir uns, solange es Tag ist!« sagte Gurnemanns zu Parzival. »Der lernt am meisten, der gleich beginnt! Merkt nun, wie man den Schild hält und den Speer,
wie man das Pferd spornt und wendet!«

Er ließ sich die scharfen Sporen anlegen, stieg zu Pferde
und nahm die Waffen. Jetzt entfaltete er den Lanzenwim-
pel, ließ den Schild ein wenig nach vorn hängen, bis er den
Hals des Pferdes berührte, stemmte die Lanze in den Hal-
ter und spornte sein Pferd. Er zeigte dem Junker die Gänge

des ritterlichen Kampfspiels, einen nach dem anderen, die fünf Lanzenstöße, ganz nach der Regel, zuletzt schwenkte er heran und kam mit erhobener Lanze zu ihm zurück: »Nun, Freund, könnt Ihr das nachtun? Zeigt, was Ihr vermögt!«

Nie hatte Parzival etwas gesehen, das ihm besser gefiel, keine Bewegung des Edelmannes war ihm entgangen. Schild und Lanze faßte er so richtig, als hätte er von Jugend an damit geübt. Wie er es seinen Meister hatte machen sehen, so ritt er seine Anläufe und Runden und kehrte schließlich mit erhobener Lanze zu ihm zurück: »Nun, Herr, habe ich es recht gemacht? Ganz so möchte ich es lernen, wie Ihr es versteht!«

»Ihr werdet es gut können«, sagte Gurnemanns, »es liegt Euch im Blut!«

Dreimal stieg der Edelmann auf, dreimal tat es Parzival ihm nach. Unermüdet war er, als sie aufhörten. Sie übergaben ihre Pferde den Knappen, und nun fragte ihn Gurnemanns: »Sagt mir, Freund, wenn ein Ritter Euch angreift, was tut Ihr dann?« – »Mit der Lanze steche ich ihn vom Pferd!«

»Und wenn die Lanze vom Stoß zersplittert, gibt es dann nichts mehr?«

»Dann zwinge ich ihn mit den Fäusten nieder!«

»Nein, Freund, das dürft Ihr nicht tun!« – »Was also dann?«

»An Eurer Seite das Schwert, damit sollt Ihr Euch wehren, damit den Feind schlagen!« Er stieß die Lanze gerade vor sich in die Erde, zog das Schwert schnell aus der Scheide und zeigte Parzival genau, wie er es handhaben müsse. Alle Arten von Hieben zeigte er ihm: Den Hauptschlag von oben; den Querschlag von rechts, den Schrägschlag von oben links und von oben rechts. »Erst müßt Ihr des Feindes Blöße erspähn! Dann führt Ihr zwei Hiebe, ihn

zu täuschen und zu verwirren, aber der dritte muß in die
Blöße fahren!« Parzival erinnerte sich der Schildkämpfe
mit den Hirtenknaben im Tal von Valdone und erfaßte
Gurnemanns Lehren schnell.

Die Knappen entrüsteten ihn auf einen Wink ihres
Herrn. Ungern trennte er sich von den roten Waffen. Ein
rechter Ritter, meinte er, müsse immer in der Rüstung
sein. Aber er fügte sich dem Beispiel seines Lehrmeisters
gleich. Da stand er nun in seiner einfachen Tracht, die von
der Rüstung übel zugerichtet war. Ungewöhnlich sah er
aus, voller Schönheit und Jugendkraft, und sie wunderten
sich über ihn. Gurnemanns aber gewann ihn lieb wie seinen eigenen Sohn. Er hängte ihm einen kurzen Mantel
um, damit ihm nach der Hitze die Kälte nicht schade.
Dann nahm er ihn bei der Hand und führte ihn in den
Saal.

Gurnemanns hatte ein reiches und großes Haus und
schöne Kinder. Bei der Mahlzeit setzte er Parzival neben
sich und aß mit ihm aus einer Schüssel. Er bat ihn, zu bleiben, solange es ihm gefalle; genug wolle er ihn lehren, was
ihm nötig sei zur Ritterschaft. Parzival aber erzählte von
seiner Mutter, von dem Tal von Valdone und von seinem
Eintritt in die Welt.

Als Parzival am Morgen erwachte, stand Gurnemanns an
seinem Lager und grüßte ihn. Er ließ ihm wertvolle Kleidung bringen, wie die Ritter sie trugen. »Lieber guter
Herr«, sagte Parzival, »sind denn die Kleider meiner Mutter
nicht besser?« – »Nein, Junker«, antwortete Gurnemanns,
»sie sind viel schlechter; darum nehmt diese! Und erinnert
Euch daran, daß Ihr in allen Dingen mir folgen wolltet!«

»Und das werde ich auch tun!« rief Parzival und ließ die
von seiner Mutter gefertigten Kleider liegen.

Gurnemanns unterwies ihn wie ein Meister den Gesellen, wie ein Lehrer den Schüler, wie ein Vater den Sohn.

Am Morgen übten sie, zu Pferde und in den Waffen, mit allen Knappen und Reisigen, und Parzival traf bald sicher den Schild des Gegners und setzte einen nach dem anderen aus dem Sattel in den Sand. Niemals erlahmte er und unterlag nicht. Am Abend war er mit Gurnemanns allein. Er, der von der Welt nichts wußte, der aufgewachsen war im einsamen Waldtal, lernte von seinem Meister Sitte und Ordnung der Welt, in die einzutreten er sich bereitete. Sein Freund und Lehrer sagte zu ihm: »Unrecht habt Ihr getan, als Ihr Ring und Kuß nahmt. Die Frauen soll man schützen und ehren. Hohes bewahren sie, und vom Geheimnis sind sie umgeben. Nur, was sie liebend geben, bringt dem Manne Glück. – Und schlecht habt Ihr getan, daß Ihr den roten Ritter um seiner Waffen willen erschlugt. Wenn Ihr künftig den Feind besiegt, tötet ihn nicht, sondern nehmt ihn gefangen auf sein Wort!

Gutes hat Euch die Mutter gelehrt; aber führt ihren Namen nicht mehr im Munde! Im Herzen mögt Ihr sie fest bewahren. Wer aber nach Eurem Meister fragt, dem antwortet, daß es der Edelmann war, der Euch die Sporen anlegte; denn dies will ich nun tun.«

Rings von den Burgen rief er die Ritter zusammen, und im feierlichen Kreis, mit all seinen Mannen, wie es der Brauch gebot, legte er Parzival den rechten Sporn an: »Wie der Stahlsporn das Pferd, so soll der Sporn der Ehre dich zu rechten Taten antreiben!« Er gab dem Knienden den Ritterschlag über die linke Schulter und umgürtete ihn mit dem Schwert, und jeder der Edelleute legte ihm ein Stück der Rüstung an.

»Aufgenommen bist du nun in den hohen Orden der Ritterschaft, wie er von Gott gewollt und begründet ist. Schutz gewährt er den Schwachen und wehrt den Übeltätern. Halte dein Schwert scharf und den Schild rein, und verstecke dein Zeichen nicht! Ritters Wort steht fest wie die Burgen auf Bergen. Niemals bricht er, was er versprach, bringt es auch Leid und Mühe. Aber auch kostbar sei ihm das Wort! Unnützer Reden und Fragen soll sich ein Ritter enthalten!«

Gurnemanns umarmte Parzival und küßte ihn. Und Parzival segnete ihn, der ihn alles gelehrt hatte und ihn aufgenommen in den hohen Orden der Ritterschaft.

So zog zum zweiten Male Parzival, der rote Ritter aus, auf unbekannten Wegen, wohlbewehrt und wohlbelehrt, voller Verlangen, den Bedrängten zu helfen, die Übermütigen zu dämpfen, edle Frauen zu schützen.

BELRIPAR

Parzival ritt seinen Weg fort, immer durch den Wald; denn besser als auf den Straßen fand er sich in den Wäldern zurecht. So ritt er lange, bis er an eine stattliche Burgstadt kam. Auf der einen Seite grenzte sie an das Meer, auf der anderen Seite aber war das Land öde und unbebaut.

Das Tor war verschlossen, und erst nach langem Klopfen wurde ihm aufgetan. Drinnen fand er die Gassen verödet, die Häuser verfallen, und beide Klöster der Stadt waren verlassen. Keine Mühle mahlte, kein Herd rauchte, niemanden traf er an.

Vier Diener führten ihn in den Burghof, empfingen sein Pferd, brachten ihm einen grauen Mantel und wiesen ihn in einen Saal. Hier trat ihm, von zwei Herzögen geleitet, die schöne junge Königin entgegen. In dunklem Purpur ging sie gekleidet, der war mit goldenen Sternen besät, mit schwarzem Zobel am Hals umrandet. Ihr Haar war offen und fein wie Gold, ihre Augen blickten fröhlich und traurig zugleich. Liebreich schaute sie auf den Gast, freundlich empfing sie ihn, nahm seine Hand und führte ihn in ein

besonderes Gemach. Dorthin ließ sie ihm bringen, was sie
an Speisen hatten, aber es war nicht viel. Alles legte sie selber ihm vor, Rehbraten und Brot, und schenkte den Wein.
»Bessere Herberge gebe Gott Euch morgen«, sagte sie,
»nehmt hin, was wir haben!«

Parzival saß bei ihr und sprach kein Wort, er war befan-
gen von ihrer Schönheit und dachte an des Edelmanns
Wort, nicht unnütz zu reden. Ritter der Königin kamen
und gingen, sie wunderten sich über den seltenen Gast,
und einer sagte zum anderen: »So schön ist er, so schön ist
sie, als hätte sie Gott füreinander gemacht!«

Die junge Königin sah wohl, daß ihr Gast nicht sprechen würde, wenn sie nicht begann. So fragte sie selbst ihn
nach seinen Wegen; und sie freute sich, als sie erfuhr, daß er
von Gurnemanns, dem Edelmann, kam; denn dieser war
ihr Oheim. Kühn und kraftvoll erschien ihr der Gast und
schön in seiner Jugend. Aber noch sprach sie nichts zu ihm
von ihrem Kummer.

In der Nacht aber, als alles in tiefem Schlafe lag, erhob
sich die junge Königin, von ihren Sorgen getrieben, und
kleidete sich in einen roten Mantel. Ihr Herz war schwer,
sie wußte sich keine Rettung. Sie dachte, daß nur der sie
erretten könne, den ihr der Himmel als ihren Gast geschickt hatte. So begab sie sich dahin, wo er schlief, kniete
an seinem Lager, seufzte und weinte. Davon erwachte Parzival, erkannte sie und sagte: »Herrin, warum tragt Ihr
Kummer? Setzt Euch und sagt es mir!« Da erhob sie sich,
setzte sich zu ihm und erzählte ihm ihr Unglück.

»Seht, Herr, um meine Liebe warb ein sehr stolzer König, Klamadius von den Inseln. Aber ich wollte nicht seine
Gemahlin sein. Da sammelte er ein Heer und belagerte
meine Stadt. Zu Wasser und zu Lande umschloß er sie, und
keine Nahrung ließ er herein, so ist nun alles voll Mangel
und Armut, wie Ihr gesehen habt. Meine besten Ritter tö-

tete oder fing er und warf die Gefangenen in finstere Türme. Jeden Morgen aber kommt Kingrun, sein mächtiger Marschall, reitet vor die Mauern der Stadt und fordert die Besten zum Kampf heraus. Nun weiß ich nicht, wie ich widerstehen soll. Denn wenn mir keine Hilfe kommt, so muß ich die Burg und Stadt übergeben. Mich aber wird er nicht bekommen, denn das sollt Ihr wissen: Ich habe ein fein geschliffenes Messer, damit will ich mir vorher den Tod geben!«

»Herrin«, antwortete Parzival, »das sollt Ihr gewiß nicht tun! Und seid nun ohne Sorge, denn ich werde Euch beistehen! Den mächtigen Marschall und den stolzen Klamadius werde ich mit Gottes Hilfe besiegen!«

»Lieber Herr!« sagte sie. »Ihr seid jung, sie aber sind stark und erfahren. Wenn sie Euch erschlagen, so werde ich mehr im Unglück sein als vorher!«

»Ihr werdet wohl sehen, Herrin, wie es sich fügt! Wenn ich sie aber besiege, so erbitte ich Eure Liebe und nichts anderes sonst!«

»Guter Herr«, antwortete sie, »da erbittet Ihr gar ein geringes Ding! Aber ich wollte es Euch nicht weigern, daß Ihr mich nicht für hochmütig haltet!«

Er bettete sie warm, und sie sprachen noch manches in dieser Nacht. Dann ging die junge Königin getröstet in ihre Kammer zurück.

Sehr verwundert war der mächtige Marschall Kingrun, als er am Morgen auf starkem Streitroß vor die Mauern geritten kam und verkündete, daß an diesem Tag die Burg und die Königin sich dem König Klamadius ergeben müßten. Denn das Tor von Belripar tat sich auf, und heraus ritt in roter Rüstung ein stattlicher junger Ritter, der stellte sich furchtlos dem starken Kingrun entgegen. »Junker«, fragte der Marschall, »wer schickt dich hierher? Weißt du nicht, wer ich bin?«

»Was tust du vor dieser Stadt, die dir nicht gehört?« entgegnete Parzival. »Warum tötest du die Ritter und ver-
heerst das Land?«

»Hoho!« rief der starke Kingrun. »Willst du mich gän-
geln, du Knabe?«

Ohne Zögern legten sie die Lanzen ein und rannten
gegeneinander an. Und so heftig war der Anprall, daß die
Lanzen splitterten und der Marschall, über den Schild
weg verwundet, zu Boden stürzte. Parzival sprang ab und
griff mit dem Schwert an. Er erinnerte sich genau der
Lehren seines Meisters und wendete sie vorzüglich an.
Wohl wehrte sich der Marschall gewaltig, aber Parzival
ersah den rechten Augenblick und versetzte ihm einen
solchen Schlag, daß er strauchelte. Parzival sprang auf ihn
und setzte ihm das Schwert an den Hals. Aber er tötete
ihn nicht, da jener um Frieden bat. Parzival wollte den
Gefangenen zu Gurnemanns schicken oder in die Burg
der jungen Königin. Aber der Marschall bat ihn hoch und
heilig, das nicht zu tun, denn es wäre sein sicherer Tod. Er
hätte Gurnemanns einen Bruder getötet und der jungen
Königin viele gute Ritter. So schickte ihn Parzival an den
Hof des Königs Artus, daß er sich dort dem Edelfräulein
gefangen gäbe, das die Schläge von Keie erhalten hatte.
Ihr sollte er sagen, daß der Junker nicht ruhen würde, bis
er den Schimpf an Keie gerächt hätte. Darauf gab der
Marschall sein Wort. Untröstlich war König Klamadius,
als er erfuhr, daß sein mächtiger Marschall besiegt und
gefangen war.

In der Burg aber herrschte unbeschreiblicher Jubel unter
den Bürgern und Rittern, und unzufrieden waren sie nur,
daß Parzival dem Marschall, der sie so schwer bedrängt
hatte, nicht gleich den Kopf heruntergeschlagen hatte. Die
junge Königin aber umfing Parzival und küßte ihn vielmals, da er sie von ihrem grimmigsten Feind befreit hatte.

Statt zu essen und zu trinken, saßen sie beieinander, scherzten und sprachen freundliche Worte.

Klamadius ratschlagte nun mit seinen Rittern, wie er es beginnen sollte, die Stadt dennoch in seine Gewalt zu bringen. Ein alter Kämpe riet ihm, durch wenige Ritter die Bürger aus der Stadt herauszulocken und sie dann plötzlich zu überfallen.

So taten sie auch. Als die Ritter des Klamadius ihre Banner vor der Stadt entfalteten, ließ Parzival das Tor weit öffnen. Sie ritten hinaus, zersprengten die Schar, töteten und verwundeten viele. Plötzlich erschien die Hauptmacht der Feinde in großer Überzahl. Die aus der Burg zogen sich in guter Ordnung zurück, konnten aber nicht hindern, daß ein Teil der Feinde mit in die Burg drang, und sie vermochten das Tor nicht mehr zu schließen. Doch die Leute der Königin, die oben auf dem Tor standen und während des Kampfes in das Gewühl hineingeschossen hatten, ließen das schwere Fallgatter niederrasseln. Es versperrte den Eingang und zermalmte alles, was unter dem Tor war. Mit Schmerz sah es Klamadius und konnte doch seinen Freunden in der Burg nicht mehr helfen. Sie wurden entwaffnet und mußten auf Ritterwort schwören, nie wieder gegen die Stadt Feindliches zu unternehmen. Klamadius zog ab, hoffte aber, in wenigen Tagen durch Hunger die Burg zu gewinnen.

Zu dieser Stunde trieb der Weststurm einen Segler in den Hafen von Belripar, der mit Korn, Wein und Schlachttieren bis an den Rand beladen war. Sogleich ließ die Königin zusammenbringen, was an Gold und Silber aufzutreiben war, und kaufte die ganze Ladung. Nun wurde der Vorrat in großem Zug zur Burg hineingetragen, die Bäcker buken, die Metzger schlachteten, die Köche brieten, und allen Rittern und Bürgern der Stadt wurde ein Festmahl hergerichtet. Auch die Gefangenen wurden reichlich bewirtet und dann, auf Parzivals Rat, entlassen. So erfuhr der König Klamadius, daß er die Stadt niemals durch Hunger gewinnen konnte. Ohne sich weiter mit anderen zu beraten, schickte er einen Boten zur Burg und forderte den roten Ritter für den nächsten Morgen zum Kampf heraus.

Als die junge Königin dies hörte, betrübte sie sich. Sie bat Parzival, zu bleiben und nicht zu kämpfen, denn jetzt fürchtete sie den Klamadius nicht mehr. Zärtlich bat sie und wollte ihn nicht lassen, auch baten alle anderen mit ihr. Aber Parzival hörte auf keine Bitten, er nahm den Kampf ohne Zögern an. Am nächsten Tag in der Morgenfrühe ritt er auf frischem Norweger-Pferd zum Tor hinaus, dem Klamadius entgegen.

Als Klamadius ihn kommen sah, meinte er, er werde ihn leicht aus dem Sattel heben. Ohne Gruß und Rede rannten die zwei einander an. Sie waren sich feind bis in den Tod; denn nur durch den Sieg konnten sie die Jungfrau gewinnen. Einer warf den anderen vom Pferd, aber sie sprangen schnell wieder auf und bekämpften sich mit den Schwertern. Lange unentschieden schwankte der Kampf hin und her, und sie zertraten die ganze Heide. Klamadius war stark und kühn und ein Held in den Waffen. Aber Parzival war geschwinder als er, er schlug ihn in die Blöße am Hals, daß er ganz mit Blut überronnen wurde. Da mußte er sich ergeben, und unendlicher Jubel erhob sich auf den Mauern. Klamadius mußte schwören, niemals der Jungfrau mehr Schaden zu tun, mit allem Heer abzuziehen, alle Ritter aus ihren Verliesen zu lösen. Und da er um alles in der Welt nicht zu Gurnemanns wollte und nicht in die Burg, so wurde er auf denselben Weg geschickt wie sein Marschall vor ihm.

So erhob sich Klamadius, der König der Inseln, mit Wunden bedeckt, ritt geschlagen zurück, ließ die Zelte abbrechen, zog heim in sein Land und gab alle Gefangenen aus den Verliesen frei.

Feier und Fest waren in Burg und Stadt Belripar, als Parzival siegreich zum Tore einritt und bald auch die Ritter befreit zurückkamen. Da läuteten alle Glocken, und auf dem Platz vor der Burg tanzte das Volk im Reigen. Die beiden Herzöge führten dem Befreier die bräutliche junge Königin zu, und eine Hochzeit wurde gehalten, an der jung und alt teilnahmen. Ganz in Weiß war die Braut gekleidet, ganz in Rot der Bräutigam. So waren Liebreiz und Kraft verbunden; und wer sie ansah, sagte: »Wahrhaftig, Gott hat sie füreinander gemacht.«

Marschall Kingrun war nach Dinadiron in Wales gezogen, wo König Artus damals hofhielt. Sehr verwundert wurde er dort empfangen, als er die Botschaft des roten Ritters brachte und sich dem König zum Gefangenen gab und der Jungfrau, die von Keie den Schlag bekommen hatte. Alle sagten, Keie hätte sehr übel getan. Und man hielt den Herrn Kingrun bei Hofe wie einen Freund und edlen Herrn, denn man kannte ihn als einen vornehmen und gefürchteten Ritter.

König Klamadius zog nun den gleichen Weg wie sein Marschall vor ihm, und jede der drei Nächte, die seinen Ritt unterbrachen, herbergte er in denselben Schlössern, die jener am Vortag verlassen hatte. Marschall Kingrun sah ihn zuerst und erkannte ihn sofort, obwohl er mit Blut beronnen war, eilte ihm entgegen und hörte von seinem Unglück.

Damals war Pfingsten, und es saßen in der Tafelrunde König Artus und seine Gemahlin, Grafen, Herzöge, Könige und ihre Damen. Herr Keie kam durch den Saal geschritten, einen Stab in der Hand, und sein Haar und sein Bart waren blond. Schön und stattlich erschien er wie keiner, aber böse und spöttisch war seine Zunge, so daß alle ihn mieden. »Herr«, sagte Keie, »nun könnt Ihr essen!«

»Bei meinen Augen, Keie«, antwortete der König, »nicht eher wollen wir heute essen, als bis ein Abenteuer an unseren Hof kommt!«

Bei diesen Worten trat Klamadius ein in der blutberonnenen Rüstung, denn damals war es Sitte, sich in Gefangenschaft zu begeben ganz so, wie man besiegt worden war. Er grüßte König Artus und die Königin samt den Damen und Herren; und nun berichtete er, wie ihn ein unbekannter roter Ritter bezwang und wie er sich hier als Gefangener einstellen mußte.

»Freund«, sagte der König Artus, »das sagt mir in Wahrheit, ist der Ritter gesund und in voller Kraft?«

»Er ist so gesund, daß er mich krank gemacht hat. Zu der Jungfrau soll ich gehen, die Herr Keie geschlagen hat, und sie soll gewiß sein, daß diese Schande gerächt werden wird!«

Als der kleine Narr diese Worte hörte, sprang er voll Freude auf und rief: »Herr König, Herr König, so Gott mich segne: Gerächt wird das werden! Den Arm wird er brechen und die Schulter verrenken!«

Gern hätte Herr Keie dem Narren den Schädel zerschlagen; denn seine Rede schien ihm eine gewaltige Frechheit. Aber er wagte es nicht in des Königs Gegenwart. »Ha, Keie!« sprach König Artus, »schlimm ist das, daß du mir diesen trefflichen Ritter mit deiner tollen Zunge vertrieben hast!«

Da ging Keie hinaus. Und an diesem Tage überließ er Herrn Kingrun das Amt, die Tafel des Königs zu versorgen. Klamadius aber gab sich in Gefangenschaft bei der Jungfrau Kunneware. Sie nahm ihn liebreich und freundlich auf und pflegte seine Wunden.

DER GRAL

Parzival waltete in Belripar als der Herr des Landes. Unter seinem Schutz bauten die Bürger die zerstörten Häuser und Mauern wieder auf, kehrten Mönche und Nonnen in ihre Klöster zurück, trieben die Kaufleute ihren Handel und ging der Bauer seiner Arbeit nach. Alle liebten den jungen König, der sie und ihre Herrin gerettet hatte, und sie freuten sich seiner Umsicht. Nichts Lieblicheres konnte man sich denken als dieses Paar, und so hätten sie wohl lange und glücklich dort gelebt.

Aber Parzival dachte an seine Mutter, wie sie beim Abschied am Tore niedersank, und ihn verlangte, sie wiederzusehen. So nahm er Abschied von seiner Königin, nichts fruchteten ihre zärtlichen Bitten, ob auch all ihre Leute ihr herzlich halfen. Wenn er die Mutter wiederfände – versprach er –, würde er sie zurückbringen und dann immer bleiben. Da begleiteten sie ihn vor das Tor hinaus und nahmen schmerzlichen Abschied von ihm.

Parzival ritt nun fort, wohlgewappnet und mit eingelegter Lanze, wie er früher nach Belripar gekommen war. Keinen Menschen traf er in dem wilden Wald. Aber während er ritt, betete er in seinem Herzen, er möge seine Mutter gesund wiederfinden. Den ganzen Tag über ritt er bis an den Abend. Endlich kam er an einen Fluß, der war reißend und tief. Es bekümmerte ihn, daß er nicht hinüber konnte, denn gewiß – dachte er – würde er drüben seine Mutter treffen. Er ritt am Fluß entlang bis zu einem Felsen, der den Weg verschloß. Da sah er ein Boot flußabwärts kommen, darin saßen zwei Männer. Mitten im Wasser machten sie fest. Der vordere war sehr vornehm gekleidet und fischte mit der Angel.

Parzival grüßte beide und fragte sie, ob es nicht eine Brücke oder Furt an diesem Wasser gebe. »Nein, Bruder«,

antwortete der Fischer, »keine. Flußauf und flußab wohl
zwanzig Meilen kann man kein Pferd übersetzen, denn es
gibt dafür weder Fähre noch Furt. Ich will Euch aber selbst
die Nacht über beherbergen. Steigt nur dort hinauf durch
jene Bresche im Felsen, so werdet Ihr oben dicht bei Euch
in einem Tale ein Haus sehen. Da wohne ich, nahe am
Wasser und nahe am Walde.«

Parzival dankte dem Fischer und ritt hinauf durch die
Bresche, bis er auf die Höhe des Berges kam. Aber nichts
war zu sehen als Himmel und Erde. Zornig schalt er auf
den Mann, der ihn nutzlos in die Irre gewiesen habe. Da
sah er dicht bei sich in einem Tal eine Turmspitze auftau-
chen, stattlich und schön, vierkantig aus grauem Stein und
außen mit zwei Türmchen. Der Saal ragte vor dem Turm
auf, und die Hallen standen vor dem Saal. Parzival stieg ab
und pries den Fischer, daß er ihn richtig gewiesen habe.

Als er zur Zugbrücke kam, empfingen ihn vier Knappen.
Zwei halfen ihm aus den Waffen, der dritte führte sein
Pferd fort; der vierte aber sprang hinein und brachte einen
neuen Scharlachmantel heraus, der ihm herrlich zu Gesicht
stand. So führten sie ihn zu den Hallen und hießen ihn
warten. Endlich kamen zwei Edelknaben und führten ihn
in den großen Saal. Der war auf allen Seiten gleich lang,
und wohl vierhundert Menschen hätten dort Platz gehabt.

Mitten im Saal, zwischen vier Erzsäulen, die den Kamin
trugen, brannte ein starkes Feuer von duftendem Holz. Daneben ruhte auf einem Lager der Fischer, den er am Wasser
getroffen hatte. Vornehm war er, doch bleich, und er hatte
graugemischte Haare. Seine Kleidung wie seine Mütze waren aus schwarzem Zobel, mit purpurnem Rand. Er saß,
auf seine Ellbogen gestützt, als wenn er weder recht sitzen
noch recht liegen könne. Als er Parzival kommen sah,
grüßte er ihn und sagte: »Verzeiht, mein Freund, daß ich
nicht aufstehen kann, Euch zu empfangen!« Trotzdem er-

hob er sich halb und nötigte Parzival, neben ihm auf dem Lager niederzusitzen. Er befragte ihn über Herkunft und Weg und wunderte sich über die Schnelligkeit seines Ritts. Indessen füllte sich der Saal mit Rittern, die an den Wänden Platz nahmen. Ein Knappe trat herein mit einem kostbaren Schwert in Händen. Er reichte es dem reichen Fischer und sagte: »Dieses Schwert schickt Euch Eure Nichte, die schöne blonde Jungfrau. Wohl soll es verwenden, wer es empfängt!«

Der Edelmann nahm das Schwert, und Parzival sah, daß es trefflich gemacht war: Der Knauf aus Gold, die Scheide aus Brokat und mit herrlichem Gehänge. Der reiche Fischer umgürtete ihn damit und sagte: »Ihr sollt es tragen! Es hat eine gute Klinge! Ist es Euch bestimmt, so wird es Euch wohl dienen!« Parzival nahm es mit Dank an und zog es halb aus der Scheide. Es war vom besten Stahl, breit und nicht zu lang, und stand ihm herrlich in der Faust. Er freute sich sehr darüber und gab es dem Waffenhüter zur Verwahrung.

Inzwischen hatten sich alle Ritter im Saal versammelt, und es entstand eine große Stille. Nun trat ein Knappe herein, der trug in der Hand eine blanke Lanze. Von ihrer Spitze floß Blut in Tropfen und rann nieder bis auf die Hand des Knappen. Bei diesem Anblick erhob sich im Saal ein großes Wehklagen. Parzival wunderte sich darüber, wagte aber nicht, den Grund zu erfragen; er dachte an das Wort des Edelmanns, daß ein Ritter nicht unnütz fragen solle. Der Knappe trug die Lanze zwischen dem Feuer und den Sitzenden vorbei, so daß alle sie sahen. Dann trat er damit in ein anderes Zimmer, und das Wehklagen verstummte.

Nun öffneten sich die Türen des Saales, und es kamen zwei feine Knappen geschritten, die trugen goldgetriebene Leuchter voller Kerzen. In ihrem Licht trat die schöne

blonde Jungfrau herein. Sie trug in ihren Händen den Gral.
Von ihm ging ein Leuchten aus, das den ganzen Saal erfüllte. Wie von der Lanze ein Strom der Trauer, so ging von
dem Gral ein Strom des Trostes aus. Niemand konnte ihn
tragen als diese Jungfrau, denn sie war keines unreinen Ge-
dankens fähig. Auch sie mit dem Gral ging zwischen dem
Feuer und den Rittern hindurch in das andere Zimmer.
Parzival sah dort einen sehr schönen Greis mit schneewei-
ßem Haar; aber auch jetzt wagte er nicht zu fragen, wen
man dort mit dem Gral bediene, und so erfuhr er die Geschichte der Hüter des Grals nicht.

Nun brachten zwei Knappen Gestelle aus Ebenholz, die
stellten sie vor den Wirt und den Gast. Darauf legten zwei
andere Knappen eine breite elfenbeinerne Platte und deck-
ten darüber ein Tuch, das war so weiß wie frischgefallener
Schnee. Andere Knappen hielten in weißen Tüchern Brot,
das sie vom Gral zu empfangen schienen, das teilten sie allen im Saale zu, und ebenso nach dem Brot den Wein. Parzival sah den Gral und seine Kraft, aber er fragte nicht danach, und so erfuhr er nicht, welche Bewandtnis es mit
dem Gral hatte. – Wenn alles vorbei sei, dachte er, würde er
die Diener fragen oder die Knappen am nächsten Tag. –
Und so schwieg er.

Als alle gegessen und getrunken hatten, sammelten die
Knappen die Reste des Brotes in Körbe und brachten sie
zurück. Die Jungfrau nahm den Gral wieder in die Hände
und trug ihn in das angrenzende Zimmer. »Freund«, sagte
der Edelmann, als die Tür sich hinter dem Gral geschlossen
hatte: »Für diesmal laßt uns die Ruhe suchen, Ihr habt einen weiten Weg gehabt. Man wird Euch im Saal Euer Lager bereiten. Entschuldigt mich nun!« – Auf seinen Wink
faßten vier Diener die Zipfel seines Lagers und trugen ihn
behutsam hinaus, darauf erhoben sich auch die Ritter und
verließen nacheinander den Saal.

Für Parzival wurde nun das Lager gerichtet, er wurde wohl bedient und versorgt. Aber auch jetzt fragte er nicht nach dem, was er gesehen hatte.

Als Parzival nach schwerem Schlummer erwachte, schien der Tag schon hell, aber niemand kam, ihn zu begrüßen. So sprang er von seinem Lager auf, kleidete sich an und suchte nach den Bewohnern des Schlosses. Er pochte an die Türen, aber keine öffnete sich, und als er es selbst versuchte, fand er sie verschlossen. Er kam auf den Hof, aber alles war ausgestorben. Er fand sein Pferd angebunden und seine Waffen daneben, auch das kostbare Schwert. Er waffnete sich mit Mühe selbst, hängte die zwei Schwerter um, bestieg sein Pferd, ergriff Schild und Lanze und ritt über die Zugbrücke hinaus. Aber kaum war er hinüber, da wurde die Brücke so unsanft in die Höhe gezogen, daß sein Pferd fast stürzte – doch niemand war zu sehen.

»Knappe«, rief Parzival, »verbirg dich nicht! Sage, wo ich die Ritter finde!« – Doch alles blieb still.

SIGUNE

Unlustig ritt Parzival weiter und folgte den Spuren vieler Pferde; aber sie verloren sich bald auf dem harten Stein. Als er nun hielt und sich umschaute, hörte er eine klagende Stimme und sah dicht bei sich am Weg eine weinende Jungfrau mit aufgelöstem Haar. In ihrem Schoß lag ein toter Ritter. »Jungfrau«, sagte Parzival, »wer hat Euch diesen Ritter erschlagen?«

Sie sah auf, sah Parzival an und wunderte sich trotz ihres Kummers. »Herr«, sagte sie, »wie kommt Ihr hierher? Es scheint, als hättet Ihr wohl geruht und Euer Pferd hätte wohl gefressen, und ist doch keine Herberge weit und breit viele Meilen hin?« – »Meine Herberge ist nahe«, antwor-

tete Parzival, »und man würde es dort hören, wenn ich laut
hier riefe!« – »So wart Ihr bei dem reichen Fischerkönig?« –
»Er war heute nacht mein Wirt.« – »Saht Ihr die Lanze, von
deren Spitze Blut fließt?« – »Ich sah sie.« – »Und fragtet Ihr,
warum sie blutet?« – »Nein, ich fragte nicht!« – »O weh!«
rief sie. »Warum tatet Ihr das nicht? Und saht Ihr den
Gral?« – »Ich sah einen Gral, den trug eine Jungfrau in beiden Händen.« – »Und fragtet Ihr, wen man damit be-
diente?« – »Ich habe nach keinem Ding gefragt.«

»Weh über Euch!« rief sie aus. »Ihr saht all die Wunder
und hörtet den Jammer, und es rührte Euch nicht! Ihr sa-
ßet neben dem kranken König und saht seine Schmerzen,
und er schien Euch keiner Frage und keines Mitleids wert!
Unglück soll auf Euch kommen, der Ihr der Leiden der anderen nicht achtet!« – Da sie aber sah, wie er voll Kummer
zu ihr niedersah, fragte sie ihn nach seinem Namen. Und
er, den die Mutter mit Kosenamen benannt hatte, wußte
seinen wahren Namen kaum. So geradehin sagte er: »Ich
heiße Parzival der Waleis!«

»O du unseliger Parzival!« rief da Sigune aus. »Ich kenne
dich besser, als du ahnst! Deine Mutter ist meine Muhme,
zusammen mit ihr wuchs ich auf! Du aber brachst ihr das
Herz, als sie niedersank am Brückenpfeiler den Tag, da du
fortrittest. Drei Geschwister hatte sie: Eine war meine
Mutter, der zweite ist ein Einsiedler in einer Klause im
Wald, der dritte der Fischerkönig Anfortas, bei dem du
heute nacht gesessen hast – und du hättest ihn retten können, wenn du nur fragtest!« –

»So ist meine Mutter tot?« fragte Parzival. »Sie zu suchen,
ritt ich aus! Nun werde ich sie nicht mehr finden!«

»O du armer Parzival!« klagte sie. »Unglücklicher bist du,
als du wohl weißt! Aber du trägst das Schwert des Gralskö-
nigs! Traue ihm nicht! Beim ersten Schlag wird es zer-
springen. Der Schmied Trebucet hat es geschmiedet und

kein zweites wie dies; und wer die Stücke des zerbrochenen sammelt und bringt sie zu ihm an den Brunnen Kar-
nant am See Cotovatre, dem fügt er sie wieder zusammen,
besser als je!«

»Aber Base, wer hat dir den Ritter erschlagen?« fragte
Parzival.

»Das tat ein sehr starker und stolzer Mann, der Herzog
Orgellus von der Heide. Er hat auch dir zwei Länder geraubt und greift jeden an, den er nur findet. Diesen hat er
getötet, der mich liebte und den ich liebte. Ich wollte ihm
folgen, wenn er erst eine Heldentat vollbracht hätte – nun
ist er tot!« – Damit wandte sie sich wieder dem toten Ritter zu, der in ihrem Schoß lag, und begann zu klagen und
zu weinen, als wäre alle Welt für sie verschwunden.

DER ORGELLUS

Parzival ritt den gewiesenen Weg fort. Nach einer Weile
hörte er Hufschlag voraus und sah bald eine Frau in zer-
lumpten Kleidern, die einen elenden Klepper ritt. Ihre Augen waren vom Weinen rot. Parzival erkannte die Frau
nicht, die durch ihn in Elend und Not geraten war. Sie aber
erkannte ihn gleich an der Stimme, als er sie fragte: »Herrin, wer hat Euch in solche Schande gebracht?«

Sie beugte sich nieder und sagte leise: »Herr, der du mich
geküßt hast, flieh eilig von hier, sonst wird dir Unheil geschehen!« Parzival, der nicht wußte, was sie meinte, wurde
rot vor Scham und erwiderte: »Niemals habe ich Euch gesehen! Und vor welcher Drohung sollte ich fliehen?«

Da merkte sie, daß er sie nicht kannte, und sagte: »Wenn
Euch der Orgellus hier trifft, wird er Euch auf der Stelle
töten; denn wer mich anredet, den greift er spornstreichs
an. Gestern erst erschlug er einen jungen Ritter!«

Während sie noch sprach, kam der Orgellus aus dem
Walde hervorgebraust über den Sand hin und schrie: »Zu
deinem Unheil kommst du hierher! Dein Ende ist da! Was
sprichst du mit der Jungfrau? Sie hat mir Schande gebracht!
Als sie allein war, küßte sie ein walisischer Junker und
nahm ihr den Ring weg. Das muß sie nun büßen, bis der
Junker den Tod findet!«

Nun erkannte Parzival wohl, wer die Dame war, und
antwortete dem Orgellus: »Heute ist gewiß ihre Buße zu
Ende! Entweder du wirst ihr freiwillig vergeben, oder ich
werde dich dazu zwingen. Denn ich selbst war es, der sie
küßte wider ihren Willen und nahm ihr den Ring. Sonst
geschah nichts, nur aß ich und trank.«

»Wahrhaftig!« rief der Orgellus. »Wunderlich tust du, daß
du das alles gestehst! Jetzt sollst du gewiß den Tod empfangen!« – »So nah ist der Tod mir noch nicht, wie du glaubst!«
rief Parzival. Damit spornten sie die Pferde in hellem Zorn
und jagten so hart die Speere gegen die Schilde, daß die
Schäfte zersplitterten und beide aus den Sätteln zur Erde
kamen. Aber gleich sprangen sie wieder auf und drangen
mit blanken Schwertern aufeinander ein.

Dabei geschah es nun, daß das kostbare Schwert, das Parzival auf der Gralsburg empfangen hatte, beim ersten
Schlag in zwei Stücke zersprang. Rasch warf Parzival auch
die andere Hälfte mit dem Griff fort und riß das Schwert
des roten Ritters heraus. Er freute sich, als er es blank in der
Hand hielt, weil er sich wohl damit wehren konnte.

Höhnisch aber rief ihm der Orgellus zu: »Ein gutes
Schwert hast du da auf dem Krammarkt ergattert! Wenn das
zweite Schwert hält, was das erste versprach, werden dich die
Pasteten, die du gegessen hast, teuer zu stehen kommen!«

Jetzt liefen sie wieder einander an und schlugen sich die
Schwerter heftig auf die Helme. Die Augen funkelten ihnen vor Zorn; denn sie sahen zur Seite die Edelfrau zittern,

sie weinte voll Sorge um jeden von ihnen, und daran ent-
zündete sich ihre Wut. Der Orgellus schlug kühn und heftig, aber Parzival deckte ihn mit so harten Schlägen zu, daß
der nicht mehr gegen ihn aufkommen konnte. Rot rann
das Blut aus den Panzerringen des Stolzen, als Parzival ihn
endlich niederschlug.

Und dieses befahl er ihm: Seine Dame zum nächsten
Schloß zu bringen, sie dort zu baden und schön zu kleiden
und dann hinzuführen an König Artus' Hof zu der Jungfrau, die damals lachte. »Und das schwöre ich dir bei meinem Leben, daß deine Freundin wahrhaftig unschuldig ist!«
Da war der stolze Orgellus, der sie mehr als sein Auge
liebte, glücklich im Unglück. »Unrecht, das ich ihr antat,
will ich völlig vergüten!« sagte er.

Nun verband die Frau beiden Kämpfern ihre Wunden,
und sie nahmen Abschied, denn Parzival wollte nicht mit
ihnen ziehen. Er suchte die Stücke des zerbrochenen
Schwertes und verwahrte sie, wie er gewiesen war. Dann
nahm er einen bunten Speer, der an der Wand einer Klause
lehnte, und ritt davon.

Der Orgellus aber tat alles, was ihm Parzival aufgetragen
hatte. Er ließ seine Freundin baden und salben, kleidete sie
in kostbares Gewand, tat ihr zierlichen Schmuck um Hals
und Arme und führte sie zu König Artus an den Hof von
Carlion.

Hier war große Verwunderung, als zum drittenmal ein
Ritter kam und sich Fräulein Kunneware zum Gefangenen
gab. Sehr erstaunte die Tafelrunde, als sie Herzog Orgellus
den Stolzen erkannte und seine edle Freundin. König Artus und die Königin nahmen beide mit Freuden auf. Keie
mußte den Tag manch böses Wort hören, und der Narr
sprang voll Übermut auf und rief: »Wahrhaftig, daß Gott
mich segne, Herr Keie, nun wird Euch bald alles wohl aus-
gezahlt, was Ihr mir und dem Fräulein zukommen ließet!«

König Artus aber beschloß, mit all seinem Gefolge auf-
zubrechen und nach dem roten Ritter zu suchen, der so
ehrenvolle Gefangene an seinen Hof sandte. Sofort begann
sich alles zu rüsten, Zelte und Lauben wurden verpackt,
Saumtiere, Karren und Wagen beladen, und König Artus
schwor, nicht zwei Nächte unter festem Dach zu schlafen,
ehe sie nicht den roten Ritter gefunden hätten. So zogen
sie fort von Carlion, und am Abend dieses Tages lagerte
man auf einer Wiese am Wald und verblieb dort die Nacht
über.

BLUTSTROPFEN IM SCHNEE

In dieser Nacht schneite es, und als Parzival in der Frühe
aufbrach, war alles weiß. Ein Falke traf eine Wildgans im
Flug aus einer Schar, die lärmend zerstob. Er riß sie in wildem Sturz zu Boden, strich aber, selber betäubt, davon.
Blutstropfen färbten den frischen Schnee, als die Gans wieder aufflog, und wunderlich mischte sich das Rote mit dem
Weißen. Parzival sah es, und es schien ihm der frischen
Farbe seiner geliebten Königin zu gleichen. Träumend hielt
er auf seinem Roß, stützte sich auf den bunten Speer und
blickte unverwandt darauf hin. Wie lebend sah ihn aus
Weiß und Rot das Bild der schönen jungen Königin an,
und bald hatte er alles ringsum vergessen.

Inzwischen wurden bei den Zelten die Knappen wach
und sahen den fremden Ritter dort halten. Sie meldeten
es Herrn Segramors, der sofort vom König die Erlaubnis
holte, dem nachzuforschen. Eilig ließ er sich rüsten und
ritt hinüber. Er sprach Parzival an, doch der hörte nicht.
Er lud ihn ein, zu den Zelten zu kommen, aber er bekam
keine Antwort. Da geriet er in gewaltigen Zorn. »Beim
heiligen Petrus, Herr Ritter!« rief er. »Wollt Ihr nicht frei-

willig zu mir kommen, so bin ich wohl Manns genug, Euch zu zwingen!« Damit nahm er Abstand und legte die Lanze ein.

Aber Parzivals Pferd witterte den Angriff und wendete sich, Parzival verlor die Blutstropfen aus den Augen, sah einen Ritter zum Anritt bereit, senkte seine Lanze und hielt entgegen. So mächtig prallten sie aufeinander, daß Segramors Lanze in Splitter zersprang, sein Pferd sich überschlug und davonstob, der wilde Segramors sich nur mühsam erhob und hinter ihm drein stolperte.

Das sahen vom Lager her die Zuschauenden mit Kummer, Keie aber rief spottend aus: »Kräftig zieht doch Herr Segramors den fremden Ritter am Zügel hinter sich her!«

»Wer spottet, Herr Keie«, sagte der König, »muß es erst selber besser machen!« – Dies Wort nahm Keie als Erlaubnis mit Freuden auf, wappnete sich, stieg zu Pferde und ritt hinüber bis zu der Stelle, wo Parzival wieder über den Blutstropfen träumte. Schon von weitem rief er ihm zu, er solle ihm folgen und sich ergeben; »sonst wird es Euch teuer zu stehen kommen!«

Diese drohenden Worte hörte Parzival wie im Traum. Er wandte sein Roß, trieb es an mit dem Stahlsporn, senkte die Lanze und sprengte gegen den Anstürmenden vor. Keies Lanze spleißte wie eine Rinde, Parzival aber traf ihn über dem Schildknopf und warf ihn so heftig auf einen Stein, daß er sich die Schulter verrenkte und zweimal den Arm brach. So hatte es der Narr im voraus gesehen.

Parzival kehrte zu den Blutstropfen zurück, Keie aber lag reglos und ohnmächtig im Schnee. So wurde er von den Knappen gefunden. Ritter und Damen beklagten ihn als tot, bis man erkannte, daß er nur stark verwundet war. König Artus, der ihn trotz allem liebte, schickte ihm seinen besten Arzt und junge Helferinnen, die renkten ihm die Schulter ein und schienten den gebrochenen Arm.

Nun bat Herr Gawan um die Erlaubnis, selbst nach dem fremden Ritter zu sehen. »Sicher war es unrecht, ihn aus seinen Träumen zu reißen, denn er sann wohl einem Verluste nach. Ich will ihn bitten, daß er hierherkommt!« Auf diese Rede rief Herr Keie voller Zorn: »Wie ruhmvoll werdet Ihr den Ritter herbeischaffen, so sehr er sich sträubt! Das Schwert werdet Ihr gar nicht brauchen, Ihr habt ja eine gewandte Zunge, mit der Ihr jeden beredet! Ihr seid wahrhaftig so verrückt, daß man noch von Euch lernen könnte!«

»Ihr habt Arm und Schulter zerschunden, lieber Freund«, antwortete Gawan, »deshalb konntet Ihr wohl nicht höflicher sprechen. Ich werde solchen Lohn nicht bekommen!«

Damit ritt er hinaus bis zu der Stelle, wo der Ritter noch immer über den Blutstropfen träumte, obwohl die Sonne den Schnee schon schmolz. Dort stieg Gawan vom Pferd, und als er merkte, wohin sich die Blicke des Ritters richteten, legte er leise ein Tüchlein über die Stelle. Nun wachte Parzival aus seinem Sinnen auf. »Wehe!« rief er. »Wer hat mir dein süßes Antlitz abgewandt, das ich so nahe bei mir hatte?«

»Herr«, sagte Gawan, »König Artus, der mit seinem Hofstaat hier weilt, läßt Euch bitten, zu uns zu kommen!«

»Der König Artus? An seinen Hof kann ich nicht kommen, ehe ich nicht die Schande gerächt habe, die Keie einer Jungfrau um meinetwillen antat!« An diesen Worten erkannte Gawan, wer vor ihm stand. »Herr«, sagte er, »die Schande habt Ihr schon kräftig gerächt; denn Keie wurde durch Euch so vom Roß gestürzt, daß er den Arm brach und die Schulter verrenkte. Ihr aber seid der, den zu suchen wir auszogen, und ich bin Gawan, des Königs Neffe!«

Da sprang Parzival vom Roß herunter, sie banden die Helme ab und umarmten einander, dann gingen sie Hand in

Hand zu den Zelten. Hier war große Freude bei allen außer bei Keie, als Gawan mit dem roten Ritter einzog. Gawan nahm ihn mit in sein Zelt, ließ ihn entwaffnen und kleidete ihn mit Rock und Mantel, die ihm herrlich standen. So brachte er ihn vor den König und die Königin. Dort wurde er mit hohen Ehren empfangen. Es begrüßten ihn auch seine vornehmen Gefangenen, vor allem aber die Jungfrau Kunneware. Sie freute sich, daß sie den wiedersah, den sie durch ihr Lachen als den besten Ritter bezeichnet hatte und der dies so herrlich bestätigte. Alle kehrten nach Carlion zurück, und dort saß Parzival zwischen Kunneware und der Königin. Sie feierten die ganze Nacht und den folgenden Morgen, alle, außer Herrn Keie – der lag auf seinem Lager in Schmerzen. Der Schnee war geschmolzen, die Sonne schien, und sie saßen im Freien in bunter Runde.

DIE GRALSBOTIN

Da kam gegen Mittag auf falbem Maultier ein seltsames Wesen dahergeritten, gekleidet wie eine Dame, doch von unbeschreiblicher Häßlichkeit. Ihr Haar hing in schwarzen Strähnen herab, ihre Haut war schmutzig wie altes Eisen, ihre Augen wie die der Ratte so klein und kalt, mit der Nase eines Affen, den Lippen eines Esels, dem Bart eines Bocks und gelbroten Zähnen. Ihr Rücken war verwachsen, ihre Brust ein Höcker, die Beine wie Baumwurzeln krumm und verdreht. Das war Kundrie die Zauberin, Botin des Grals, einst dem Fischerkönig vom Sultan geschenkt. Sie ritt auf den König zu, grüßte ihn und alle Barone, nur Parzival nicht. Diesem schrie sie mit schriller Stimme von ihrem Maultier herab zu:

»Ha, Parzival, das Glück ist kahl hinten und haarig vorn! Du trafst dein Glück und hast es vertrödelt! Weh über dich

und Weh über alle, die dir Gutes antun! Beim Fischerkönig
wardst du empfangen, sahst seine Schmerzen und die blutende Lanze, aber es schien dir der Mühe nicht wert! Den
Gral sahst du und all seine Wunder! Da war Ort und
Stunde zu sprechen; du aber schwiegst, uns allen zum Unglück. Hättest du deinen Mund geöffnet, so wäre der leidende Herrscher genesen und hätte sein Land in Ordnung
regiert. Nun wachsen die Kräfte Partinel dem Schwarzen,
der Kummer und Unheil über uns bringt!«

Dann wandte sie sich an den König und schrie: »Nun
muß ich fort zum verzauberten Schloß! Dort warten fünfhundert Frauen und Jungfrauen, des Rechtes und der
Hoffnung beraubt, samt vielen Knappen auf einen Ritter,
der rein ist und treu und ohne Furcht. Aber der Rittersaal
ist mit Zauber geschützt, wer nicht fehllos ist, wird sogleich
dort sterben. Wo ist der Ritter, der solche Tat wagt?«

Noch andere Aufgaben schrie die zwergenhafte Dame
den Baronen zu, dann ritt sie ohne Gruß davon.

Verwirrung und Unlust ließ sie zurück. Alle bedauerten
Parzival, auf den sie den Fluch geworfen hatte; sie suchten
ihn mit freundlichen Worten zu trösten. Er aber gelobte,
nicht zwei Nächte auf gleichem Lager zu schlafen und keiner Gefahr aus dem Wege zu gehen, bis er erfahren habe,
was es sei mit der blutenden Lanze, mit dem Gral und dem
Leiden des Fischerkönigs. Gawan wollte ausziehen, das ver-
wunschene Schloß zu befreien, Gifles, der Sohn des Do,
und Cahadin, der Ritter, rüsteten sich für andere große
Abenteuer.

Und so löste sich zum Kummer des Königs und der Königin die festliche Tafelrunde auf, kaum daß sie sich völlig
zusammengefunden hatte.

DER EINSIEDLER

Ohne Weg und Ziel ritt Parzival, seit Kundries Fluch ihn aus der Tafelrunde vertrieben hatte. Fünf Jahre lang irrte er unstet umher; und während Gawan Abenteuer um schöne Frauen bestand, fuhr Parzival als Reiter und Schiffsgenosse durch manches Land und durch manches Meer. Jeden Ritter, der ihm begegnete, hob er mit seinem bunten Speer aus dem Sattel und schickte ihn an König Artus' Hof. Immer ging er als Sieger hervor, und nichts unternahm er, das er nicht glücklich zu Ende führte. Seine rote Rüstung war bekannt und gefürchtet, doch er wußte es kaum. Freude empfand er nicht, und nach Belripar kehrte er nicht zurück, wo seine schöne Gemahlin auf ihn wartete.

In all dieser Zeit suchte er unablässig den Gral, aber er fand ihn nicht. Er haderte mit Gott und seinem Geschick, denn ihm schien, Gott habe ihn vergessen und verstoßen. Mit Unrecht, meinte er, hätte Kundrie ihn geschmäht und der Gral ihn verworfen, da er doch Böses nicht getan und nur die Frage vermieden, wie Gurnemanns ihm geraten hatte. In ein Gotteshaus trat er nicht mehr ein, nahm an keiner heiligen Handlung mehr teil; das Beten hatte er verlernt, und an Leben und Leiden des Herrn der Christenheit hatte er nicht mehr gedacht. So ritt er in den roten Waffen dahin und fragte nicht nach Ort oder Stunde. Edelleute begegneten ihm, ein alter Ritter mit Söhnen, Töchtern und Ehefrau. In Pilgerkleidern gingen sie barfuß, den Kopf in rauhe Kapuzen gehüllt. Als sie Parzival so gewaffnet daherreiten sahen, wunderten sie sich, und der alte Ritter hielt ihn an und sagte: »Lieber Herr, glaubt Ihr denn, daß es Recht ist, Waffen zu tragen an einem so heiligen Tage?« – »Welcher Tag ist denn heute?« fragte Pazival verwundert. »Das wißt Ihr nicht, lieber Herr? Heute ist der Tag, da sie unseren Herrn ans

Kreuz schlugen und ihn verspotteten, der doch nichts
Böses getan hatte und keiner Sünde schuldig war! Kar-
freitag ist heute! An ihn, der litt, sollen wir denken! Und
Sünde ist es gewiß, an diesem Tage in Waffen zu reiten!« –
»Und wohin fuhrt Ihr denn heute?«

»Wir fuhren zu einem Edelmann, einem heiligen Einsiedler, der seit langen Jahren in diesem Walde wohnt und
sein Leben ganz dem Himmel ergeben hat!« – »Und was
tatet Ihr dort, liebe Herren?«

»Was wir dort taten? Um Rat fragten wir ihn wegen unserer Sünden, wir bekannten sie und lösten uns von ihnen.
Das Wichtigste taten wir, was ein Christenmensch tun
kann, der Sorge um seine Seele trägt!«

Da überdachte Parzival sein Leben, wie er ohne höheren
Trost all die Jahre gefahren war, und konnte den Tränen
nicht wehren. »Dorthin möchte auch ich gehen«, sagte er,
»und mit dem heiligen Manne sprechen. Aber ich glaube,
Gott hat mich vergessen und wird sich meiner nicht erbarmen!«

»Lieber Herr, so dürft Ihr nicht sprechen! Gott vergißt
keinen, wie die Sonne auch keine Blume vergißt!« Sie ge-
wannen ihn lieb in seinem Ernst und in seiner Traurigkeit.
Sie wiesen ihm den Weg zu dem Einsiedler und nahmen
Abschied von ihm mit guten Wünschen für sein ewiges
Heil. –

Parzival schlug den gewiesenen Pfad ein. Er war unruhig
in seinem Herzen und ahnte eine Schuld, die er niemals
gewußt hatte. Er fürchtete, gegen den gesündigt zu haben,
der alle menschlichen Wege lenkt. Als er den Buschwald
durchritten hatte und an die Einsiedelei gekommen war,
entwaffnete er sich, band sein Pferd an eine Esche und trat
ein in die Klause. Hier war auch eine kleine Kapelle, darin
fand er den Einsiedler und einen Priester, wie sie den
schönsten Dienst verrichteten, den die Kirche kennt. Er

kniete nieder und wartete, bis sie geendet hatten und der
Priester gegangen war. Dann faßte er weinend die Knie des
Einsiedlers und bat um Trost. Und der gute Mann, der Par-
zivals Kummer sah, nahm ihn zu sich und bat ihn, seine
Geschichte zu erzählen.

Da begann Parzival zu erzählen vom Wald von Valdone,
vom Zelt der Herzogin, von Artus' Hof und von Gurnemanns' Zucht, von Belripar und von der Burg des Gral;
wie er den Gral dann suchte auf all seinen Fahrten, Gott
aber sich von ihm wandte und er von Gott, und wie er nun
ruhe- und freudlos umherzog. Und der Einsiedler erkannte, welcher Art Parzival war.

»Lieber«, antwortete er ihm, »nun sage mir erst noch, wie
du dich nennst!« – »Parzival, guter Herr!«

Bei diesem Namen seufzte der Einsiedler tief – denn er
kannte ihn gut: »Freund«, sagte er, »nun weiß ich wohl
deine Wege, und nun will ich dir raten. Sehr hat dir eine
Sünde geschadet, die du selbst nicht wußtest; denn als du
von deiner Mutter fortrittst, da brach ihr das Herz vor
Kummer. Du aber hattest dein Herz verhärtet und spürtest
nicht ihren Schmerz. Dann hast du den roten Ritter erschlagen und hast es nicht als ein Unrecht erkannt. Er hatte
dir nichts Böses getan und war zudem dir nahe verwandt.
So kamst du zum Fischerkönig und sahst seine Schmerzen
und die blutende Lanze und die Wunder des Grals. Aber
falsche Scheu verschloß dir den Mund, und dein Herz war
zu hart für die Frage des Mitleids. Der kranke Fischer ist
mein Bruder, und deine Mutter war unsere Schwester. Des
alten Königs Kinder sind wir, welche der Gral speist, und
so bist du selbst aus des Grals Geschlecht. Nun aber sage
mir: Magst du bekennen, daß dies deine Schuld ist?« Da
weinte Parzival und sagte: »Ja, Oheim, das will ich wahrhaft
bekennen; nun weiß ich es wohl! Mein Herz ist hart, Gott
möge es auftun!«

Der Einsiedler küßte ihn und hob ihn auf. Er bat ihn, einige Tage zu bleiben, seine Speise mit ihm zu essen und seine Dienste mit ihm zu tun. Das nahm Parzival an. – »Lieber Oheim, sagt mir, was ist es mit dem Gral?«

»Das sollst du wohl hören, lieber Neffe! Solches wird von dem Gral erzählt: Als in den Himmeln der Kampf entbrannte und Michael den Luzifer aus dem Himmel in die Tiefe stürzte, da schlug er aus seiner Krone den kostbarsten Edelstein. Der wurde von Engeln schwebend getragen, bis er nieder zur Erde kam. Hier formte ein Meister ihn zum Kelch. So diente er Christus beim Abendmahl. Da Joseph von Arimathia Blut des Gekreuzigten in ihm auffing, wurde der Kelch zum Gral. Ihn hüteten die Getreuen und gaben ihn weiter von Geschlecht zu Geschlecht bis in unsere Zeit, ihn hütet heute die Ritterschaft des Grals.

Wer des Grals waltet, muß das Irdische vergessen. So war unser Vater ein reiner König, ihn sahst du dort mit dem Gral bedienen. Keiner Speise bedarf der heilige Mann, nur eine Hostie nährt ihn seit zwanzig Jahren. Dann wurde Anfortas König des Grals; doch war er der irdischen Liebe verfallen. In ihrem Dienste vollbrachte er seine Taten. Wohl kämpfte er auch gegen die Feinde des Grals, aber kein Segen lag auf seinem Tun. So traf ihn ein vergifteter Speer in der Mitte des Körpers. Todessiech liegt er seitdem, er kann nicht leben noch sterben. All unsere Sorge war vergeblich, auch der Gral heilte die Wunde der Sünde nicht. Schwer trug an seinem Schicksal die ganze Ritterschaft des Grals, und der dunkle Feind triumphierte. Damals sagte ich der Ritterschaft ab und wurde Einsiedler, Gott zu versöhnen. Danach erschien es wie eine Schrift an dem Gral, es würde ein junger Ritter kommen, seine Frage könnte den kranken König erlösen. Wohl ist der junge Ritter gekommen, doch hat er die Frage nicht getan.«

»Ich bin der stumme Ritter gewesen«, sagte Parzival. »Aber warum konnte ich niemals den Gral mehr finden?«

»Er läßt sich nicht finden mit Willen und Absicht. Du mußt auf die Stunde der Gnade warten.«

»Ich warte! Aber was ist es mit den Feinden des Grals?«

»Die Ritterschaft des Grals hat mächtige Feinde. Ihr schlimmster Widersacher ist ein Herzog, der ihr Schaden tut, wo er nur kann. Er wird für einen Zauberer gehalten und mit unterschiedlichen Namen genannt. Wegen seines Aussehens nennt man ihn meist Partinel den Schwarzen. Seine nachtfarbenen Ritter streifen umher und stören jedes Bemühen des Grals. Selten stehen sie offen entgegen, meist wirken sie aus dem Hinterhalt. Solange der schwarze Partinel herrscht, solange wird die Kraft des Grals nicht wirken und nicht der Fluch von Anfortas genommen.«

»Wahrhaftig, Oheim, ich will mit ihm kämpfen!«

»Dein Schwert ist unwirksam gegen ihn. Aber einst hast du ein Gralsschwert empfangen?« – »Es ist zersprungen beim ersten Kampf!« – »Es sprang entzwei, denn es fehlte der Segen. Aber noch lebt der Schmied, der es einstmals fertigte, Trebucet der Alte am See Cotovatre. Seine Schmiede wird von zwei Schlangen gehütet. Sie wirst du stillen mit diesen Perlen, bewegt in Gebeten. Reite du dreimal um den See! Er wird das Schwert aufs neue schmieden. Mit ihm kannst du den Schwarzen besiegen, den Gral erlösen. Ich aber will dich lehren, was du brauchst, wenn du in Not bist.«

Trevrezent, der Einsiedler, sagte ihm ein Gebet ins Ohr und sprach es so oft, bis er es genau konnte. Darin waren die Namen des Herrn, die größten, die Menschenmund nennen darf. Er gebot ihm, es um keinen Preis zu sagen, er wäre denn in Todesgefahr.

Parzival blieb bei dem Einsiedler, seinem Oheim, und lebte sein einfaches Leben mit, aß Kräuter und Brot aus

Gerste und Hafer, dazu Wasser aus klarer Quelle. Sein Pferd
bekam Heu und Hafer genug und war wohlgepflegt. Parzival betete zu Gott und beweinte seine Fehle, so kam er zur
Ruhe und wurde ganz stille. Zu Ostern empfing er das
Abendmahl. Trevrezent segnete ihn und sprach ihn seiner
Fehle frei. Er goß ihm neuen Mut in die Seele. Dann wies
er ihm den Weg zum See Cotovatre.

DAS GRALSSCHWERT

Parzival ritt zum See Cotovatre, das Gralsschwert zu heilen.

Im Walde lag verwachsen neben dem Brunnen Carnet
die verfallende Schmiede Trebucets des Alten. Zwei
Schlangen züngelten am Eingang empor. Parzival stillte sie
mit den Perlen des Einsiedlers, und sie legten sich nieder.
Zugleich krähte ein Hahn.

Aus dem schütteren Haus trat der Schmied mit buschi-
gem Bart. Als er die Stücke des Gralsschwertes sah, leuchteten seine Augen. Zärtlich prüfte die zitternde Hand die
Teile der Klinge. »Morgen!« sagte er und nickte. Er wies
dem Gaste Lager und Brot, dann begann er, Werkzeug her-
vorzusuchen und pfleglich zu richten. Wasser holte er vom
Brunnen Carnant und legte Kohlen bereit für die Esse.

Am nächsten Morgen ritt Parzival um den See. Ein
Schwan trieb auf dem Wasser und säuberte sein Gefieder.
Als Parzival zur Schmiede zurückkam, lagen die Stücke des
Schwertes traurig und ausgeglüht auf der Esse.

Zum zweitenmal umritt er den See. Der Schwan zog
darüber feierliche Kreise. Bei seiner Zurückkunft fand Parzival das Schwert zusammengefügt. Es sah noch scheckig
und armselig aus, schien aber sehr scharf. Vorsichtig führte
der alte Schmied den Finger über die Schneide. »Der
schwarze Partinel trägt auf dem Helm einen Stein!« sagte

er. »Darin steckt seine Kraft!« Als Parzival zum drittenmal
den See umritt, erhob sich der Schwan und zog singend
zur Ferne.

Parzival kam zurück zur Schmiede und fand sie verschlossen. Vor ihrem Tor stand ein Knabe, das Schwert in
den Händen. Es funkelte und gleißte, und nicht ließ sich
bemerken, daß es aus Teilen zusammengefügt war. Parzival
nahm es, und es schien ihm eine herrliche Klinge. »Wo ist
der Schmied?« fragte er. Aber der Knabe legte den Finger
auf den Mund und verschwand. Als Parzival davonritt,
hörte er über dem See die Totenglocken läuten.

Der letzte Kampf

Gawan hatte indessen das Schloß mit den fünfhundert
Jungfrauen entdeckt und dort die unerhörtesten Abenteuer
bestanden. In dem spiegelglatten Saal hatte er das Wunder-
bett bestiegen, das alsbald mit ihm herumraste, bis es plötzlich inmitten stehenblieb und den darauf Liegenden den
Schüssen und Würfen aus vielhundert Armbrüsten und
Schleudern aussetzte; und er hatte den gewaltigen Löwen
erschlagen, der bisher alle anderen Ritter zerrissen hatte. So
war er Herr des Wunderschlosses geworden.

Aber Gawan war der Liebe einer sehr schönen und ge-
fährlichen Frau verfallen. Sie spornte ihn unablässig zu
neuen Abenteuern an. Ihr zuliebe sollte er nun einen
Kampf ausfechten mit dem tapfersten und grimmigsten
Ritter, den es in diesen Gegenden gab. Dazu waren von
beiden Seiten Herren und Damen und war auch König
Artus mit seinem ganzen Hof geladen. Nun lagerten die
Ritter und Frauen in Lauben und Zelten auf einem weiten
Plan, und der Kampfplatz war für den nächsten Tag abge-
steckt.

An diesem Morgen kehrte Parzival vom See Cotovatre
zurück. Er trug das neugeschmiedete Gralsschwert, und oft
zog er es heraus und prüfte seine Schneide. So kam er an
das Lager des Königs Artus geritten. Alles schlummerte
hier noch in den Zelten. Als aber Parzival zum Kampfplatz
kam, stand da in Waffen ein kohlschwarzer Ritter. Er verhielt wartend auf riesigem Rappen, und schwarz war seine
ganze Rüstung; nur auf dem Helm glühte ein roter Stein.

Kurze Zeit standen der schwarze und der rote Ritter
sich gegenüber und prüften sich; dann senkten sie die
Speere und rannten einander an. Parzivals bunter Speer, der
alle Kämpfe bestanden hatte, zerwirbelte bei dem Anprall,
und er selbst kam zu Boden. Sofort zogen beide Kämpfer
die Schwerter heraus. Aber der schwarze Ritter griff Parzival so furchtbar an, daß dieser nie in größere Not gekommen war. Keine Blöße war an dem Schwarzen zu entdek-
ken: der aber schlug mit unablässigen Hieben auf Parzivals
Helm, und nur das Gralsschwert schützte diesen vor den
tödlichen Streichen.

In dieser Not gedachte Parzival des Gebetes, das der Einsiedler ihm ins Ohr gesprochen hatte. Unter den Hieben
des Schwertes sprach er die heiligen Namen, und sofort
durchdrang ihn unendliche Kraft. Nun erinnerte er sich
auch der seltsamen Worte des alten Trebucet, daß Partinels
Kraft im Steine stecke, und wußte jetzt, wer ihm entgegen-
stand. Die Augen fest auf den Karfunkel gerichtet, nahm er
alle seine Kraft zusammen und schlug zu. Klingend
sprengte das Gralsschwert den Stein aus seiner Fassung. Ein
Zittern durchfuhr die schwarze Gestalt – sie stockte, stutzte,
riß den Rappen herum und war unversehens in den Nebeln des Morgens verschwunden.

Inzwischen war längst das Lager erwacht, eine Menge
Zuschauer hatte sich um den Kampfplatz versammelt und
bei dem siegreichen Schlag dem roten Ritter zugejubelt.

Ein Knappe hob den Stein auf und brachte ihn Parzival. Nun aber, als dieser den Helm löste, erkannte ihn Gawan und umarmte den Freund. Im Triumph führte er ihn zum Zelt des Königs Artus, mit Jubel wurde er dort begrüßt, und die ganze Tafelrunde versammelte sich in dem Glanz und der Pracht wie einstmals vor dem Auszug der Ritter. Alle Feindschaften und Kämpfe wurden geschlichtet, die Liebenden zusammengegeben, manche Hochzeit gestiftet.

Parzivals rote Rüstung war so zerhauen, daß er sie nicht mehr gebrauchen konnte, und er legte sie ab. Weiß und golden waren die Gewänder und die Rüstung, in die sie ihn kleideten. So leuchtete er unter den anderen, die in vielfachen Farben ihn umringten. Aber ernster als einstmals war jetzt sein Antlitz, und vieler Geheimnisse war er sich bewußt.

KÖNIG DES GRALS

Während sie so in der Feier der Freude festliche Tage beisammen saßen, kam eine seltsame Gestalt geritten. Sie thronte auf schellengeschmücktem Maultier, die häßlichen Haare mit Seide umkleidet. Es war Kundrie die Zauberin, die zwergenhafte Botin des Grals. Vor Parzival glitt sie herab, kniete vor ihm nieder und schrie mit ihrer schrillen Stimme:

»Heil dir, Parzival, der du Buße getan und hast das Gralsschwert gewonnen und Partinel den Schwarzen besiegt. Der Gral schickt mich als Botin voraus, den Fluch zu löschen, den Segen zu kündigen!«

Indessen nahte eine Schar von Gralsrittern, ihnen voran ein Greis in königlicher Haltung. Parzival erkannte den Einsiedler und neigte sich vor ihm. »Du hast den Feind des Grals besiegt!« sagte er.

»Das tat das Gebet, Oheim, das du mich lehrtest!«

Trevrezent verkündete der Tafelrunde, daß der Gral Parzival zum König berufen habe. Da erhob sich Freude und
Trauer zugleich. Parzival nahm Abschied von der Ritterschaft und den Frauen, vor allem von Gawan und Kunneware. Sie geleiteten ihn bis vor das Lager hinaus; dann zogen sie zurück. Und wieder löste sich, nach einem ihrer
glänzendsten Feste, die feierliche Tafelrunde des König Artus auf.

Zuerst kamen die Gralsritter zur Klause des Einsiedlers.
Dort nahm Trevrezent ein schlichtes Goldkreuz mit goldener Kette von der Wand und hängte es Parzival um. In
seine Mitte fügte er den roten Edelstein ein, den er von
Parzival empfing. In dem klaren Kreuz wurde sein unruhi-
ges Leuchten gebannt und beruhigt. »Der Stein hat vielfach
geheime Kräfte!« sagte Trevrezent. »Partinel hatte ihn Anfortas geraubt. Vordem paßte er in dieses Kreuz, das dem
Gralskönig gehörte.«

Beim Weiterritt fanden sie an der Stelle, wo Parzival
einst über den Blutstropfen träumte, ein Zeltlager. Trevrezent schlug den Eingang des Hauptzeltes zurück. Da lag
dort schlafend mit zwei Knaben im Arm die junge Königin von Belripar, schöner noch als sie damals war. Von dem
Licht erwachte sie, und mit einem Freudenschrei flog sie an
Parzivals Hals. Lange begrüßten sie sich und kosten miteinander. Dann zeigte die Königin Parzival die Kinder, zwei
feine Zwillingsknaben, Lohengrin und Kardeis.

Nun zogen sie weiter zu dem reißenden Fluß, an dem
Parzival zuerst den Fischerkönig getroffen hatte. Hier er-
warteten in festlicher Tracht die Gralsritter ihren künftigen
Herrn und führten ihn hinauf durch die Bresche zur Gralsburg. In dem viereckigen Saal versammelten sie sich. Dorthin wurde auch der reiche Fischerkönig getragen, und herein trat die Jungfrau mit dem heiligen Gral. Alle neigten

sich vor ihm. Parzival aber trat auf den Fischerkönig zu, küßte ihn und sprach zu ihm: »Oheim, Gott segne deine Wunde!« Da sah der Kranke ihn mit hoffnungsvollen Augen an. Er nahm den Kronreif von seinem Haupt und setzte ihn Parzival als dem neuen Gralskönig auf. Von dieser Stunde an heilte die Wunde. Alle aber, die zugegen waren, weinten vor Freude.

Hinfort war Parzival König des Grals. Der alte König segnete ihn, und Trevrezent half ihm mit seinem Rat. Die junge Königin blieb an seiner Seite, und Lohengrin wurde zum künftigen König bestimmt. In alle Länder wirkte die Kraft des heiligen Blutes, Ströme des Segens gingen davon aus und wirken bis in unsere Tage fort.

DIE TRÄUME DES OLAF OSTESON

ies ist die Sage von den Gesichten Olaf Oste-
sons des Jungen, die er hatte, als er schlief alle
die dreizehn heiligen Nächte hindurch in der
Mittwinterzeit.

Nach unendlichem Schlummer erhob er
sich, legte dem Hengst den Sattel auf und ritt,
von seinen Träumen getrieben, ehe ein Flügel rauschte, ehe
die Sonne über die Berge schnitt, hinüber zur Kirche von
Telemarken, wo eben das Volk zusammenkam.

Drinnen sang am Altar der Priester heilige Psalmen.
Draußen kündete unter dem Kirchentor Olaf Osteson
seine Gesichte. Und es sammelten sich um ihn, da er sprach
und sang, alte Männer und junge im Kreis und lauschten
seinen Träumen. Da war es, als würden die Sagen wach, wie
die Väter sie sangen und weitertrugen von Geschlecht zu
Geschlecht seit uralter Zeit.

Und dies sind die Gesichte, die Olaf Osteson sang unterm Kirchentor am Dreikönigstag, Bild um Bild:

»Ich legte mich nieder zur Weihenacht, und fest umfing
mich starker Schlaf. Eine weite Reise begann ich da, und
unbekannte Wege durchschritt ich, wie sonst sie nur die
Toten begehn. Erst trat ich ein in den Saal des Mondes, und
hell warf der Leuchter sein Licht auf die Pfade. Da griff es
mich plötzlich – alle Kräfte der Seele nahm ich zusammen;
denn es riß mich hinauf in Wolkenhöhen und stürzte mich
nieder in Schlünde des Meeres, in furchtbare Tiefen. Unten im Erdgrund rauschten die Götterströme, unsichtbar

dröhnten sie durch die Schluchten mit donnerndem Brausen. Auf wildem Rappen ritt ich hindurch, und an meiner Seite sprangen wütende Hunde. Aber das Roß wieherte nicht, und die Hunde bellten nicht; denn Grausen hatte sie ergriffen. Furcht gähnte ringsum, und kein Vogel sang.

Nun kam ich in die Lande des Leids, ich mußte über die Dornenheide, die gefährliche, schmerzliche. Da wurde mein Scharlachkleid mir zerrissen, und meine Füße rannen von Blut. Aber schwerer noch war's, durch das Mühemoor zu waten, mich langsam schleppend durch grundlose Sümpfe. In die Frosthölle kam ich, die bitterkalte, wo wie blaue Flammen die Eise brennen, und die Feuerhölle sah ich mit ihren sengenden Gluten.

Als ich aber zum großen Abgrund kam, wo in tosender Tiefe der Gjöllfluß rauscht, da hing hoch im Winde die Gjallarbrücke. Die war ganz mit rotem Golde beschlagen und an jedem Gebinde mit Stacheln besetzt. Das ist die Scheidebrücke von hier nach dort, die Brücke hin zum willkommenen Land. Aber dreifach gefährlich ist sie bewacht, und nicht leicht gelingt einem der Weg hinüber. Denn da lauert die Schlange voll Gift und will stechen; da giert der Hund voll Grimm und will beißen; da senkt der Stier die Hörner zum Stoß. Wehe, wer da in Lüge lebt oder zittert in Furcht. Mich aber, Olaf Osteson, da ich schweigend über die Brücke ging, stach die Schlange nicht, biß nicht der Hund, rammte nicht der Stier. Unbehelligt über die Scheidebrücke, die in den Lüften zittert, schritt ich hinüber; doch war mir dabei, als trüge ich Totenerde im Mund.

Da trat mir die leuchtende Jungfrau entgegen, sie wies mir die Wege. Sie leitete mich zur rechten Hand auf den Winterweg, der führte hin zu herrlichen Orten. Da fand ich das gesegnete Land, das Paradies, die Stätte des Friedens, und das Haus des Lobes, die leuchtende Burg. Da wohnen

sie in seliger Ruhe, mit den Hohen und Himmlischen ver-
eint. Erfüllt von Freude war ich und weilte lange am heiligen Orte, und ungern ließ ich den gesegneten Garten.
Aber ich mußte zurück, den gleichen Weg, kam wieder zur
Gjallarbrücke, und nochmals wies mich die himmlische
Jungfrau; doch nun hinüber nach Brokksvalin, zum Vorhof
der Drangsal, zum Ort des Gerichts.

So kam ich nach Brokksvalin, an die Stätte der Angst, wo
das Gericht waltet, wo die Seelen ihr Urteil empfangen
über Taten und Leiden. Gott allein weiß, wieviel Qual dort
wohnt. Da sah ich sie alle, die auf der Erde böse Wege gegangen sind. Ein junger Geselle watete dort mit den Knien
im Moor und trug immerfort einen Knaben auf den Armen, den hatte er umgebracht. Mühsam schleppte sich ein
Alter in einem Mantel von Blei, der war auf Erden vom
Geiz gefangen. Betrüger gingen in feurigen Kleidern und
Kinder auf Gluten mit bloßen Füßen. Sie hatten den Eltern
Böses getan. Und andere viele warteten bangend auf den
Ruf des Gerichts.
    Da kam es von Norden herangebraust, eine wilde Jagd,
eine schaurige, düstere Geisterschar, ihr voran auf kohl-
schwarzem Hengst Grutte Graubart, des Dunkels Herr.
Nach Brokksvalin kam er, zum Gerichtstag der Seelen, sei-
nen Anteil zu holen.
    Doch nun kam die Fahrt von Süden her, ein leuchten-
der Zug, eine festliche Schar. Feierlich kam sie, stark und
still; und hell voran ritt auf milchigweißem Pferd Sankt
Michael mit der Lure im Arme. Nach Brokksvalin kam er,
den Gerichtstag zu halten, die Seelen zu wägen.
    Auf hob er die Lure und blies sie lange. Da traten sie alle
zögernd heran, die wartenden Seelen. Wie Espenlaub im
Winde, so zitterten die Schuldbewußten, und in hilfloser
Angst rannen ihre Tränen. Er aber, der heilige Herr der

Seelen, hoheitsvoll stand er, hob mit der Rechten die
Waage und wog. Da sprach die Zunge und nannte die
Wahrheit. Er aber wog sie, die Seelen alle, eine um die andere, dem Dunkel oder dem Lichte zu, dem Unten oder
dem Oben, dem Herrn der Finsternis oder dem Herren
Christ. Ich aber, Olaf Osteson, bebte, als ich dies alles sah,
und betete aus dem Grund meines Herzens. Wohl denen,
die im Erdenleben gütig waren und milde: Sie beißt der
Hund nicht, sticht die Schlange nicht, ihnen droht nicht
der Stier. Wohl denen, die mutig die Wahrheit bekennen!
Sie gehen furchtlos und Schwindels frei über die Scheidebrücke. Wohl denen, die sich im Leben frei hielten von
Frevel und Schuld! Ihnen droht nicht die Dornenheide,
nicht Eiseshölle und Höllenglut, noch das Mühemoor!

Dies war, was ich schaute, ich Olaf Osteson, als ich
schlief meinen langen Schlaf zwölf Tage und dreizehn
Nächte. Wege beging ich, wie nur die Toten sie begehen.
Wer meiner Spur folgt, nicht leicht findet der mehr zurück
zum sorglosen Lachen.«

So unter dem Kirchentor sang und sprach Olaf Osteson
seine Gesichte. Und alte Männer und junge im Kreis
lauschten seinen Reden und merkten seine Worte. In den
Tälern von Telemarken aber lebte sein Traumlied weiter
fort und wurde gesungen von Geschlecht zu Geschlecht
sieben Jahrhunderte lang. Und es blieb ein feierlicher
Brauch in den Weihenächten, bis herauf in unsere Tage.

Elisabeth von Thüringen

Ein Stern aus Ungarland

Hoch über der Stadt Eisenach im Thüringer Land ragt aus breitem Bergwald die Wartburg hervor. Das ist eine der heiligen Burgen Deutschlands und der Menschheit. An dieser Stätte sind immer wieder ungewöhnliche Dinge geschehen, und alle dreihundert Jahre bricht dort wie eine Flamme ein geistiges Feuer hervor, leuchtet über die Lande und setzt die Herzen in Brand. Die Trägen können sein Licht nicht erkennen, die Unverständigen geraten darüber in Wut; den Wachenden aber leuchtet die Flamme durch ihr ganzes Leben.

Einst war Sängerkrieg auf der Wartburg; da stritten mit Gedichten und Liedern vor dem Landgrafen Hermann und der Landgräfin Sophie, vor edlen Herren und schönen Frauen die sangesmächtigen Ritter Herr Walther von der Vogelweide, Herr Reinmar von Zweter, der junge Heinrich von Ofterdingen und mancher andre um Kranz und Sieg.

Da war auch Herr Klingsor aus Ungarland, des Königs Andreas kundiger Begleiter, ein Meister der Weisheit, ein Dichter und Sänger, mit schwarzen Brauen und schwarzem Bart, wegen heimlicher Künste beinahe für einen Zauberer gehalten. Der stritt lange in gewaltigen Liedern mit dem Ritter Wolfram von Eschenbach und wurde von ihm nur mit Mühe besiegt.

Meister Klingsor war auch der Sterne kundig und wußte aus ihnen das Schicksal zu lesen. Als er nun in der Nacht in der Stadt Eisenach vom Turm seiner Gastherberge aus mit seinen Instrumenten den Himmel durchmaß, besuchten ihn der Landgraf und der König Andreas und hätten gerne die Zukunft gewußt. Da wies er ihnen am dunklen Himmel im Osten einen leuchtenden Stern und zeigte ihnen dessen Bedeutung an:

»Dieser Stern geht auf über Ungarland und strahlt herüber in dieses Land und von hier in die Welt. Der Stern verkündet, daß die Frau Königin von Ungarland eine Tochter geboren hat. Die wird voller Anmut und Heiligkeit sein, voll Eifer und Liebe, und nichts wird ihr gleichen in unseren Zeiten und in unseren Landen.« Da freute sich der König Andreas, denn er hatte mit seiner Gemahlin, Frau Gertrud, schon lange voll Sehnsucht ein Kind erhofft. Landgraf Hermann aber erwog bei sich, ob nicht dies neugeborene Königskind seines siebenjährigen Sohnes künftige Braut werden möchte. Das durfte er wohl begehren; denn er war ein mächtiger Herr, Landgraf von Thüringen und von Hessen, des Königs von Böhmen Schwiegersohn, streng und gerecht in allen Dingen, der angesehenste damals unter den Fürsten Deutschlands.

Vier Jahre nach dem Aufgang des Sterns ritt des Landgrafen Mundschenk, der Herr von Vargula, mit einem kleinen Gefolge von edlen Herren nach Preßburg zum König Andreas und zur Königin von Ungarn, die selbst eine deutsche Fürstin war, um das Königskind als Braut für seinen Jungherrn Ludwig zu erbitten. Da bereiteten die Eltern die Reise des Kindes mit großer Pracht und befahlen unter Tränen den edlen Herren das Mädchen zu rechter Verwahrung an.

So hielt im Maimond 1211 die kleine Elisabeth auf der Wartburg feierlichen Einzug. Sie saß in einer silbernen

Sänfte, von Goldstickerei und Seide umhüllt, von vornehmen Rittern auf stolzen Rossen und von dreizehn ungarischen Edelfräulein begleitet. Ein großes Fest wurde gehalten, und dem elfjährigen Erbprinzen im Beisein des ganzen Adels die kindhafte Braut an den Arm gelegt.

Auf der Wartburg

Ludwig und Elisabeth wuchsen zusammen auf. Sie liebten sich von Herzen, spielten wie Geschwister miteinander und teilten all ihre Freuden und Leiden. Elisabeth war ein besonderes Kind. Sie tat nach ihrem eigenen Sinn, und von Vorsätzen, die sie gefaßt hatte, ging sie nicht ab. Unirdisch fast in ihrer Zartheit und Lieblichkeit, allem Himmlischen sehnsüchtig zugewandt, hatte sie nach Besitz und Glanz kein Verlangen. Gläserne Murmeln, die sie gewann, schenkte sie den Gespielen wieder und bat sie, dafür, Gutes zu tun.

Die Kirche liebte sie als das Wohnhaus Gottes, und alles, was sie dort sah und empfing, nahm sie andächtig auf. Oft saß sie dort, über den Psalter gebeugt, als könne sie lesen, und gab sich ganz der Andacht hin.

Als sie sieben Jahre alt war, verlor sie die Mutter. Diese, verleumderisch angeklagt, ihrem Gatten untreu geworden zu sein, wurde enthauptet, weil einer der Mächtigen die eigene Tochter zur Königin machen wollte. Im Traum erschien sie ihrem Kind und bat es, für sie zu beten. Elisabeth erwachte aus ihrem Schlaf, weinte, betete, schlief wieder ein und erwachte wieder, redete mit der Mutter und tröstete sie. Seitdem empfand sie die Gegenwart der Mutter in all ihrem Leben. Landgraf Hermann liebte Elisabeth wie die eigene Tochter und umhütete sie. Aber er starb bald darauf, und jetzt begann eine schwere Zeit für das zehnjährige Mädchen.

Landgräfin Sophie war eine strenge Frau, sie waltete über Ordnung und Sitte und verlangte von den Kindern, sie sollten in allem ein Vorbild sein. Ihr wollte es nicht gefallen, daß Elisabeth sich den Geringen gesellte, auf Äußeres nicht achtete und die herrschende Sitte sorglos überging. Sie vermißte an ihr die adlige Würde, wie ihre stolze Tochter Agnes sie zeigte. Ihnen beiden schien Elisabeth eher zur Klosterfrau oder zur Dienstmagd zu taugen als zum Stand einer deutschen Fürstin mit ihrer Verantwortung und ihren Pflichten. Immer wußten sie etwas an ihr zu tadeln und fanden keinen Zugang zu ihrem besonderen Wesen. Einmal am Fest Maria Himmelfahrt gingen die beiden Mädchen mit der Landgräfin zur Kirche. Sie hatten kostbare Kleider an und trugen zierliche Kronen im Haar. Als nun Elisabeth im Betstuhl kniete und sah das Bild des Heilands vor sich, legte sie ihre Krone ab und kniete hin auf den bloßen Boden. Sophie und Agnes sahen es voll Zorn und schalten sie nachher heftig, daß sie, eine Fürstentochter, so vor allem Volk sich erniedrigte. »Aber Mutter«, antwortete das Kind, »zürnen Sie mir doch nicht! Wie durfte ich vor dem Angesicht des Erlösers eine Krone von Gold und Perlen tragen, als höhnte ich seiner Dornenkrone?«

Elisabeth ertrug die Feindschaft der Frauen mit stiller Ergebung. Fühlte sie sich zu sehr bedrückt, so versenkte sie sich ganz ins Gebet; und so tief war ihre Andacht dabei, daß nichts sie hierin zu stören vermochte. Kam sie dann zu den andern zurück, so war sie heiter und sicher und von den Ängsten befreit.

Nur Ludwig verstand ihr besonderes Wesen, verehrte und liebte auch das Ungewöhnliche an ihr. Wie ein Bruder stand er ihr hilfreich bei, soweit es die Achtung vor der Mutter erlaubte.

Als sein Vater, der Landgraf, gestorben war, wurde er von den Fürsten des Landes zum Ritter geschlagen. Manche spotteten über des jungen Landgrafen kindhafte Braut. Sie meinten, er täte besser daran, die Fremde samt ihrer Mitgift dem Vater zurückzuschicken und eine Braut aus deutschem Fürstenhaus zu nehmen.

Elisabeth spürte, daß Böses im Gange war; und da sie Ludwig nun oft nicht mehr sah, klagte sie ihr Leid dem Herrn von Vargula. Der fragte den jungen Herrn geradezu, was seine wirkliche Meinung sei. Da wies Ludwig auf einen Berg und antwortete ihm: »Wäre der ganz von Gold, und man böte ihn mir, ich gäbe ihn hin und behielte Elisabeth!« Diese Antwort brachte der Herr von Vargula seiner jungen Herrin, und dazu ein Spieglein als ein feines Geschenk.

Als Elisabeth vierzehn Jahre alt war, feierte man ihre Hochzeit mit dem zwanzigjährigen jungen Landgrafen. Der Herr von Mühlberg und Herr von Vargula führten die junge Braut zum Altar. Sie war braun von Haut und schön von Angesicht, ernst und zierlich, von feinem Gliederbau. Drei Tage dauerten die Feiern und Feste, Turniere und Spiele.

Elisabeth liebte ihren Gatten mit unbeschreiblicher Zärtlichkeit. Immer war sie für ihn da, sorgte für ihn, aß mit ihm zusammen, was sonst an Fürstenhöfen nicht Sitte war, hielt mit ihm herzliches Zwiegespräch, begleitete ihn auf seinen Ritten und Fahrten, auch bei Regen und Sturm. War er auf längerer Reise fern, so legte sie all ihren Schmuck beiseite und trug nur schlichtes, geringes Kleid. Kam er aber wieder zurück, so schmückte sie sich mit zierlicher Tracht, um ihn zu erfreuen und ihm ihre Liebe zu zeigen. Um seinetwillen nahm sie an Festen und Tänzen teil, auch wenn sie selbst nicht danach verlangte. Schnell gesättigt und ohne Bedürfnis, gab sie sich doch vor andern den Anschein, als spräche sie eifrig den Speisen zu, um die Gäste nicht zu kränken und ihren Gatten nicht zu beschämen. Er lohnte ihre Liebe mit gleicher Zärtlichkeit, und selten kam er von Fahrten zurück ohne ein kleines Geschenk für sie.

Als Elisabeth ihren ersten Sohn Hermann geboren hatte, zog sie ein schlichtes wollenes Kleid an, hängte einen Mangel um, nahm ihr Kind auf den Arm und ging heimlich barfuß den steilen Fußweg nach Eisenach hinunter zur Kirche. Nach der Rückkehr schenkte sie Mantel und Kleid einer armen Frau. Ähnlich tat sie bei zwei schönen Mädchen, die sie danach bekam. Sie liebte ihre drei Kinder innig, nährte sie selbst und umhegte sie.

MUTTER DER ARMEN

Leidenden helfen und Armen schenken war ihre höchste Lust. Sie besuchte die Kranken in ihren Hütten, versorgte und pflegte sie, scheute sich nicht vor Ansteckung und üblem Geruch, schor die Grindigen, verband die Aussätzigen. Kein Tag, an dem sie nicht Armen spendete, Hungernde speiste, Traurige tröstete. »Mutter der Armen«, so hieß sie beim Volk. Brot gab sie und Kleider und eignes Gewand, und mit ihren Mägden webte und spann sie.

Nun, da sie Landesherrin war, durfte sie selbst über alles verfügen und gab sich ganz der Freude am Schenken hin. Schwiegermutter und Schwägerin durften sie nicht daran hindern. Voller Erbitterung sahen sie zu, wie die Fremde das heimische Gut vergeudete, und sie lagen dem jungen Landgrafen an, solcher Verschwendung Einhalt zu tun. Ludwig ermahnte dann wohl Elisabeth, in ihrem Schenken Maß zu halten, aber er liebte sie zu sehr, um es ihr ernstlich zu untersagen.

Einst ging sie mit einer Dienerin von der Wartburg hinab und trug unterm Mantel in einem Korb Brot, Fleisch, Eier für die Armen. So traf sie der Landgraf und

fragte sie: »Schwester, was trägst du da?« – Da sah sie ihn
voll Freundlichkeit an und sagte: »Sieh, Bruder, Rosen!«
und schlug den Mantel zurück. Das fuhr ihm durchs Herz,
denn er verstand, was sie sagte: daß dies nicht irdische Gaben waren, seinen Vorrat verringernd, sondern Gaben der
Liebe, »Blumen« von außerirdischem Duft. »Ja, Schwester,
Rosen!« sagte er und tat den Mantel wieder zu.

Ein andermal kam er zurück zur Burg, da trat ihm die
Mutter voll Zorn entgegen: »Geh nur und sieh, was Elsbeth
wieder treibt!« – und seine Schwester fügt hinzu: »Sie hegt
einen Mann in deinem Bett, den hat sie gewiß viel lieber
als dich!«

Da ging der Landgraf, nicht ohne Erregung, hinauf in
die Kammer, wo er mit Elisabeth zu schlafen pflegte. Dahin
hatte sie einen Siechen gebracht, einen aussätzigen, übel-
riechenden Mann, hatte ihn gereinigt, gewaschen, aus
Mangel an Raum in das Bett ihres Mannes gelegt und zu-
gedeckt. »Wen hegst du da, Schwester?« fragte Ludwig. Sie
antwortete ihm mit Fröhlichkeit: »Unsern Herrn, unsern
Heiland!« und schlug die Decke zurück. Da lag der Aussät-
zige in all seinem Jammer, und der Landgraf fühlte das
Wort der Schrift: »Was ihr tut einem der geringsten unter
meinen Brüdern, das habt ihr mir getan.« Da weinte er,
küßte Elisabeth und sagte: »Solch ein Gast soll mir willkommen sein in meinem Haus und in meinem Bett!« Und
er verwies den Frauen die unrechte Rede.

Als Elisabeth fünfzehn Jahre alt war, begegnete sie zum
ersten Mal den Jüngern des Bruders Franz. Der war ein
Klosterbruder aus den Bergen Italiens, dem Städtchen Assisi. Seine Botschaft von der freiwilligen Armut und der
Nachfolge Christi durchwehte damals wie ein Hauch des
Frühlings das ganze Abendland, und der von ihm gegrün-
dete Orden der »Minderen Brüder« (Minoriten) rief überall neue Bewegung hervor. Ein weiblicher Orden kam

hinzu und endlich ein dritter, der den Andächtigen erlaubte, weltliche und geistliche Pflicht miteinander zu verbinden. Ihm trat Elisabeth bei, und was stets ihre Freude gewesen war, das wurde ihr nun zur heiligen Pflicht. Seitdem trug sie ein Bußhemd unter fürstlichem Gewand und übte sich in den Werken der Demut.

In dieser Zeit (im Jahre 1225) kam eine Mißernte über Deutschland und bedrohte vor allem das kornarme Thüringen mit furchtbarer Not. Da nahm sich Elisabeth der Hungernden an und speiste täglich wohl zwanzig an ihrem Tisch. Der Kämmerer, der das Gut verwaltete, kam zu der Landgrafenmutter und klagte: »Eures Sohnes Weib gibt hin, was sie hat, und ich fürchte mich vor des Herren Rückkehr!« – Sie antwortete: »Ja, sie wird sich und ihn verderben! Ich mag's nicht mehr ansehn!« Und sie verließ die Wartburg mit ihren Kindern Agnes und Heinrich.

Nun tat Elisabeth erst recht, was ihr gut schien. Sie öffnete Speicher und Keller des Schlosses und speiste die Armen in immer größerer Zahl, zuletzt neunhundert. Auch baute sie eine Herberge am Fuße der Burg, dahin ging sie täglich, Gaben auszuteilen, pflegte die Kranken und brachte den Kindern gläsernes und irdenes Spielzeug mit. »Mutter, Mutter!« riefen sie, wenn sie kam, und drängten sich zu ihr.

Als ihre Mittel zu Ende gingen, verkaufte sie erst ihren eigenen Schmuck, dann einzelne Höfe und entlegene Dörfer und steuerte so der größten Not, bis die reiche Ernte des folgenden Jahres dem schlimmsten Hungern ein Ende machte.

Dem heimkehrenden Landgrafen klagte der Kämmerer die Verschwendung durch die junge Frau. »So sind die Speicher und Keller leer?« – »Nein Herr, sie sind voll. Aber manch Gut und manch Dorf hat sie darum verkauft.« – Er antwortete: »Ist sie gesund, so bin ich zufrieden. Wenn sie mir nur nicht die Wartburg verkauft!«

DER KAISER

Landgraf Ludwig hatte sich mit dem deutschen Kaiser, Friedrich II. von Hohenstaufen (Barbarossa) befreundet, einem der Klügsten und Mächtigsten unter den Großen der Zeit. Friedrich war ein Weltmann, ebenso erfahren in christlicher und arabischer Wissenschaft und Kunst wie in Falkenjagd und ritterlichem Zweikampf und in der Verwaltung seines sehr großen Reiches. Landgraf Ludwig war sein vertrautester Helfer, begleitete ihn auf vielen Fahrten ins südliche Welschland (Italien) und war oft lange der Wartburg fern.

Der Kaiser plante große Dinge. Er wollte ein starkes Ritterheer sammeln und damit das Heilige Land befreien. Landgraf Ludwig sollte sein vornehmster Helfer sein. Beide hatten »das Kreuz genommen« und damit diesen »Kreuzzug« gelobt. Aber Ludwig hielt es vor Elisabeth geheim, denn er hatte Sorge, sie würde darüber erschrecken.

Eines Abends nun, als er vom Ausritt zurückkam und sie freundlich-vertraulich an seinem Gürtel nestelte und plaudernd seine Taschen durchkramte, fand sie darin das Band mit dem aufgestickten Kreuz. Sie wußte sofort, was das bedeutete, und sank ohnmächtig in seine Arme. Er sprach ihr lange und zärtlich zu, aber er löste ihre Beängstigung nicht. Gemeinsam gelobten sie, das kommende Kind einem heiligen Leben zu weihen.

Elisabeth ahnte, daß dies der Anfang großer Verwandlungen war. Sie fürchtete sich vor der unbekannten, einsamen Zukunft, aber sie wollte nicht widerstreben. Vielmals umarmte und küßte sie den geliebten Mann, dann sagte sie zu ihm: »Ich habe dich und mich dem Herrn geopfert. In Seinem Namen sollst du reiten!«

Nun hatte der Kaiser viel von Frau Elsbeth gehört, denn der Ruf ihrer Taten hatte sich weit verbreitet. So zog er mit

vielen edlen Herren zur Wartburg, sie dort zu besuchen.
Landgraf Ludwig ritt ihm mit Freuden entgegen. Als er
aber Elisabeth dem kaiserlichen Gast entgegenführen
wollte, hatte sie alle ihre kostbaren Kleider verkauft oder
verpfändet. Da sprach Ludwig betrübt zu ihr: »Liebe
Schwester, nun ist der Kaiser gekommen mit vielen vornehmen Herren, die möchten dich sehen, und du hast kein
höfisches Kleid anzuziehen!« – Sie antwortete ihm: »Guter
Bruder, sei nicht traurig! Gott wird mich schmücken!«

Als nun die Herren versammelt waren, betete sie und
trat dann fröhlich hinein. Sie hatte ein einfaches blaues
Kleid an, darin erschien ihre schmale Gestalt noch liebli-
cher als sonst. Es ging ein Zauber von ihr aus, wie ihn die
Fürsten noch nie meinten gesehen zu haben. Kaiser Friedrich ging auf die Liebliche zu, faßte sie bei der Hand und
setzte sie neben sich. Und dem mächtigen Mann, der die
Welt beherrschte, war noch nie so das Himmlische im irdischen Gewand erschienen. Tief war der Eindruck der jungen Frau. Ludwig aber war glücklich, daß seine Elsbeth so
wohl bestanden hatte. »Schwester«, sagte er zu ihr, »wie hat
Gott dich so schön geschmückt!«

Ehe Landgraf Ludwig in der Johanni-Zeit des Jahres
1227 mit den Scharen der Kreuzfahrer dem Kaiser zuritt,
rief er seine Ritter und Gefolgsleute zusammen und ord-
nete sein Land. Als Gebieter an seiner Statt setzte er seinen
jungen Bruder, Heinrich Raspe, ein. Er ließ ihn und die
übrigen schwören, seiner Frau die Treue zu halten, zum
Guten zu wirken, das Land zu schützen.

Elisabeth begleitete den Scheidenden eine Tagereise
weit. Aber als sie dann Abschied nehmen wollte, war ihr
so himmelangst zumute, daß sie noch einen zweiten Tag
mit ihm zog. Da sagte zu Ludwig der Herr von Vargula:
»Herr, es ist genug, laßt unsre gnädige Frau nun nach
Hause kehren!«

So nahm sie herzzerreißenden Abschied. Sie ahnte, daß sie den geliebten Mann niemals mehr sehen würde. Er steckte ihr einen Ring an den Finger, der war mit einem blauen Saphir-Edelstein geschmückt. »Er sei dir ein Zeichen meines Lebens und Sterbens«, sagte er.

Anfang August traf Landgraf Ludwig mit den thüringischen Rittern im Süden Italiens ein. Aber schon, als sie die Schiffe bestiegen, erkrankte mit vielen andern auch er. An Land zurückgebracht, starb er nach wenigen Tagen. Es wurde erzählt, daß zur gleichen Zeit Elisabeths Ring den Saphir verlor.

Die Nachricht von Ludwigs Tod wagten die Boten nicht vor Frau Elsbeths Ohr zu bringen. So kam Ludwigs Mutter von Schloß Neuburg herüber, wurde wohl empfangen und sagte zu ihr: »Meine liebste Tochter, nun erschrick nicht vor dem, was meinem Sohn widerfahren ist!« – Elisabeth verstand sie noch nicht und fragte: »Ist er gefangen? So kann er wohl los werden!« – »Nein, liebste Tochter, er ist gestorben!« – Da fiel Elisabeth auf ihre Knie und betete in tiefster Verzweiflung: »Gestorben, gestorben ist mir nun aller Welt Freude und Ehre!« – Dann sprang sie auf, lief weinend und schreiend im Haus umher und ließ sich nicht trösten.

Sie wußte wohl, wie allein sie war. Niemand war da, sie zu beschützen, der Kaiser und alle Getreuen fern.

IM ELEND

Heinrich Raspe war jung und haltlos. Schlechte Berater verdarben den Jüngling, und er hielt sich nicht an seinen Eid. Elisabeth wurde angeklagt, des Landgrafen Gut verschleudert zu haben. Mitten im Winter, vier Monate nach des Landgrafen Tod, wurde sie von der Wartburg vertrieben, am nächsten Tag schickte man die Kinder ihr nach. Ja, Heinrich drohte mit seinem Zorn, wenn jemand in der Stadt die Vertriebene aufnähme. Nun fand sie, die allen geholfen hatte, fast bei niemandem Hilfe. In einem Schuppen erhielt sie endlich ein Lager von Stroh, und ihrer Kinder nahmen sich mitleidige Menschen an.

So elend zog aus der Wartburg aus, die als kindliche Braut so fürstlich hier einzog! Aber Elisabeth war nicht betrübt. Nun, da sie alles verloren hatte, empfand sie sich frei wie niemals als Fürstin, fühlte sie sich zur ursprünglichen Armut zurückgekehrt. Nun war sie wirklich eine Schwester des Bruders Franz geworden und der »lieben Frau Armut« zugesellt. So ging sie um Mitternacht zur Kirche der Minderen Brüder und bat sie, mit ihr zusammen den Dankpsalm zu singen: »Te deum laudamus, Herr Gott, dich loben wir!«

Allein mußte sie nun für alles sorgen. Den einzigen Schmuck, den sie jetzt noch besaß, ihren Ehering, verkaufte sie, spann Wolle, bettelte an den Türen, was nicht als eine Schande galt, und gewann so für sich und die Ihren das tägliche Brot.

Als ihr Beichtvater ihre Not erfuhr, brachte er sie zur Äbtissin von Kitzingen, einer Schwester ihrer Mutter. Hier blieb sie ein Jahr. Dann nahm sich ihr Oheim, der Bischof von Bamberg, der Verlassenen an und führte sie auf sein Schloß Bodenstein. Gern hätte er Elisabeth, die noch jung und sehr schön war, aufs neue vermählt und sie so gegen all ihre Feinde geschützt. Damals hatte auch Kaiser Friedrich seinen Kreuzzug beendet und mehr durch Klugheit und Freundschaft als durch Gewalt die heiligen Stätten für das Christentum gewonnen. Seine Gemahlin war gestorben, und so dachte er selbst daran, die edle, auch ihm verwandte Frau als Kaiserin heimzuführen. Sie aber hatte schon früher gelobt, nie einem andern als Ludwig zu gehören. So wei-

gerte sie sich freundlich, aber entschieden, ja sie drohte,
wenn man sie zwänge, sich ihrer Schönheit selbst zu berau-
ben, um aller Männer unwert zu sein.

Die Rückkehr der Ritter

Nun kehrten auch die Kreuzfahrer heim und brachten den
Leichnam des Landgrafen Ludwig, gesalbt und noch unversehrt, in die Heimat zurück. So sah ihn Elisabeth, kniete
an seiner Bahre, betete und sprach: »Hätte ich dich dürfen
behalten, ich hätte dich geliebt bis an meinen Tod. Nun bist
du mir genommen, so möge Gott sich deiner erbarmen
und dich aufnehmen in den Schoß der Ewigkeit!« – Darauf hatte sie ein inneres Gesicht und glaubte, ihr sei die
Bitte gewährt. Davon wurde sie so fröhlich, daß sie mitten
in ihrem Schmerz lachte. Das sah die Landgräfin Sophie,
die auch nach Bamberg gekommen war, und es schien ihr
ein neues Zeichen von Elisabeths Falschheit.

Die thüringischen Ritter erfuhren nun, was nach ihrem
Fortgang geschehen war. Und der Herr von Vargula, der an
ihrer Spitze zur Wartburg einritt, trat vor Landgraf Heinrich Raspe hin und sprach: »Herr, meine Freunde, Eure
Ritter und ich, wir stehen betrübt und beschämt darüber,
daß man so beispiellose Untreue an Euch erfahren hat. Wer
hat Euch das geraten, heilige Eide zu brechen und das Weib
Eures Bruders, die betrübte Witwe und edle Königstochter,
die Eurem ritterlichen Schutz vertraut war, so unmensch-
lich und unredlich aus Burg und Besitz in das Elend zu stoßen; die unmündigen Waisen, denen Ihr ein guter Vor-
mund sein solltet, aus ihrem Haus und ihren Rechten
schmählich zu verjagen?«

Heinrich Raspe war ein Verräter. Wie er jetzt an dem
Bruder treulos gehandelt hatte, so verriet er später den Kai-

ser, seinen Herrn. Aber unter den Augen des Herrn von Vargula und der thüringischen Ritter wußte er kein Wort zu erwidern, senkte das Haupt in Beschämung und weinte. Er fürchtete auch Kaiser Friedrichs Zorn. Sogleich erbot er sich, Elisabeth und ihre Kinder in alle Rechte wieder einzusetzen, erkannte auch ihren Sohn als Nachfolger an. Dieser starb später in jungen Jahren, und man sagte, Heinrich Raspe habe ihn umgebracht. Aber auch Heinrich blieb ohne Kinder, auf seinen Taten lag kein Segen, und der thüringische Mannesstamm starb mit ihm aus.

DIENERIN DER KRANKEN

Elisabeth nahm nur ihr mitgebrachtes Gut und das Erbteil der Kinder. Von dem Geld gab sie einen Teil sogleich an die Armen; von dem übrigen baute sie in der Stadt Marburg ein Siechenhaus, darin nahm sie dreißig Leidende auf. Sie pflegte sie als Mutter der Kranken, scheute nicht die niedrigsten Dienste, scheuerte, wusch und flickte für sie wie die einfachste Magd.

So fand sie der ungarische Edle, Graf Panyas, den ihr Vater ausgeschickt hatte, ihre Lage zu erkunden. Sie saß in einem schlichten Gewand und spann Wolle, wie sonst nur die Armen taten. Das bewegte den edlen Herren sehr, und er rief bekümmert und unwillig aus: »Nie sah man eine Königstochter in schlechtem Gewand, noch eine Fürstin Wolle spinnen! Leid wird das Eurem Vater sein!« – Sie antwortete einfach: »Wer bin ich denn? Ein Menschenkind, das nie so lebte, wie es Gott ganz gefallen hätte!« – Er bat und drängte sie: »O du edle Königstochter, wolltest Du doch mit mir kommen in Deines Vaters Haus!« – Sie dankte ihm freundlich; und indem sie den Sinn seiner Worte verwandelte, antwortete sie: »Ich hoffe auf meines Vaters Haus!«

Um das Gelübde des Gehorsams zu erfüllen, hatte sie sich ganz einem Geistlichen anvertraut, dem Dominikaner Konrad von Marburg. Das war ein frommer, gelehrter Mann, von eifernder Strenge. Er nahm ihr alles, woran sie noch hing: Die Kinder, welche sie zärtlich liebte; die Mägde, ihr vertraut seit den Kindertagen. Sie weinte mit ihnen und sandte sie fort. Er setzte auch ihrer Demut Grenzen. Erlaubte er ihr, das graue Gewand der Barfüßerinnen zu tragen, so verbot er ihr doch, an den Türen zu betteln. Er verwehrte ihr, Geld zu schenken – sie gab Kleider und Brot. Er untersagte ihr auch das – sie pflegte die Kranken, wusch die Aussätzigen und küßte ihre Wunden.

Wie ein Kind war sie fröhlich und voller Geduld. Aber sie konnte auch mitleidlos sein. Einem schönen Mädchen, das in eitler Weltfreude ihre Schwester besuchte, schnitt sie das herrliche Haar herunter und achtete ihrer Tränen nicht. Eine von ihr gerettete Kranke, die nicht zur heiligen Handlung wollte, trieb sie mit Schlägen dazu an. Nicht um Rettung des Leibes half sie den Leidenden und diente ihnen. Schwester war sie den Menschengeschwistern und trug mit ihnen ihre Mühsal und ihren Schmerz.

Prunk und Stolz liebte sie auch beim Heiligen nicht. Einst fand sie in einem Bettelkloster kostbar geschnitzte vergoldete Figuren. Da sagte sie zu den Brüdern dort: »Das Geld, mit dem diese Bilder gemacht sind, hättet ihr besser für die Armen gegeben, denn ihr habt das Gelübde der Armut getan!« Und als sie erwiderten: »Ist es nicht wohlgetan, heilige Bilder zu machen und auszuschmükken?« antwortete sie: »Ich trage solche Bilder inwendig in meinem Herzen!«

Einst soll der Kardinal Ugolini, ehe er noch Papst Gregor IX. war, dem Bruder Franz von Assisi dessen alten schlechten Mantel von den Schultern genommen und an Elisabeth gesendet haben. Den hätte sie hoch in Ehren gehalten und angelegt, wenn sie Gott um etwas Besonderes bitten wollte.

Bald neigte sich ihr junges Leben dem Ende zu. Ein Fieber hatte sich schnell verstärkt. Sie wußte ihren Tod und erwartete ihn mit Sehnsucht. Ehe sie hinüberschlummerte, hörte man sie leise und zärtlich singen. »Zwischen mir und der Wand singt ein Vöglein so süß, da sang ich mit ihm!« sagte sie aus Träumen. Am 19. November 1231 starb sie, vierundzwanzig Jahre alt. Als man sie vier Tage später begrub, lag sie noch blühend und unverwelkt. Vier Jahre später wurde sie heilig gesprochen.

IM TODE GEKRÖNT

Im Mai 1236 versammelten sich zu ihrer Umbettung in Marburg unzählbare Menschenmassen aus Deutschland, Ungarn und Frankreich, über eine Million. Auch Landgraf Heinrich Raspe kam mit seiner Mutter Sophie und den Grafen und Edlen des Thüringer Landes, darunter der Herr von Vargula. Kaiser Friedrich löste mit eigener Hand im Kreise der Fürsten von ihrem Grabe den ersten Stein. Sie lag noch unversehrt. Der Kaiser schmückte sie mit goldener Krone: »Da es mir nicht vergönnt war, dich im Leben zu krönen, will ich dich nun im Tode krönen!« Von den reichen Spenden dieses Tages wurde in Marburg die Kirche erbaut, die heute noch ihren Namen trägt.

LEBENDIGE SAGE

Aus dem großen Sagenschatz der Völker sind in dieser Sammlung eine Anzahl der schönsten zusammengestellt: lebendig gebliebene Sagen, die ihre Bedeutung für uns nicht verloren haben, Kunstwerke voll dramatischer Kraft, Berichte aus verschollener Vergangenheit, erfüllt mit Fragen und Rätseln. Formen und Folgen mögen im Verlaufe von mehr als einem Jahrtausend verändert worden sein; aber sie bewahren noch Atem und Pulsschlag früher Zeiten, wie kein Geschichtsschreiber sie ähnlich zu vermitteln vermag.

Unsere Sammlung geht auf erste Quellen zurück oder gibt Frühformen der Sage wieder. Bei aller Hochachtung vor den großartigen Szenen etwa des Nibelungenliedes oder des »Parcival« Wolframs von Eschenbach ist hier den einfacheren Erzählungen der Vorzug gegeben, auch wo sie nicht so geordnet und geschlossen erscheinen. Sie sind ursprünglicher und frühzeitnäher als die überall vom Minnegespinst und von nachträglicher Christianisierung durchzogenen Schilderungen der späten Epen mit ihren vielfachen Übertreibungen und Übersteigerungen.

Dreifach wenigstens ist der Ursprung der Sage. Einmal entsteht sie aus wirklichem Geschehen, berichtet sie von wirklichen Persönlichkeiten, welche durch ungewöhnliche Taten ihre Mitmenschen, ja ganze Zeiträume und Kulturkreise in ihren Bann zogen und im Bewußtsein der Mitwelt zu Heroen und Seligen, in der Vorstellung der Nachwelt zu Göttern und Heiligen wurden.

Ferner entsteht Sage aus den sinnbildlichen Handlungen der Kulte und Mysterien, die, in Liedern, Tänzen, Spielen und Bildern dargestellt, später als wirkliche Vorgänge erzählt wurden. So ist die Persephone-Sage zu verstehen, vielleicht auch Sigfrids Drachenkampf.

Drittens entsteht Sage aus sinnbildlicher Umschreibung von Kräften und Naturvorgängen, indem etwa dem Zeus die Diener Kratos und Bia (Kraft und Gewalt) beigegeben werden. Auch Odins Raben Hugin und Munin (Gedanke und Erinnerung) mögen solche Sinnbilder sein. Andrerseits sind in den Mysterien »Raben« die Schüler der ersten Einweihungsstufe, oft als Boten in die Außenwelt entsandt, einst weiß-, später schwarzgekleidet. Die Möglichkeiten gehen eine in die andere über. Vieles wird dann in der Überlieferung durch Phantasie angereichert, durch Dichtung verwandelt und durch Irrtum verändert.

Sagen haben ihre Heimat, haben einen zeitlichen wie örtlichen Ursprung, auch wenn die wandernde Sage und die Züge der Völker beides verschieben. Wieland lernte im Hünenland (das ist Westfalen) bei Meister Mime, dessen Name noch in alten Bezeichnungen dieser Gegenden fortlebt; er war Geselle bei den kleingewachsenen Meistern in der Höhle von Balve an der Hönne (Hunne). Die bedeutende Kulturhöhle ist dort heute noch vorhanden. Zugleich war Balve ein Zentrum frühgeschichtlicher Eisenbereitung. Man brach dort in Taggruben das eisenhaltige Gestein und verschmolz es in »Rennfeuern« an zugigen Hängen zu »Luppen«, schwammigen Eisenklumpen, die durch Schmieden bis zu Stahl vergütet werden konnten. So wird es in der alten Museumsschmiede in Wocklum bei Balve noch gezeigt.

Sigfrid heißt selbst in nordischen Quellen »der hunische Held«, stammte also auch aus Westfalen; und die Gnitaheide, wo er den Drachen schlug, wurde noch im 12. Jahrhundert nahe dem Sintfeld bei Paderborn gezeigt. Brünhild hat nichts mit Island zu tun, wie das Nibelungenlied anzudeuten scheint. Nicht die geringste örtliche Erinnerung an Brünhild lebt auf dieser sagenreichen Insel. Island, bis fast 900 n. Chr. unbewohnt, kannte keine Könige oder Fürsten. Die Fahrt zu Brünhild ging nah über Land, wie die alte Saga ganz richtig schildert, nicht über See.

Auch der Zug der Niflungen ging nicht zur Donau, nicht nach Passau, Pöchlarn oder Ungarn. Das ist schon gelehrte Verschiebung, vielleicht nicht ohne politischen Hintergrund. Der Zug nach Soest ist der ursprüngliche. Diese Gegend zwischen Rhein und Weser ist erfüllt von sagenhaften Überlieferungen, heiligen Stätten, alten Gebräuchen und rückweisenden Namen. – Parcival hat nichts mit Spanien, wenig mit Frankreich zu tun. Die in der ursprünglichen Sage vorkommenden Orte liegen in Wales in England, und die Gralsdichtungen haben sich mit dieser Überlieferung verbunden.

So scheinen die wichtigsten Sagen eine Heimat zu haben, einen geschichtlichen Boden, aus dem sie erwuchsen, wenn auch lange Zeit die Meinung vorherrschte, daß vor allem in den wandernden Motiven das Wesen der Sage zu suchen sei.

Unser Buch strebt ein Gleichgewicht an. Ein Teil seiner Sagen berichtet von schicksalsschweren Ereignissen, von blutigen Kämpfen und mutigen Taten, ungewöhnlichen und eben darum beachtenswerten Vorgängen der Vergangenheit also, zwischen denen aber lange Zeiten des Friedens lagen.

Diesen Geschichten der Kämpfe halten hier die Waage die Erzählungen von den griechischen Mysterien, vom König Milindo, von den nordischen Göttern, von Bruder Martin und Elisabeth von Thüringen. Mögen sie gute Leitbilder sein!

Die Quellen

Die Sagen der Griechen sind frei erzählt. Von den vielfachen Quellen geben vor allem Hesiod, Herodot und Ovid den Hauptanteil, bei den »Königen von Atlantis« Piatos Dialoge »Timaios« und »Kritias«. Zum Verständnis der antiken Welt ist es aber auch unerläßlich, den Blick auf Kraft und Macht ihrer Religion zu richten, ihrer Orakel und Mysterien, von denen all ihr Leben durchdrungen war. Niemand vermag die Vorzeit zu deuten, dem nicht für Sinn und Geist der Mysterien eine Ahnung aufging. Das gilt selbst für Germanien.

»König Milindo« ist eine kurze Zusammenfassung des erzählenden Teils der »Fragen des Königs Milindo« (übersetzt von Nyanatiloka, Leipzig 1919). Neben den Erzählungen von Kriegen und Kämpfen ist diese Schilderung eines geistigen Kampfes ein nötiges Gegengewicht.

Die nordischen Göttersagen folgen der Snorra-Edda. Nichts Wesentliches ist hier verändert. Die kleine Erzählung von der goldenen Rauschflüssigkeit ist eine Neuübersetzung aus dem Altnordischen. Diese Erzählung ist bisher so gedeutet worden, als wäre Gullveig eine Göttin, eine Vanin. Gull-veig heißt »honiggelber Rauschtrank«. Sinnbildlich wird hier der Vorgang des Brauens dargestellt (dreimal gebrannt die dreimal Wiedergeborene, Heiterkeit wird sie genannt), und dadurch kam zuerst Streit in die Welt. Auch hier wird deutlich, daß ein Teil der alten Mythologie es weder mit menschlichen noch mit geistig-göttlichen Wesen und Schicksalen zu tun hat, sondern mit sinnbildlichen Vorgängen. Aber nur ein Teil!

Beim »Parcival« wurden die bekannten Namensformen beibehalten, obwohl die Quelle sie ursprünglicher mit Perceval, Blancheflor, Gonemans van Gelbort, Keus usw. gibt. Die Erzählung folgt, inhaltlich streng, doch ganz frei erzählt, dem »Perceval« des Chrestien de Troyes (übersetzt von Dr. Konrad Sandkühler, Stuttgart 1929), nur die Herkunft des Grals ist nach Wolfram berichtet. Der bei Chrestien fehlende Schluß ist neugestaltet nach den Andeutungen, die sich bei Chrestien und seinen Nachfolgern finden.

»Rolands Tod« ist an das altfranzösische Rolandlied angelehnt. »Mein Cid« bringt nicht wie üblich den Inhalt der Herderschen Romanzen, sondern gibt, in starker Verkürzung, das altspanische »Poema del mio Cid« wieder, unmittelbar aus dem Urtext geschöpft, aber frei erzählt.

Wenige Sagen nur gibt es aus der alten Heldenzeit Rußlands, als die Sprossen Ruriks, des Warägers (des Wikingers), auf den Fürstenthronen saßen; denn bald danach unterjochten Mongolen und Tartaren das Land und erstickten alles eigene Leben. Auch das »Igorlied« ist nur durch Zufall erhalten und stellt nicht ein besonders großes und bedeutendes Ereignis der Geschichte dar. Es ist ein Stück aus den langwährenden Kämpfen zwischen den Russen und den Polowzen an der Mündung des Don und am Asowschen Meer, wo auch die Reste der Goten lebten. 1183 hatte Großfürst Swjatoslaw von Kiew sie geschlagen und ihren Fürsten Kan Kobjak gefangengenommen. Zwei Jahre später zog Igor, sein Neffe, von Nowgorod aus und sein Bruder Wsewolod von Kursk nochmals gegen die Polowzen. Die Brüder trafen sich in Putil, führten ihre Heere über den Don in die Kajala und wurden hier vernichtet. Davon, und von Igors Befreiung, erzählt das Lied.

»Wieland der Schmied« und »Walter und Hildegund« folgen, im ganzen genau, der Thidreks-Saga. Die Thidreks-Saga (künftig Ths) ist eine Sammlung deutscher, vor allem niederdeutscher Sagen, erhalten nur in norwegischen, isländischen und schwedischen Handschriften in der alten Sprachform dieser Länder. Die älteste dieser Handschriften, die sogenannte »Membrane«, aufbewahrt im Reichsmuseum in Kopenhagen, stammt aus der Zeit um 1260, geht aber auf ältere, vielleicht auf ganz alte deutsche Quellen zurück.

Zu den besonders wichtigen Sagen dieser Sammlung gehören die von Sigfrid und den Niflungen. Sie sind noch nicht christlich. Der Rhythmus alter epischer Lieder und Stabreimverse klingen noch vielfach durch ihren Prosatext hindurch, selbst in ihrer nordischen Fassung. Das deutet die Möglichkeit an, daß diese Sagen in nie ganz unterbrochener Folge zurückgehen auf die Sagensammlung Karls des Großen, in welcher dieser »die ganz alten Volksgesänge deutscher Sprache, in denen der frühen Könige Taten und Kämpfe besungen wurden, niederschreiben und dem Gedächtnis einprägen« ließ. Der Unvoreingenommene wird in der hier wiedergegebenen Darstellung von »Grimhilds Rache« eine frühe Stufe dieser Sage sehen.

Das früher bestehende Mißtrauen gegenüber der Thidreks-Saga beruhte zu einem großen Teil auf ihren anscheinend unsinnigen geographischen Angaben, vor allem auf der vielumrätselten Stelle: »Die Niflungen zogen nun immer ihres Weges, bis sie an den Rhein kamen, da wo Duna und Rin zusammenkommen«. Wer vom Nibelungenlied herkam, verstand unter der Duna-Dyna die Donau und schloß aus dieser Formulierung auf einen in deutscher Geographie ahnungslosen »Sagamann«, der Donau und Rhein zusammenfließen lasse.

Ich habe 1959 erstmals darauf aufmerksam gemacht, daß es einen solchen Zusammenfluß von Duna-Dyna und Rhein tatsächlich gab. Unterhalb von Köln mündete rechtsrheinisch noch 1830 bei Wiesdorf (Leverkusen) der – später in die Wuppermündung geleitete – Dun-Fluß, die

heutige Dhünn (1571 »Duneus flumen«), früher ein selb-
ständiger Nebenfluß des Rheins.

Die Dhünn war kein unbedeutender Fluß. Bei einer
Länge von nur dreißig Kilometern kam sie aus Höhen von
dreihundert Metern herunter und stürzte bei starken Re-
gengüssen ihr gesamtes Wasser in Stunden zu Tal in den
dann noch niedrigen Rhein, Sand und Geröll mitführend.
Dadurch bildete sie vor ihrer Mündung stets Aufschwem-
mungen, und an dieser Stelle sind uralte Furten und Fäh-
ren bezeugt. Die Nennung dieses Punktes beweist genaue
Kenntnis dieser Gegend in früher Zeit, und alle Einzel-An-
gaben der Ths stimmen dazu.

Hierin reiten die Niflungen tagweit von Westen her an,
das Gebiet ist fremd, der Rhein unvertraut, die Überfahrt
nicht vorbereitet. Erst jenseits am nächsten Abend finden
sie Herberge. Ihre Ausgangsburg Werniza ist weit vom
Rhein entfernt gedacht. Später reiten sie »einen Tag um
den andern«, zuletzt an Burg Thorta (Dortmund) vorbei
nach Susa (Soest), wo sie in wilden Kämpfen zugrunde gehen. Es ist ein sinnvoller, gradliniger Weg von mäßiger
Länge auf alten Fernwegen.

Das Nibelungenlied läßt seine »Burgonden«, die es erst
spät und nur an wenigen Stellen »Niblungen« nennt, aus
Worms am Rhein an die Donau ziehn ins Hunnenreich
Etzels nach Ungarn. Burgonden, Worms am Rhein, die
mongolischen Hunnen mit ihrem Herrscher Etzel – all das
ist der Ths unbekannt. Nach ihrer Darstellung sind die Niflungen an der Duna-Mündung auf fremdem Gebiet, ihre
Burg liegt wenigstens zwei Tagereisen vom Rhein entfernt
im Westen und kann daher nicht Worms am Rhein meinen.

Einzelne Forscher, noch ohne Kenntnis der norddeut-
schen Duna, vermuteten einen Zusammenhang zwischen
dem Namen Niflungen und der sehr alten Burg von Ni-

velles, bevorzugtem Besitz Pippins des Älteren im südlichen Belgien schon um 600, suchten ihre Burg Werniza in Waremme, flämisch Borg-Worm an der Worm, der Hauptstadt des Haspengaues an der Rue de Brunehaut (Brünhildenstraße). Auch bei Aachen gibt es Worm-Orte. Hier irgendwo im Westen jedenfalls ist die Heimat der Niflungen zu suchen. Von hier aus bis Soest beträgt die Entfernung zweihundert bis zweihundertdreißig Kilometer Luftlinie.

Auch mit Didrik von Bern ist nicht Theoderich der Große gemeint, mit dem Bern der Thidreks-Saga nicht das italienische Verona. Bonn führte zu bestimmten frühen Zeiten den Beinamen Verona, zu deutsch Bern: »Bunna, dat heis man dô Berne«. Didrik ist in dieser Erzählung ein fränkischer König, der, aus seiner Stadt Bern-Bonn vertrieben, bei König Attala in Susat-Soest Zuflucht fand.

Attila-Attala-A(k)tilius ist nach dem Bericht der Ths ein jüngerer Sohn des Friesenkönigs Osid, der sich das Hünenland (= Westfalen) erobert und Susat zu seiner Hauptstadt ausbaut. Seine westfälischen Krieger werden Hünen (Hynir) genannt. Markgraf Rodinger ist Attalas mächtigster Vasall an der Grenze gegen den Rhein hin. – Wer mit den früheren Vorstellungen vom Hunnenkönig Etzel belastet ist, muß sehr umdenken, wenn er die alte Sage verstehen will*.

Von den verschiedenen Handschriften der Thidreks-Saga ist die altschwedische Fassung die einfachste und kürzeste. Diese, bisher etwas beiseite geschoben und in deutscher Sprache nicht zugänglich, wird hier zum ersten Mal in wortgetreuer Übersetzung gebracht in der Überzeugung, daß es sich um einen eigenständigen Text handelt,

---

* Siehe Heinz Ritter: »Der Zug der Niflungen nach Soest. Wo Dúná und Rin zusammenfallen«. In Soester Zeitschrift des Vereins für die Geschichte von Soest und der Börde, Heft 79/1966.

der selbständig neben den anderen Handschriften steht und durch keinen anderen ersetzt werden kann. Nach dieser Fassung bringt unser Buch die Sagen um Sigfrid, den Untergang der Niflungen und Aldrians Rache. Sigfrids Aufenthalt bei König Nidung ist verkürzt erzählt. Eine Lücke zwischen dem Rheinübergang der Niflungen und ihrer Ankunft in Soest wird durch die kürzesten Texte der übrigen Handschriften ausgefüllt. Geändert sind einige Namensformen (Attala statt Aktilius etc.). Eine an wenigen Stellen vorkommende Verwechslung des Herzogs Osid mit dem der Sage fremden Herzog Blodlin wurde bereinigt.